国家社科基金
GUOJIA SHEKE JIJIN HOUQI ZIZHU XIANGMU
后期资助项目

《资本论》与我们的时代

Capital and Our Times

刘雄伟 ◎ 著

陕西新华出版传媒集团
陕 西 人 民 出 版 社

图书在版编目（CIP）数据

《资本论》与我们的时代 / 刘雄伟著. —西安：陕西人民出版社，2022. 8（2022.11 重印）

ISBN 978-7-224-14526-7

Ⅰ. ①资… Ⅱ. ①刘… Ⅲ. ①《资本论》— 马克思著作研究 Ⅳ. ①A811. 23

中国版本图书馆 CIP 数据核字（2022）第 131199 号

责任编辑：王亚嘉　文博

《资本论》与我们的时代

作　　者　刘雄伟
出版发行　陕西新华出版传媒集团　陕西人民出版社
　　　　　（西安市北大街 147 号　邮编：710003 ）
印　　刷　广东虎彩云印刷有限公司
开　　本　787 毫米 ×1092 毫米　1/16
印　　张　13. 75
字　　数　240 千字
版　　次　2022 年 8 月第 1 版　　2022 年11月第 2 次印刷
书　　号　ISBN 978-7-224-14526-7
定　　价　39. 00 元

国家社科基金后期资助项目

出 版 说 明

后期资助项目是国家社科基金设立的一类重要项目，旨在鼓励广大社科研究者潜心治学，支持基础研究多出优秀成果。它是经过严格评审，从接近完成的科研成果中遴选立项的。为扩大后期资助项目的影响，更好地推动学术发展，促进成果转化，全国哲学社会科学工作办公室按照“统一设计、统一标识、统一版式、形成系列”的总体要求，组织出版国家社科基金后期资助项目成果。

全国哲学社会科学工作办公室

序

《〈资本论〉与我们的时代》这本书汇集了我博士毕业以来学习和研究马克思哲学的心得，当然，这些心得依然是在我的导师孙正聿先生的引领下进行的。特别是先生发表在《中国社会科学》2010 年第 2 期上的《“现实的历史”:〈资本论〉的存在论》一文，直接启发了本书的写作。贯穿本书之中的一个基本想法是：立足马克思的经典著作《资本论》来重新理解马克思哲学，规避对马克思哲学的过度诠释，这里所说的“过度诠释”，是指在脱离马克思经典著作的情况下，自行构造新问题和新领域。当代中国的学术风尚似乎越来越凸显经典文本，研究马克思哲学也必然要从回归马克思的经典文本做起。

基于这样的考虑，本书上篇集中讨论了《资本论》的“时代内涵”，强调《资本论》不仅是“应用”了马克思主义哲学的世界观和方法论，而且是直接建构了马克思主义哲学。其中，第一章分别论述了《资本论》中“商品”“货币”和“资本”三个基本经济范畴的哲学内涵，第二章澄清了《资本论》作为“现实的历史”的存在论对“历史之谜”的解答，第三章阐述了《资本论》的政治哲学意蕴。

在马克思哲学研究中回归经典著作和经典文本的最终目的，是对我们所处时代的境况做出回应。马克思的特殊重要性也就在于，作为一位思想家，他的根本思想取向是以理论的方式观照现实，直面现实问题。本书的下篇立足《资本论》建构的马克思哲学，回应现时代的精神困境。其中，第四章回应了现时代价值个体主义与价值虚无主义的精神困境，第五章集中回击了当前国内外颇为流行的共产主义虚无缥缈论的错误思潮，第六章以《资本论》的理论资源来观照当代的中国问题、中国道路和中国的精神建设。

我并不是哲学科班出身。本科和硕士都在吉林大学历史系学习，博士毕业后，又在历史系工作 6 年，讲授史学理论等课程。算下来，我在历史系学习了 6 年，工作了 6 年，所以，首先要感谢历史系的师长，尤其是我的硕士生导师许兆昌先生，此外还有马卫东先生。两位先生给我学术上的教导，使得我慢慢理解学术、敬畏学术、热爱学术，有志于终身以学术为业；两位先生也给予我生活上的诸多扶持，让我虽然长年远离家乡，但却始终能够享受到家的温暖。我的博士生导师孙正聿先生是改变我命运的人。我之所以会以哲学为业，是因为本科时偶然在吉林大学校园网上听了一次先生的讲座，后来开始阅读先生的《哲学通论》和诸多论文，感觉还不解渴，再后来，开始阅读黑格尔和康德，就这样一步步开始学习哲学，最后竟有幸成为先生门下的一名弟子，在先生的指导下攻读马克思主义哲学博士学位。能追随先生学习，并最后留下来在先生所在的哲学系里工作，是我觉得最幸福的事，这一点大概外人很难体会到。另外，还有许多帮助过我的老师、朋友和同学，不能一一提到他们的名字，但我始终心存感激。

本书的不少内容在《南京社会科学》、《南京师大学报》（社会科学版）、《宁夏社会科学》、《科学社会主义》、《东南学术》、《中南大学学报》（社会科学版）等刊物发表，谨向这些刊物致以崇高的敬意。本书的写作和出版得到国家社会科学基金后期资助项目的资助，在此一并致谢。当然，最后还要提及我的爱人张晓明女士与两个女儿刘雨时和刘雨奇，她们带给我太多的欢乐，使我能快乐学习和生活。

刘雄伟

2022 年 2 月 13 日

目　录

上篇：《资本论》的“时代内涵”

上篇

《资本论》的“时代内涵”

第一章 《资本论》的术语革命

对“存在”的不同理解，构成了马克思哲学同以往一切旧哲学的思想分水岭。马克思说，“意识在任何时候都只能是被意识到了的存在，而人们的存在就是他们的现实生活过程”[①]。正是因为马克思把“存在”理解为现实历史的“存在”，所以他才超越了“解释世界”的“哲学家们”的水平，而把“改变世界”当作自己的毕生追求。马克思对现实历史的“存在”的探讨，凝练为他为之付出毕生心血的《资本论》。《资本论》尽管是由“商品”“货币”和“资本”等一系列经济范畴所构成的理论体系，但它却与流俗的经济学著作有着根本的区别。作为“政治经济学批判”，《资本论》不仅描述了资本主义的经济事实，而且还揭露了被物的交换关系所掩盖的人的社会关系，最终破解了“存在”的秘密，为人的解放指明了现实的道路。《资本论》是一部哲学著作，而不仅仅是一部包含了哲学思想的经济学著作，它的经济范畴有着深层的存在论蕴涵。我们也可以说，《资本论》实现了深刻的术语革命。“商品”是《资本论》整个理论体系的逻辑起点，深入阐释“商品”的存在论意蕴，无疑有利于从根本上澄清《资本论》的哲学性质和时代内涵。

第一节 《资本论》商品范畴的哲学内涵

《资本论》不仅是关于“资本”的经济学著作，而且是关于“存在”的哲学著作。马克思和“哲学家们”的区别就在于，后者把“存在”视为某种与人无关的超历史的“存在”，而前者则把“存在”理解为现实历史的“存在”。要真正把《资本论》理解为不仅是包含了哲学思想的经济学著作，而且本身就是关于“存在”的哲学巨著，显然不能绕开对作为《资本论》逻辑开端的“商品”的存在论阐释。对“商品”的存在论阐释，是在根本上回击那种把《资本论》庸俗化为流俗的经济学著作的观点的理论前提。

---

① 《马克思恩格斯文集》第1卷，北京：人民出版社2009年版，第525页。

一、"商品":《资本论》破解存在之谜的钥匙

《资本论》为什么要从"商品"这个最为简单的经济范畴出发来剖析资本主义?这一点是随机安排的还是经过深思熟虑的?毋庸置疑,作为一个严密的理论体系,甚至是"一个艺术的整体",《资本论》对开端的安排绝不可能是偶然的,它必然有着深层的学理依据。追溯马克思《资本论》创作的思想历程,我们就可以发现,马克思是在经历了一个漫长而艰难的思索过程之后才做出这样的周密安排。

在《资本论》最初的结构中,马克思并没有把"商品"章放在《资本论》第一卷的开篇,而是打算直奔主题,径直从资本切入。按照马克思此时的设想,《资本论》应该是六册的计划书,它主要包括"资本""土地所有制""雇佣劳动""国家""对外贸易"和"世界市场"等六方面的内容。马克思在《1857—1858 年经济学手稿》中提出这一计划并在《〈政治经济学批判〉序言》中对此做了进一步的说明。不过,从《1861—1863 年经济学手稿》来看,马克思并没有这么做,他的计划很快就发生了根本的变化,这就是放弃了最初的六册计划书,把《资本论》的结构划分为三篇,其中依次包括"资本的生产过程""资本的流通过程"以及"资本和利润",每篇各占一卷。"资本"是《资本论》的主题,因而马克思打算在《资本论》中放弃阐释"国家""对外贸易"和"世界市场"等与资本这个主题无直接关联的内容,而专门讨论资本的生产过程、流通过程以及利润也是理所当然的事情。至于后来成为《资本论》开篇的"商品"章,马克思则原计划在引言中一笔带过。对此,黑克尔教授指出,《资本论》第一卷"开篇是"商品和货币",将被作为第一点在引言中予以概述(即把它作为《政治经济学批判》的续篇)","引言('货币和商品')起初不算一章"①。

但是,到了 1866 年,马克思在给库格曼的信中提道:"最早的叙述,特别是关于商品的分析,必然有欠缺之处。"② 这封信表明,马克思此时认识到,"货币和商品"不应该仅仅在"引言"中一笔带过,作为《资本论》整个理论体系的逻辑起点,它有必要在正文中着重展开论述。大约至 1867 年年初,马克思彻底认识到了"商品"对于理解纷繁复杂的资本

① 黑克尔:《〈资本论〉第一卷的诞生及其不同版本》,朱毅译,《国外理论动态》,2011 年第 10 期。

② 《马克思恩格斯文集》第 10 卷,北京:人民出版社 2009 年版,第 246 页。

主义经济的重大意义。因此，在《资本论》第1卷的简短结论中，马克思说：“资本主义生产的直接结果是商品，不过是孕育着剩余价值的商品。因此，我们要回到我们的出发点商品上来，并且同它一道进入流通领域。不过，我们要在下一册中考察的不再是简单商品流通，而是资本的流通过程。”① 这表明，商品是资本主义生产的终点，也是它的起点，与作为起点的商品相比，作为资本主义生产结果的商品已经孕育着剩余价值，它在数量上增殖了。马克思由此获得了这样一种认识：“商品”这一简单范畴浓缩了资本主义的全部秘密。就是说，资本的增殖实质上是源于商品在流通过程中量的积累。因此，如果径直从资本切入，显然不可能厘清剩余价值的产生过程；只有从构成资本的“元素形式”的“商品”出发，才能真正澄清资本的本质。

商品在原始社会后期就已经萌芽，并在奴隶社会和封建社会有过充分的发展，但是，只有到了资本主义社会，它才获得自身完全的意义。在资本主义社会中，商品真正成为社会财富的“元素形式”，资本家的全部财富都可以看成是由商品构成的；与此同时，人的全部社会关系都可以以商品为基本单位进行换算，人们之间除了赤裸裸的商品交换和经济利益之外似乎没有别的任何关系可言了。在马克思看来，作为构成资本的“元素形式”的“商品”，不是与人无关的物，它不仅是社会财富的“元素形式”，而且是人的存在的“元素形式”。正因为如此，“资本不是物，而是一定的、社会的、属于一定历史社会形态的生产关系”②。这表明，如果不理解作为最简单元素的“商品”的存在论意蕴，就根本不可能理解《资本论》的哲学性质。实际上，当前人们对《资本论》的诸种误解，特别是流俗地把它仅仅理解为一部经济学著作，而且是过时了的经济学著作，都与这一重大理论问题的缺席有关。

“商品”作为人的存在的物的表达，它甚至是比资本更加具体地展现了人的社会关系的异化。马克思就是基于对“商品”这个简单范畴的存在论觉解，洞见到了经济范畴与人的存在的历史形态之间的关系。他说：“比较简单的范畴，虽然在历史上可以在比较具体的范畴之前存在，但是，它在深度和广度上的充分发展恰恰只能属于一个复杂的社会形式，而比较具体的范畴在一个比较不发展的社会形式中有过比较充分的发展。”③

① 马克思：《资本论》，北京：经济科学出版社1987年版，第743页。
② 《马克思恩格斯选集》第2卷，北京：人民出版社1995年版，第577页。
③ 《马克思恩格斯选集》第2卷，北京：人民出版社1995年版，第21页。

因此，正像人体解剖是猴体解剖的钥匙一样，通过对在资本主义社会中已经获得充分发展的经济范畴的剖析，我们就能够透视前资本主义社会较不发达的经济关系和人的存在方式。正是在这个意义上可以说，《资本论》不仅揭示了资本主义经济的特殊规律，而且还深刻地揭示了人类社会历史发展的一般规律。所谓“政治经济学批判”，本质上说，就是对政治经济学的形而上学的批判，实质上是把庸俗经济学的超历史的经济范畴变革为负载着社会历史内涵的存在论范畴，从而真正使经济范畴成为现实历史发展的理论映现。

作为马克思的亲密战友，恩格斯对《资本论》的理解和阐释是首屈一指的，就连马克思也曾指出，恩格斯“能够比我自己更好地向读者谈论我的书”。无论是摘录还是通讯都表明，恩格斯已经十分真切地洞见到了“商品”范畴的重大意义。黑克尔指出，“对恩格斯来说，在分析商品及其交换价值和使用价值的双重性时，通常提到的‘开头部分的困难’是必须摘录的部分。当恩格斯在《资本论》第二章开头部分逐字逐句摘录到下述内容时，他似乎如释重负：‘商品流通是资本的起点。因此，商品生产、商品流通及其发展，即贸易，总是资本产生的历史前提。16 世纪现代世界贸易和世界市场的建立揭开了资本的现代生活史’”①。恩格斯之所以会在“逐字逐句摘录”完马克思关于商品的论述之后“如释重负”，就是因为他意识到，《资本论》中的“商品”不仅是一个经济学范畴，而且也是一个存在论范畴，它不仅是厘清资本主义经济的钥匙，而且也是理解以资本主义经济为基础的资本主义总体历史的钥匙。

其实，在《资本论》的语境中，包括“商品”在内的全部经济范畴都有着深层的存在论意蕴，这是马克思对经济范畴所发动的一场深刻的术语革命。马克思之所以要从经济范畴出发来觉解人的存在，是因为他意识到，只有从“商品”等关于人的规定的经济范畴出发，才能形成关于人的具体理解；相反，如果从人自身出发直接考察人，看似具体，实则只能形成关于人的抽象理解。以经济范畴来规定人的存在，是马克思从事政治经济学批判的一种理论自觉，也是我们真实地理解《资本论》的理论前提。

二、商品的二重性与“人的存在”的二重性

《资本论》着力于破解现实历史的“存在”的秘密，但它却并没有直

① 黑克尔：《〈资本论〉第一卷的诞生及其不同版本》，朱毅译，《国外理论动态》，2011 年第 10 期。

接从创造历史的人的感性活动出发，而是从作为人的感性活动的结果的“商品”出发。在马克思看来，从“感性具体”出发，其结果只能形成“整体的混沌的表象”；相反，只有从作为最简单规定的“理性抽象”亦即“商品”出发，才能最终达到“理性的具体”。在《资本论》的开篇，马克思说：“资本主义生产方式占统治地位的社会的财富，表现为‘庞大的商品堆积’，单个的商品表现为这种财富的元素形式。”① “商品”在资本主义社会中获得了纯粹的形式，因而通过对商品的分析，必然能够在“理性具体”的层面上揭露被“物与物的关系”所掩盖的人的社会关系，澄清现实历史的“存在”。

在《资本论》中，马克思基于对商品二重性的阐释，说明了劳动的二重性以及人的存在的二重性。商品的二重性即商品的本质，它体现为使用价值和交换价值。初看上去，商品只不过是一个普通的使用物品，即“一个靠自己的属性来满足人的某种需要的物”，这就是商品的使用价值。但是，尽管商品的使用价值是人们最容易直观到的，它却并不构成商品的唯一规定。在实际的商品交换和商品经济中，人们更加注重的是商品的交换价值而不是它的使用价值。所谓交换价值，是指“一种使用价值同另一种使用价值相交换的量的关系或比例”。马克思说：“作为使用价值，商品首先有质的差别；作为交换价值，商品只能有量的差别。”② 现在的问题是，商品为什么会有使用价值和交换价值的二重属性？商品二重性的根据何在？国民经济学家从来都不会思考这一问题，他们甚至都不会提出这一问题，但恰恰是这一问题，才真正构成了理解资本主义的实质性要害。在《资本论》中，马克思把劳动的二重性理解为商品二重性的真实根据，进而把劳动的二重性看作是“理解政治经济学的枢纽”。

所谓劳动的二重性，是指创造商品使用价值的“具体劳动”和商品作为劳动产品的“抽象劳动”。《资本论》在对商品二重性的剖析中进一步触及了作为人的本源性存在方式的劳动的二重性。马克思指出，人们在日常生活中首先能感受到的是商品的使用价值及其背后所隐藏的具体劳动，但如果撇开商品体的使用价值，商品体就只剩下劳动产品这个属性了。随着劳动产品有用性的消失，商品中体现的各种具体劳动实质上也就不再有什么差别，全部化为相同的抽象劳动。如果说商品的使用价值体现的是人的“具体劳动”的话，那么，商品的交换价值则体现的是人的

① 《马克思恩格斯全集》第44卷，北京：人民出版社2001年版，第47页。
② 《马克思恩格斯全集》第44卷，北京：人民出版社2001年版，第50页。

"抽象劳动"。马克思对劳动二重性的阐释为理解"现实的人及其历史发展"提供了现实的切入点，从而也为澄明现实历史的存在提供了可能。

现实的人首先是自然性的存在物，在这一点上人和动物没有什么区别，不同仅仅在于，人不是本能地、被动地适应自然界，而是通过真实的对象性活动来主动创造自己的基本物质资料。人的这种生产劳动，既是合规律的，又是合目的的，它不断把"人属的自然"变革为"属人的自然"。商品的使用价值首先体现的正是人的具体劳动的这种对象性特征，它表明，人的存在从来都没有像旧哲学所认为的那样，是意识的存在、理性的存在，恰恰相反，人首先是个感性实践的存在物，是把自然界当作对象从而真实地从事对象性活动的存在物。

《资本论》以"商品"这个经济范畴升华了《1844年经济学哲学手稿》和《德意志意识形态》对人的实践本性的思辨描述。尽管《1844年经济学哲学手稿》和《德意志意识形态》都已经指出，人们在创造满足自己基本自然需要的物质资料的同时，就在创造自己现实的生活和现实的历史，但这两部早期著作只是在感性具体的层面上描述了人的实践本性，而并没有真正达到概念的升华。《资本论》则通过对商品二重性的存在论阐释，在"理性具体"的层面上回击了旧哲学对人的存在的非现实性理解，从而史无前例地把人与自然的关系看作是不断交互的实践过程。

人既是自然性的存在物，又是社会性的存在物，人的自然性和社会性是内在地交织在一起的，这十分深刻地体现在商品使用价值和交换价值的二重性之中。在现代的商品经济中，商品的使用价值只是扮演着它的交换价值的物质承担者的角色，因为创造商品的"具体劳动"在社会关系中始终从属于商品的"抽象劳动"。创造商品的"具体劳动"从属于商品的"抽象劳动"，导致现代人的生存乃至他的全部现实生活都受到一种异己力量的支配。也可以说，现代人本身就生活在"抽象"的宰制之下，这个"抽象"竟然不是别的，而是再普通不过的商品以及由商品的量的积累所形成的资本！由庞大的商品流通所编织而成的商品关系网，在根本上取代了人们的社会交往和社会关系，进而把现实的人蒸馏为一个个孤立而封闭的原子。马克思说："把劳动产品表现为只是无差别人类劳动的凝结物的一般价值形式，通过自身的结构表明，它是商品世界的社会表现。因此，它清楚地告诉我们，在这个世界中，劳动的一般的人类的性质形成劳动的独特的社会的性质。"① 人的劳动的社会性质，集中表现为商品的交

① 《马克思恩格斯全集》第44卷，北京：人民出版社2001年版，第83—84页。

换及其所蕴涵的劳动的社会交换。因此，商品的交换，实质上也就是劳动的交换，在深层上构成了人的全部社会关系的基础。

透过“商品”的二重性，我们就能够更好地理解马克思在《关于费尔巴哈的提纲》中的这一论述：“人的本质不是单个人所固有的抽象物，在其现实性上，它是一切社会关系的总和。”① 根本上说，马克思关于人的存在的社会性的著名论断是在《资本论》中获得思想内涵的。《资本论》以商品的二重性来透视劳动的二重性以及人的存在的二重性，最终使得马克思同以往一切“解释世界”的“哲学家们”划清了界限，真正捕捉到了“现实的人及其历史发展”，并创立了历史唯物主义的历史科学。“商品”这个经济范畴已经深刻地体现了历史唯物主义的基本内涵。

总而言之，在直接的意义上，《资本论》是由“商品”等一系列经济范畴所构成的理论体系，所以我们必须诉诸这些经济范畴来理解《资本论》。但是，与以往的政治经济学不同，《资本论》并不是以客观中立的立场来描述资本主义的经济事实，在本质上，它是为了透过物与物的关系来揭示人与人的关系，尤其是物对人的奴役。就此而言，《资本论》的经济范畴只不过是生产的社会关系在理论上的反映和表现而已。诚如有学者指出，“离开‘人们的现实生活过程’，就不可能真正地理解商品、货币、资本、地租、利润等全部经济范畴及其逻辑关系”②。

三、存在的澄明与人类的解放

“商品”不仅对于理解资本主义经济有着举足轻重的意义，而且对于理解在资本主义条件下人们真实的生存状况具有决定性的意义。因为“商品”这个看似简单的范畴既构成了资本主义社会财富的“元素形式”，也构成了表征现代人真实生存状态的“元素形式”。商品本来是一个具有使用价值的普通物品，但在资本主义生产方式下，商品的使用价值反而不太重要，它完全屈从于商品的交换价值。而商品的价值实质上是凝聚在商品这个物上面的人与人的社会关系。人是社会性的存在物，意味着人与人之间是相互需要的，但在现代社会中，人与人之间的相互需要只能通过商品来完成的，或者说通过作为商品交换中介的货币来完成。货币既使得人与人之间的关系变得封闭和对立，又使得人与人之间持续的社会交换和社会交往得以可能。从历史上看，在前资本主义社会中，人们的经济关系是

---

① 《马克思恩格斯选集》第1卷，北京：人民出版社1995年版，第60页。

② 孙正聿：《“现实的历史”：〈资本论〉的存在论》，《中国社会科学》，2010年第2期。

建立在政治压迫的基础上的，在这里，人们的政治等级关系决定其经济关系，但是，到了现代的资本主义社会，人们直接的政治压迫关系已经被彻底推翻了，取而代之的则是赤裸裸的经济利益关系。资本主义的重大历史进步意义在于，它使得人类首次实现了理性的平等，即每一个个体都作为一个理性人在市场上能够进行平等自愿的交换。也正是因为每个理性的人在社会中发生理性的经济交往关系，因而政治经济学家们就假定人们的经济生活是理性的、合理的，是可以理性地加以掌控的。政治经济学家们从来都没有看到被理性的经济生活所掩盖的人与人之间不平等的社会关系，而是在承认私有制的前提下一味为资本主义所谓理性、合理的经济制度辩护。

作为“政治经济学批判”，《资本论》首先“批判”了政治经济学家所肯定的资本主义私有制的理论前提。政治经济学虽然解释了资本主义的商品生产和商品交换，但它却由于承认私有制的前提，所以并不能从对商品形式的分析中逐层上升到对货币形式乃至资本形式的理解。马克思则以“商品”为理论原点，依次建构了货币、资本等各个逻辑环节，最终形成了《资本论》完整的理论体系。《资本论》通过对“商品”等经济范畴的分析，揭示了“物与物的关系”所掩盖的“人与人的关系”，破解了现实历史的“存在”的秘密。在《资本论》中，马克思首先以商品交换刻画了资本主义的日常经济生活，进而把整个资本主义世界指证为一个商品自我指涉的世界。在这个商品自我指涉的世界中，商品始终处于快速交换之中。而商品的频繁交换必然促使人们把某种固定充当一般等价物的商品作为交换的中介，这就产生了货币。应该说，从商品到货币的过渡是比较容易理解的，这一点可以从对商品本性的分析中引申出来。但是，如何从货币实现到资本的转化，就显得极为艰难了。个中缘由在于，有商品交换和货币流通并不必然产生剩余价值和资本。可以想象，中国明清时期就形成了发达的商品交换格局，但却并没有由此而孕育出资本的运动逻辑。马克思也明确指出，“有了商品流通和货币流通，绝不是就具备了资本存在的历史条件”①。

马克思通过对资本主义社会中商品流通领域的详尽分析，最终破解了货币向资本转化的深层奥秘。马克思指出，资本不能从商品流通中产生，但又不能不从商品流通中产生。作为商品流通的中介，货币本身不可能发生价值的变化，因此，资本的增殖，只能发生在货币购买商品的环节上。

① 《马克思恩格斯全集》第44卷，北京：人民出版社2001年版，第198页。

换言之，资本家必然是在市场上购买到了一种特殊的“商品”，“它的使用价值本身具有成为价值源泉的独特属性，因此，它的实际消费本身就是劳动的对象化，从而是价值的创造”①。这种独特的商品就是劳动能力或劳动力。

马克思发现，劳动力所生产的劳动价值一部分由工资所支付，另一部分则转化为剩余价值，因此，剩余价值的生产是资本运动的现实基础。如果说马克思在《资本论》第一篇、第二篇以商品交换和货币完成了对资本主义现象界的描述，那么，马克思在《资本论》第三篇里则通过对劳动力成为商品这一资本主义历史前提的揭示，最终完成了对资本主义本质的揭示。剩余价值的生产表明，“资本主义的生产方式和积累方式，从而资本主义的私有制，是以那种以自己的劳动为基础的私有制的消灭为前提的，也就是说，是以劳动者的被剥夺为前提的”②。显然，资本的增殖运动是许多社会成员共同活动的结果，从而它归根到底是通过全体社会成员共同劳动才得以实现的。既然资本本质上是一种社会力量，那么，“把资本变为公共的、属于社会全体成员的财产，这并不是把个人财产变为社会财产。这里所改变的只是财产的社会性质”③。把资本的独立性转化为个体的独立性，是《资本论》的资本主义批判的基本结论。

《资本论》以资本的运动逻辑描述了“现实历史”的存在，但马克思创作《资本论》的终极动机却不仅仅是为了描述“现实历史”的存在，而是为了寻求人类解放的现实道路。作为存在论的《资本论》，将对“现实历史”的描述和对“现实历史”的批判内在地熔铸到一起了。正因为如此，要理解马克思的人的解放的价值旨趣，不能不诉诸《资本论》所揭示的资本的逻辑。马克思认为，资本的运动逻辑是充满矛盾的，它在创造社会财富的同时也导致了人的社会关系和生活意义的全面异化，但也为人的全面解放提供了可能，资本的增殖最终必然会促成它的自我瓦解和资本主义的灭亡。

长期以来，西方学术界总是把《资本论》看作是一部探讨资本主义经济的经济学著作，认为它在经济学史上继承了斯密、李嘉图的学说，又启发了后来的凯恩斯。这种观点虽然一方面承认《资本论》在经济学史

① 《马克思恩格斯全集》第44卷，北京：人民出版社2001年版，第195页。

② 《马克思恩格斯全集》第44卷，北京：人民出版社2001年版，第887页。

③ 《马克思恩格斯选集》第1卷，北京：人民出版社1995年版，第287页。

上的地位和价值，但另一方面又认为它作为19世纪的产物已经不再适合于分析现今的资本主义经济。如果完全囿于经济学的眼光把马克思看作是一位“经济学家”，并承认《资本论》在经济学史上始终占有一席之地，看似给了马克思很好的荣誉，但其实是对马克思的最大贬低！为什么说在经济学的意义上抬高马克思的学术地位恰恰是对马克思的贬低呢？因为《资本论》在理论性质上并不是一部纯粹的经济学著作，马克思也并不是一位纯粹的经济学家，用恩格斯的话来说，马克思首先是一位“革命家”。《资本论》的副标题“政治经济学批判”十分醒目地提醒我们：《资本论》不是流俗的经济学著作，而是对政治经济学的前提批判，亦即一部超越经济学的哲学巨著。

经济学家们由于受到狭隘的专业眼光的制约，根本无法在存在论的意义上解读《资本论》。他们只能把《资本论》拆开来读，读懂了一些，又读不懂另一些，于是，他们简单地把读懂的部分否定掉，认为它错了，而把读不懂的地方归结为马克思受到了黑格尔唯心主义辩证法的影响，因而也是错的。这种把《资本论》看作是实证的经济学研究和抽象的哲学思辨的混合物的做法，显然没有真正介入《资本论》的原初理论构境之中。诚然，马克思受到黑格尔的深刻影响，但马克思一开始就并没有像黑格尔那样利用思辨哲学的范畴来建构所谓的哲学体系和存在论，而是始终关切现实生活中的重大现实问题。尽管在《莱茵报》时期，马克思曾一度利用黑格尔法哲学的语言展开同莱茵省资产阶级议会的辩论，但他很快发现，仅仅利用黑格尔法哲学的思辨语言还不足以彻底驳倒资产阶级议会，因而必须脱离思辨哲学的地基，真正深入人们的物质生活领域之中，触及人们利益斗争的层面，才能澄清人们的法律制度、经济制度、政治制度等。马克思由此彻底动摇了对黑格尔思辨唯心主义的信念，而转向了对“现实历史”的政治经济学批判。这就是后来《资本论》的创生。《资本论》与马克思“人的解放”的旨趣是内在地联系在一起的。一方面，马克思以人的解放的价值旨趣，来剖析“现实历史”的存在，最终发现了资本的运动逻辑；另一方面，马克思又通过对“现实历史”的“存在”的剖析，来探寻人的解放的现实道路。这就是作为“革命家”的马克思和作为“政治经济学批判”的《资本论》。总之，诉诸《资本论》的存在论意蕴，我们就会发现，马克思并没有离我们远去，《资本论》也并没有过时，这只是我们这个肤浅时代的人们普遍的错觉而已。

第二节 货币与市场的合理性边界

桑德尔在《金钱不能买什么：金钱与公正的正面交锋》中详尽地分析了在现今资本主义社会中货币购买力的无度膨胀与社会公正底线被步步践踏之间的关系，从而把如何考量市场的合理性边界作为一个重大的理论问题提了出来。在《资本论》中，马克思早已经把“金钱不能买什么”的桑德尔之问回溯到对资本主义市场经济的通盘考量上来。在马克思看来，劳动力不能商品化，它构成市场合理性的潜在界限，因为劳动力的商品化意味着人们整个社会关系的商品化、物化，同时也就意味着货币的无限度购买力在所难免。立足于《资本论》来思考桑德尔“金钱不能买什么”的议题，无论对于开发《资本论》丰富的理论资源来说，还是对于社会主义市场经济建设来说，都具有重大的启示意义。

一、“金钱不能买什么”：桑德尔对市场与公正关系的思考

《金钱不能买什么：金钱与公正的正面交锋》是美国哈佛大学著名教授迈克尔·桑德尔继《公正》之后又一部极为畅销的学术专著。正如书名所标识的那样，桑德尔在这个信奉市场必胜和金钱万能的“自由”时代，提出一个极为尖锐的问题：金钱不能买什么？比如，用金钱激励孩子读书是否合理？付钱雇人接受充满风险的新药测试是否道德？如此等等。毋庸置疑，在当今资本主义社会，金钱的购买力正在被潜移默化地放大，似乎很多东西都可以估价。尽管每个人不是都足够富有，能够购买一切，但通过自由市场的平台，每个人都有发财致富的无限潜能。与传统社会相比，现代人赚钱的途径和效率都是足够开放的，市场给每个个体都提供了这样的机会。或许正是因为市场为个人的发财致富提供了无限的机会，所以人们狂欢于金钱购买力的无限度膨胀，而无视市场对公正的步步侵蚀。桑德尔把那种对市场毫无批判和反思能力的价值观称之为“市场必胜论”。

2008 年的金融危机曾一度让人们对自由市场充满了质疑。金融危机既让人们看到了市场在防控风险方面的软弱无力，又让人们看到了市场规则与道德规范之间的严重脱节。金融危机表明，市场绝不像自由主义者所幻想的那样是在不断地建构公共善，恰恰相反，它是在丑陋地助长私人的欲望和贪婪，驱使人们进行不负责任的冒险。然而，遗憾的是，金融危机并没有能够真正撼动人们对自由市场的信念。尽管在反思金融危机的时候，经济学家们几乎一致把矛头指向了自由市场的无限度放任，疾呼是时

候该追问已往时代过度自信的市场信念了，但后来的事实却表明，人们很快就遗忘了经济学家们的善意提醒，社会依然朝着市场化的方向一路高歌。对于普通人来说，金融危机爆发的原因似乎更应该归咎于政府而不是华尔街的各个金融机构。这样一来，原本由市场失灵所导致的经济萧条和衰退，就被合乎逻辑地归咎于政府的无能。金融危机不仅没有动摇人们对市场的信心，反而吊诡地加深了人们对市场的信念。“市场必胜论”已然成为主宰现代人的隐性的意识形态，它最终促使人们丧失了对“金钱不能买什么”这个基本问题的反省能力。

在桑德尔看来，“市场必胜论”的真正危害不仅在于助长人们的贪婪和欲望，而且更在于它彻底侵入了人们的全部生活领域。“市场和市场导向的观念向传统上由非市场规范所统辖的生活领域的入侵，乃是我们这个时代最重大的发展之一。”① 在今天，人们似乎已经开始逐渐接受应用市场机制来配置健康、教育、公共安全以及其他物品的做法。例如，在美国，营利性的学校、医院和监狱不断增多，公共警力远比私人保安公司逊色，商业性广告大肆进入公立学校，这些在30年前多半是闻所未闻的做法，却在今天成为一种常态。桑德尔说：“我们生活在一个几乎所有的东西都可以拿来买卖的时代。在过去30年里，市场和市场价值观渐渐地以一种前所未有的方式主宰了我们的生活。”② 也就是说，“今天，买卖的逻辑不再只适用于各个商品，而是越来越主宰着我们的整个生活”③。

但问题在于，一旦当健康、教育和公共安全等都通过市场买卖机制来配置，特别是当金钱买不到的东西越来越少的时候，我们的生活就真的陷入无望的深渊之中了。这其实也是现代社会所面临的真实困境。桑德尔通过“市场经济”和“市场社会”这两个概念具体揭示了“市场必胜论”的实质要害。“市场经济”是把市场看作是组织生产生活的一种工具，而“市场社会”则是指社会关系完全按照市场规则进行运行。显然，与前者相比，后者本身就是一个畸形的怪胎，但一个残酷的事实是，我们的现实生活却恰恰正在从前者不自觉地滑向后者。

在这个世界上，有些东西是拿金钱买不到的，一旦用金钱估价它就失

① 桑德尔：《金钱不能买什么：金钱与公正的正面交锋》，邓正来译，北京：中信出版社2012年版，第6页。

② 桑德尔：《金钱不能买什么：金钱与公正的正面交锋》，邓正来译，北京：中信出版社2012年版，第4页。

③ 桑德尔：《金钱不能买什么：金钱与公正的正面交锋》，邓正来译，北京：中信出版社2012年版，第4页。

去了原本的价值和意义。这本是一个众人皆知的基本常识。例如，儿童不允许买卖，即便购买者善待儿童，这样一种做法也是不允许的，因为这在传达一种错误的儿童评价方式；选票也不允许买卖，因为它不是私人财产，而是公共责任的体现。从历史上看，奴隶制之所以骇人听闻，就在于它把人当作商品在市场明码标价地买卖。然而，在现今，金钱买不到的东西却越来越少了，特别是随着市场规则向社会生活方方面面的扩散，人们甚至都失去了反思市场的边界以及金钱购买限度的能力了。桑德尔之所以要把自己的书名标识为“金钱不能买什么”，就是想以此唤醒人们对这一问题原本应有的反省能力。桑德尔认为，正是由于这一重大理论问题在现今的迷失，现代社会才会潜移默化地从市场经济滑向市场社会。

对于这个正在形成的“市场社会”，桑德尔充满忧虑。在他看来，这里面存在一个根本性的问题，那就是人与人之间日益扩大的是不平等。人生而平等，但在现实社会中始终是不平等的，而市场边界的丧失则愈加加剧了人们之间的不平等。很显然，一旦当金钱的购买力失去了应有的约束，当金钱不仅可以买到游艇和跑车，而且可以买到政治影响力、安全的邻里环境和精英学校就读机会的时候，富足与否就变得至关重要。到那时，普通收入者的生活也会变得极为艰难，人们之间不平等也将会不可逆转。

市场逻辑看起来似乎与道德无涉，它只是一种资源配置的方式，并不能区分个人高尚抑或卑鄙的偏好。但事实上却并非如此，市场始终是在配置资源的过程中同时传播着某种无形的价值观。例如，家长在用零钱来激励孩子读书的时候，同时就可能让孩子形成这样的价值观：读书只是挣钱的手段，而不是发自内心的需求；一个国家可以拿钱让外国雇佣军去打仗，从而减少本国公民的伤亡，但这一做法本身就会潜移默化地侵蚀“公民”的真实含义，促使公民对自己本己职责的淡化。显然，市场始终是同道德复杂地交织在一起的，它远不像经济学家们所假设的那样是中性的，有时候，市场价值观会潜移默化地把一些值得人们关切的非市场价值观彻底排除出去。桑德尔由此提出一个值得认真思考的重大问题：如何从道德的角度在现代社会中重新确立市场的边界，从而约束金钱无限度的购买力。在桑德尔看来，考量市场的边界，不仅是一个重大的经济学问题，而且是一个重大的政治学问题，因为它涉及了市场与公正之间的张力关系。

不过遗憾的是，通观《金钱不能买什么：金钱与公正的正面交锋》全书，桑德尔并没有能够真正为市场划定合理的界限，他的思考始终摇摆不定。一方面，桑德尔从道义的角度批判了当今社会中金钱购买力的无度膨胀；另一方面，他又对此表现得无所适从和无能为力，因而在行文中充满无助和忧虑。一定意义上讲，与其说桑德尔解决了这一重大问题，还不如说他真诚地向现代人提出了这一重大问题，这或许也是这部著作真实的价值所在。从思想史上看，马克思首次真正深入资本主义本质性一度之中剖析了市场的合理边界以及货币的购买限度，因此，让我们重新回到马克思的“政治经济学批判”中来反思桑德尔提出的这一重大理论问题。

二、劳动力不能成为商品:《资本论》对市场边界的限定

其实，早在150多年前，马克思就曾对“金钱不能买什么”这个桑德尔式的问题做出了明确的回答：金钱不能购买劳动力。因为劳动力一旦沦为市场上的商品，货币就必然会无限度地实现自身的增殖，转化为资本，最终成为支配人们现实生活的形而上学主体。正因为如此，马克思尽管深刻地意识到了货币在现代社会中日益膨胀的购买力以及由此而诱发的货币拜物教，但他却并没有像桑德尔那样着力于从道德的角度划定货币购买的边界，而是将理论思考的重心置换到对“货币转化为资本”的考量上。在他看来，只有瓦解资本主义市场经济中货币向资本转化的内在逻辑，才能使得货币重新回归执行交换中介的职能，进而规避它对人们社会生活方方面面的侵蚀。与桑德尔相比，马克思完全超越了道德的视域，进一步试图通过诉诸对资本主义市场经济的批判来解决这一问题。

在青年时期，马克思就开始关注货币在现代社会中无所不能的强大购买力，并强调货币拜物教的形成正是我们这个时代病态化的基本特征。马克思说：“我是什么和我能够做什么，绝不是由我的个人特征决定的。我是丑的，但我能给我买到最美的女人。可见，我并不丑，因为丑的作用，丑的吓人的力量，被货币化为乌有了。我——就我的个人特征而言——是一个跛子，可是货币使我获得二十四只脚；可见，我并不是跛子。我是一个邪恶的、不诚实的、没有良心的、没有头脑的人，可是货币是受尊敬的，因此，它的占有者也受尊敬。货币是最高的善，因此，它的占有者也是善的。”① 然而，国民经济学家站在资产阶级的立场上，把资本主义市场经济看作是天然合理的，因而也把货币的无限度购买力看作是货币的天然职能，这就给货币蒙上了神秘的外观。在马克思看来，货币其实并不神秘，它只是历史的产物，并随着商品经济的深度发展才日益凸显出十分强

① 《马克思恩格斯文集》第1卷，北京：人民出版社2009年版，第244—245页。

大的购买力。在前资本主义社会里，“人的依赖关系”是人们基本的存在方式，商品经济在整个社会中处于从属的地位，所以货币在市场上并不能够购买一切，它只是部分财富的代表。可以说，在传统社会中，人们更加注重的是政治权力而非经济权力。但到了资本主义社会，市场经济逐渐占据了社会的主导地位，货币由此才获得了它的完全意义。

可以说，金钱无限度的购买力是资本主义市场经济的题中应有之义。因为在资本主义市场经济中，凡是不能转化为商品的物品都被视为无效的和无意义的，所有的物品都必须通过市场的中介来衡量自己的价值。《资本论》的逻辑开端之所以是“商品”，就是因为马克思看到，在资本主义社会中，商品是一切社会财富的“元素形式”。马克思说：“资本主义生产方式占统治地位的社会的财富，表现为‘庞大的商品堆积’，单个的商品表现为这种财富的元素形式。因此，我们的研究就从分析商品开始。”[①] 通过具体考察资本主义市场经济，马克思发现，在资本主义社会中，人们之间的社会关系完全被商品与商品的交换关系所取代，人们之间似乎除了赤裸裸的物质利益和经济往来之外，再没有别的社会关系可言了。在此背景下，作为唯一可以通约一切商品的货币，就合乎逻辑地成为社会财富的一般代表，并日益受到人们的追逐。这就是货币拜物教的产生。因此，正像在宗教中人与神的关系被颠倒一样，在货币拜物教中，人与货币的关系同样被颠倒了。货币本来只是人们商品交换的中介，但在资本主义社会中，它却获得了独立的形态，并蒙上了神秘的外观，成为人们顶礼膜拜的东西。

很显然，货币无所不能的强大购买力正是奠基于资本主义市场经济的土壤，离开市场经济的前提，货币的购买力将会受到极大的限制。正因为如此，马克思指出，要真正瓦解货币拜物教，在根基上限制金钱的购买力，就不能仅仅诉诸道德的力量，而必须回归到对资本主义市场经济的批判上来。

国民经济学家一味鼓吹资本主义市场经济的自由精神，在他们看来，市场经济至少有两个方面的重大意义。首先，市场经济能够做到对个人自由的最大限度的尊重，因为只要不侵犯他人的权力，任何人都可以根据自己的意愿在市场中进行自由的买卖，市场经济体现了个人自由至上论的原则；其次，市场经济符合功利主义的原则，因为自由市场通过互惠的交易，把物品分配给那些最珍视它的价值的人，从而做到了资源的合理配置。国民经济学家由此认为，既然市场上的交换主体在人格上是平等的，

---

① 《马克思恩格斯选集》第44卷，北京：人民出版社2001年版，第47页。

而他们的商品交换原则是自愿的，那么，市场和金钱就应该扩展到人们社会生活的方方面面，成为人的基本存在方式。这就是国民经济学家的基本结论。在桑德尔看来，自由市场对在传统社会中由非市场规范所调控的各个生活领域的侵入，恰恰是对人类公正的价值底线的践踏；而庸俗经济学对自由市场的非批判态度，在根本上助推了现代社会从市场经济向市场社会的堕落。按照马克思的说法，国民经济学家显然不需要考虑社会公正的问题，因为他们本来就仅仅站在资产阶级利益的立场上，力图通过促进市场的全面自由化而来实现资本最大限度的增殖。同桑德尔一样，马克思始终对庸俗的国民经济学持批判的态度。

马克思一开始就识破了资本主义市场经济的内在本质。通过考察资本主义市场经济中两种不同的商品流通形式，亦即 W—G—W 和 G—W—G，马克思发现，前者中的货币仅仅是货币，而后者中的货币则已经不再是原来的货币了，它转化成了资本。这就是作为货币的货币和作为资本的货币的本质区分。这种区分表明，以货币作为起点和终点的流通过程就是资本的增殖逻辑，而资本的增殖逻辑则必然促使人们把自己的全部社会关系异化为赤裸裸的利益关系。金钱的无度购买力是资本主义市场经济的必然逻辑。然而，在实际的商品交换中，“货币转化为资本”的增殖逻辑被市场上的自由交易掩盖了，资本主义市场经济在外观上完全呈现出平等、自由和自愿的假象。

马克思更关心的问题是，在 G—W—G 中，货币是如何转化为资本的？他发现，货币本身并不会在流通中发生价值的变化，因此，货币的增殖过程只能发生在货币购买商品的环节上。就是说，“货币占有者就必须幸运地在流通领域内即在市场上发现这样一种商品，它的使用价值本身具有成为价值源泉的独特属性，因此，它的实际消费本身就是劳动的对象化，从而是价值的创造。货币占有者在市场上找到了这样一种独特的商品，这就是劳动能力或劳动力”①。这表明，劳动力成为商品，是货币实现自身增殖的现实基础。马克思由此揭示了剩余价值的生产过程。通过揭示剩余价值的生产，马克思指出，资本主义市场经济绝不意味着自由和平等，而是意味着阶级剥削和奴役，进一步说，资本主义只是古代奴隶制的现代变种而已。

在资本主义社会中，货币通过自由市场的中介源源不断地向资本转化，从而使得货币自身获得一种无所不能的强大购买力和超乎寻常的神秘

① 《马克思恩格斯选集》第 44 卷，北京：人民出版社 2001 年版，第 194—195 页。

力量。货币在现代社会中无所不能的购买力只是反映出，在封建主义的“人的依赖关系”被打破后，资产阶级借助于自由市场的伪装，重新以货币的中介实现了对无产阶级的统治和支配。因此，我们看到，在资本主义社会中，与货币的强大购买力形成鲜明对照的，则是广大工人阶级的赤贫化和虚弱。在《资本论》发表150多年之后，法国经济学家托马斯·皮凯蒂的《21世纪资本论》同样说明了这一点。就是说，面对不断加大的贫富差距，有限的社会资源必然会向少数富人集聚，货币由此表现出无所不能的购买力。

其实，早在《1844年经济学哲学手稿》中，马克思就把对货币的理解上升到了存在论的高度，而不是像国民经济学家们那样仅仅把货币当作交换之物。货币表面上看是交换的中介，仅仅充当需要与对象之间的“牵线人”，但由于“在我和我的生活之间充当中介的那个东西，也在我和对我来说的他人的存在之间充当中介”①，所以货币不仅仅是人的生活和生活资料之间的交换中介，而且在深层上体现的是人的社会关系。在马克思看来，货币作为装在自己口袋里面的支配他人的社会权力，在本质上决定了人的特性和本质。“货币的力量多大，我的力量就多大。”② 很显然，货币在实质上体现的是人的社会关系的异化，它把人的社会关系异化为物与物之间的关系，并以物与物的关系掩盖了人的社会关系。正因为如此，要真正破解货币颠倒黑白的神秘力量，化解它无所不能的强大购买力，就必须从破解人的异化着手，特别是要诉诸对资本主义私有制的瓦解，而不能仅仅从道德的角度来限制货币购买力的边界，只有这样才能重建人与人之间应有的社会关系。

桑德尔“金钱不能买什么”的议题虽然是《资本论》的题中应有之义，但他在当代资本主义的新语境下重提这一现代性的重大课题，无疑为我们反思和激活《资本论》丰富的理论资源提供了机缘。立足于《资本论》来思考“金钱不能买什么”这个桑德尔之问，不仅有利于我们更加精准地把握当代资本主义的本质，而且也能够为我们中国特色社会主义市场经济的建设提供理论借鉴。

三、从“桑德尔问题”看市场经济的社会主义方向

在《金钱不能买什么：金钱与公正的正面交锋》一书中，桑德尔同

① 《马克思恩格斯文集》第1卷，北京：人民出版社2009年版，第242页。

② 《马克思恩格斯文集》第1卷，北京：人民出版社2009年版，第244页。

样在学理上回击了自由主义者对资本主义市场经济的盲目崇拜。在他看来，自由市场远不像经济学家们所鼓吹的那样符合资源配置的功利主义原则，因为单纯考量购买者的购买意愿并不能证明购买者一定对物品最为珍视。显而易见，市场价格不仅反映了购买者的购买意愿，而且更重要的是，它还反映了购买者的购买能力。在现实生活中，那些坐在棒球场昂贵席位上的富人未必对棒球比赛有足够的热情，观看比赛只是因为他们口袋里的钱足够富裕，而一些最喜欢观看棒球比赛的穷人则往往会由于付不起门票而不得不放弃这样难得的机会。不过，尽管桑德尔意识到资本主义市场经济所实现的平等、自由和公正仅仅是形式上的而非实质性的，但他却并没有进一步洞见到，这种实质上的不平等和不公正绝非偶然，它恰恰是资本主义市场经济的必然结果。换句话说，资本主义市场经济的运作机制必然会把社会财富集聚到少数资本家手里，从而使得社会中较少数的资本家能够通过手中持有的货币支配全社会中的一切资源。由于桑德尔没有能够回溯到对资本主义市场经济的批判，所以他始终没有能够澄清“金钱不能买什么”的问题。资本主义的固有本性只会助推金钱走向万能，而不会丝毫限制它的购买力。而面对货币在资本主义社会中的猖獗，仅仅依靠道德的力量来批判它，显然是无济于事的。《资本论》表明，要在根本上破解货币拜物教的难题，就必须坚决地诉诸对资本主义市场经济的通盘批判，实现对“货币转化为资本”的内在逻辑的瓦解。如果离开对这一根基性问题的考量，金钱万能在所难免，而“金钱不能买什么”的问题则只会被人们逐渐遗忘。

在《资本论》中，马克思一方面肯定了资本主义相对于封建主义的“人的依赖关系”来说的巨大历史进步作用，但另一方面又指出，资本主义远未实现人的解放，因为现代人的自由和独立性是建立在对货币这个物的依赖性的基础之上的。在资本主义社会里，真正自由的是货币而不是现实的个人。个人如果离开货币这个物的支撑，不仅毫无自由可言，而且还将会寸步难行。这就是马克思对现代人真实的生存状态的判定：基于物的依赖性的人的独立性。这里需要强调，《资本论》尽管通盘批判了资本主义，但它却是以肯定资本主义的历史进步意义为前提的。而所谓的共产主义，也不是完全与资本主义断裂的社会新形态，而是在积极扬弃资本主义文明的基础上实现的。换言之，社会主义必须积极吸取资本主义的优秀文明成果。

与马克思所生活的19世纪相比，当今的资本主义已经发生了深刻的变化，但一个从未改变的事实是，人们对货币的依赖性有增无减。现今的资本主义似乎丝毫不关心货币的无限度购买力对社会正义的侵蚀，而一味专注于通过不断开拓国内外市场来获取更多的货币。可以想象，在这样一种背景下，仅仅从道德角度批判金钱万能论，是不现实的。为了获得更多的货币去消费，现代人变得更加短见，总想通过短期投机而一夜暴富，当代资本主义已经变成了名副其实的“赌场资本主义”。除了“赌”，借钱去超前地消费也成为现今资本主义社会流行的消费观。据统计，在美国纽约，45%的人仅仅有能够维持3个月开支的储蓄，而20%的人则毫无储蓄。不仅个人如此，美国整个国家都靠举债过日子，美国是世界上空前的债务国家。现今资本主义对货币的无度挥霍是2008年金融危机爆发的真实原因。其实，马克思早已预言到，资本主义不可能如黑格尔所言，能够实现“历史的终结”，恰恰相反，它只能在自己的发展中危机丛生。

桑德尔尽管没有能够真实地解决“金钱不能买什么”的问题，但他立足于现今资本主义的发展而对市场边界及金钱万能的思考值得我们重视。作为中国改革开放的总设计师，邓小平创造性地提出“社会主义市场经济”的概念，认为资本主义可以有计划，社会主义也可以有市场。应该说，“社会主义市场经济”的概念不仅破解了以往教条化的马克思主义把计划与市场对立起来的观点，而且在实践领域直接促成中国特色社会主义事业的更大胜利。依笔者看来，“社会主义”和“市场”是“社会主义市场经济”的两个关键词，这两个关键词的内在结合表明，社会主义市场经济的真实旨趣就是要限制市场的界限，规避市场经济滑向市场社会。换言之，社会主义市场经济的实质要义并不在于借用资本主义的市场经济来代替以往的计划经济，而在于这样一种自觉意识：在培植市场经济的过程中始终规避金钱对生活的过度侵蚀。我们或许可以把“社会主义市场经济”中的“社会主义”理解为一个价值概念，即启动并运行市场经济的资源配置模式，最终达到共同富裕的社会主义根本原则。在这个意义上，市场经济前面的修饰语“社会主义”绝非可有可无，因为离开社会主义的价值导向，市场经济必然会滑向万劫不复的市场社会，资本主义的发展逻辑已经深刻地说明了这一点。总体上看，社会主义市场经济不仅为市场划定了合理的边界，而且也为真实地思考“金钱不能买什么”的课题提供了充足的理论空间。

第三节 《资本论》对资本的现代性批判

马克思在其思想发展过程中极其艰难地从对现代性的哲学批判推进到对现代性的政治经济学批判。这种思想上的艰险努力为马克思在现代性课题上获得了一个独特的位置。遗憾的是，西方马克思主义由于完全囿于启蒙哲学的视域，最终把马克思在现代性课题上的独特理论贡献彻底遮蔽了。西方马克思主义回归启蒙现代性的批判路向，也影响甚至耽误了中国马克思主义哲学研究向资本现代性的深度推进。重启马克思的资本现代性批判，特别是彰显马克思现代性批判上的政治经济学维度，无疑有利于更深层地激活马克思哲学的中国意义。

一、从哲学批判到资本批判：马克思现代性批判的进路

所谓现代性，顾名思义，就是指现代社会的一切特性。可以说，对于现代社会特性的深入反省，构成了包括马克思在内的现代思想家们共同聚焦的思想主题。然而，尽管国内学界长期以来热衷于讨论马克思的现代性理论，但却并没有真正澄清马克思哲学在现代性课题上所占据的独特思想位置，究其原因，就在于人们始终囿于启蒙现代性的理论视域来考量马克思的现代性思想。固然，启蒙以来的现代社会构成了马克思所生活的时代的思想家们所共同观照的理论对象，但马克思却同其他思想家们有着本质的差别。这种差别表现在，后者是一种一般意义上的现代性的哲学，而前者则是一种现代性的政治经济学理论。用资本的逻辑来审视现代性，构成了马克思现代性分析的基本理论框架。深入探讨马克思的资本现代性，特别是系统澄清它与启蒙现代性的本质差别，对于彰显马克思哲学的现代意义来说无疑具有十分重大的意义。

尽管马克思没有明确使用过“现代性”的概念，但人们对现代性问题的讨论，却无法绕开马克思的现代性思想。马克思现代性思想的一个明显特质是，它已经不再是流俗意义上的现代性的哲学，而是一种现代性的政治经济学理论。这是一个前提，离开对这一前提的理论自觉，马克思关于现代性问题独特的理论贡献就有被淡化和模糊的可能。《资本论》系统地表明，现代性的实质并不是哲学意义上的启蒙现代性，在其现实性上，它是一个资本现代性的问题。因此，马克思从来都没有像启蒙哲学家们那样离开对现实历史的反思而考量现代性问题，而是始终把对现代性的阐发诉诸对现代社会的批判。在这里，所谓的现代社会，就是特指资本主义社会，因为在马克思看来，只有资本主义社会才真正划时代地开启了人类文明的新形态。当马克思在谈到资本主义时，他往往会在资本主义的前边加上“现代”一词，称它为“现代资本主义”。

马克思的资本现代性批判，并不是一蹴而就的，而是在不断摸索中实现的，特别是在批判启蒙现代性的过程中逐渐生成的。青年马克思受到黑

格尔的深刻影响，同样在思辨哲学的意义上深入反省了启蒙现代性。但大约在19世纪50年代初，马克思开始实现同青年黑格尔派的彻底决裂，不再从抽象的人本主义和唯心主义出发来考量现代性的真实症结，而是着力于从生产关系和生产力的辩证关系出发来论证现代资本主义的历史必然性及其历史暂时性。这次思想转折的重大意义在于，马克思逐渐实现从对现实历史的哲学批判转向对现实历史的政治经济学批判。显然，这次思想转折的历史意义是不容忽视的，如果忽视这一次思想转折的实质要义，人们就很有可能对马克思理论片面地做出一种人本主义的解读，从而混淆“解释世界”的旧哲学同不再是哲学的“新世界观”的本质差别。

大约在经历了第一次思想转折的十年之后，也就是19世纪60年代初，马克思又发生了第二次重大的思想转变。同上一次相比，马克思这次思想转变的真实意义毫不逊色。此时的马克思早已经不再纠缠于同历史唯心主义的论争，也不再诉诸人类历史发展的一般规律来批判现代资本主义，而是直接深入现代资本主义社会的内部，通过对资本主义内在运作机制的探索来寻求人的解放的现实道路，这就最终促成了《资本论》的诞生。此时的马克思进一步认识到，尽管从生产力与生产关系的辩证关系出发来阐释历史规律并进而实现对现代资本主义的批判，较之启蒙哲学有着很大的理论优越性，但如果脱离对现代资本主义的内在运作机制的深入考察，那么，关于现代性的任何诊断，包括资本主义必然灭亡和共产主义的最后胜利，就依然只能停留在科学假设的层次上，它很难真实地实现现代性的内在超越。《资本论》正是通过对现代资本主义的内在运作机制的批判性考察，最终把现代性的理论内涵具体归结为资本现代性。

应该说，资本现代性真实地触及了现代性的实质症结。但这里需要重申的是，尽管马克思把现代性的实质内涵归结为资本现代性而不是启蒙现代性，但这并不意味着马克思从来都没有关注过启蒙现代性的问题。很明显，通过回顾马克思一生思想的发展历程就可以看出，青年马克思的现代性批判还同那些“解释世界”的“哲学家们”保持着某种一致性。此时马克思的诸多理论文本同启蒙哲学的精神气质也是一脉相承的，因此，这些理论文本也为单纯从启蒙哲学的角度开展现代性批判提供了丰富的理论资源。但是，马克思毕竟最终真实地发现了启蒙现代性的内在限度，进而彻底出离了启蒙现代性的视域，真正深入现实历史的本质性一度之中开展了对资本现代性的批判。在这个意义上可以说，马克思同启蒙哲学家们的现代性批判又存在着本质的差别。归根到底，马克思并不是一位“解释世界”的启蒙哲学家，而是一位着力于“改变世界”的现代革命家。在马克思看来，启蒙现代性实质上并没有出离传统形而上学的窠臼，因而它最终只能沦为形式意义上的“政治解放”，而不可能是实质意义上的“人的解放”。启蒙现代性只有回归到资本现代性的现实基础上来，它才可能获得自身完全的意义；离开资本现代性，所谓的启蒙现代性必然是无源之水、无本之木，而这正是那些“满嘴都是震撼词句”的青年黑格尔派的最大症结之所在。

可以说，尽管青年马克思对启蒙现代性的内在考量为后来的资本现代性批判奠定了坚实的基础，并最终合乎逻辑地导向了资本现代性批判，但青年马克思的启蒙现代性批判显然不能够代表马克思独特的思想个性。后期马克思完全在政治经济学的领域中展开自己的资本现代性批判，这固然不能简单地说是马克思已经彻底抛弃了早期的哲学批判，但它确实构成了马克思现代性批判的一个基本维度。在这里，我们只是反对那种仅仅囿于启蒙哲学的思想谱系中来谈论马克思现代性批判的观点，而并不是为了像阿尔都塞那样刻意凸显青年马克思同成熟时期的马克思之间的“断裂”。

按照马克思的看法，现代性的发展固有其独立的运动逻辑。在形式上，它首先表现为思想的巨大解放，进而是政治上的民主和经济上的平等，最后才是人们社会生活方方面面的自由、公正和发展的价值诉求。启蒙思想家对现代性的这种外在形式上的逻辑进展的描述无疑是正确的，但他们却没有进一步认识到，现代性如此这般的发展逻辑，归根到底是由资本的运作逻辑支配的。资本的增殖本性使得它先天就具有一种瓦解一切宗教束缚和封建专制障碍的强大动力。为此，资本先是确立理性的权威，彰显独立自主的个体意识，并进而以此为铺垫在政治上提出民主和自由的要求；一旦当思想上的启蒙和政治上的民主实现之后，在经济领域中实行顺应资本增殖逻辑的自由市场原则就成为某种历史的必然了。资本最终通过自由市场为自身的无限度增殖营造了无比优越的环境。马克思认为，现代性的生成和发展，根本上说，是基于现代生产的资本运动逻辑，说到底，资本追求利润最大化的运作逻辑在不断推动着现代社会的改革和创新，这也是现代社会迅速前行的根源所在。

其实，不仅现代性是资本运作逻辑的产物，而且后现代性乃至后现代主义所依赖的现实基础同样是资本的逻辑。詹姆逊通过分析晚期资本主义文化，已经有力地说明了后现代主义并不是一种外在于资本主义的文化，它依然受到资本逻辑的支配。确实，晚期资本主义同早期阶段相比，无论在生产方面还是消费方面，都发生了巨大的变化，但它在本质上只不过是资本逻辑在当代社会生活中的另一种表现形式而已。

二、回归哲学批判：西方马克思主义现代性批判的实质

马克思现代性理论的实质要义是资本现代性而非启蒙现代性，尽管这种资本现代性是在持续的启蒙现代性反省中逐渐生成的。因此，真正能代表马克思比较成熟的现代性思想的是《资本论》这一巨著。如果仅仅囿于启蒙哲学的思想谱系和理论视域来解读马克思的现代性理论，无疑是对这位思想巨匠的极大误解。但遗憾的是，马克思之后的西方马克思主义却恰恰是由于仅囿于启蒙哲学的理论视域，又重新把马克思开启的资本现代性批判回归为一种哲学意义上的启蒙现代性批判。从现代性反省的角度来看，西方马克思主义对马克思现代性理论在总体上存在着严重的误判和误读。西方马克思主义也在一定程度上影响和误导了中国的马克思主义研究。

佩里·安德森的《西方马克思主义探讨》无疑是研究西方马克思主义的经典之作。在这部巨著中，安德森一针见血地指出，西方马克思主义在根本上扭转了马克思本人所开启的思想路向，亦即把作为“政治经济学批判”的马克思学说彻底退化为一种“哲学的马克思主义”。安德森对西方马克思主义的总体判断是十分准确的。如果说马克思在其思想发展过程中极其艰难地从对现代性的哲学批判推进到对现代性的政治经济学批判的话，那么，西方马克思主义则恰恰做出了一种完全相反的努力，重新把马克思所开创的现代性的政治经济学批判扭曲为一种意识形态化的哲学批判和美学批判。从马克思到西方马克思主义，是一个极其严重的理论退化，而且是一个带有方向性的理论退化。

实际上，作为西方马克思主义的肇始者，卢卡奇尽管开创了马克思主义现代性的意识形态批判和文化批判的理论空间，但他本人却对这种哲学路向的现代性批判的局限性有着深刻的自觉意识。卢卡奇把那些仅仅从文化、伦理和意识形态方面批判现代资本主义的马克思主义理论家称为“伦理反对派”。在他看来，既然“伦理反对派”仅囿于对资本主义伦理、文化和意识形态的批判，那么这同时就意味着它已经先行承认了资本主义经济运作机制的合理性。在这里，马克思开创的客观的革命道路被彻底堵塞了，取而代之的则是“伦理反对派”这样一种“主观代用品”。卢卡奇说：“有些‘马克思主义者’在考察社会经济现实时放弃了对历史过程作总体的考察，即黑格尔和马克思的方法。任何一个这样的‘马克思主义者’一提出行动问题，他就必然回到康德学派抽象的要求伦理学上去。”①

① 卢卡奇：《历史与阶级意识》，北京：商务印书馆1992年版，第90页。

无独有偶，同卢卡奇一样，西方马克思主义文化批判理论的另一位开创者柯尔施同样意识到了纯粹的意识形态批判有悖于马克思的思想路向和根本宗旨。正因为如此，尽管柯尔施着力于文化批判和意识形态批判，但他却始终承认，同文化批判和意识形态批判相比，马克思主义的政治经济学批判是一种“更为深刻、更为彻底的革命的社会批判”①。在马克思那里，“政治经济学的批判在理论上和实践上都是首位的”，“政治经济学的批判是马克思主义社会理论的最重要的理论的和实践的组成部分”②。因此，必须要把现代性的文化批判和意识形态批判纳入“政治经济学批判”的理论框架中来总体考量，至少要同政治经济学批判有机地结合起来。因为如果离开现代性的政治经济学批判的理论基底，所谓的文化批判和意识形态批判就只会在“虚妄的世界里兜圈子”，而丝毫不会触动现实的历史。柯尔施甚至认为，成熟时期的马克思已经意识到了自己早期理论活动的局限性，这就是，“法律关系、制度结构或者社会意识的诸形式，都不能从它们自身或者根据黑格尔的人类精神的一般发展来理解的”，“因为它们是根植于构成作为整个社会组织的‘物质基础的骨体’的生活的物质条件之中的”③。

然而，遗憾的是，作为卢卡奇、柯尔施等早期西方马克思主义理论家的后继者，法兰克福学派却彻底扭转了西方马克思主义的总体运思路向，他们完全把马克思对现代性的政治经济学批判撇在一边，而片面地专注于现代性的文化批判和意识形态批判。卢卡奇和柯尔施的担忧最终成为现实。法兰克福学派不仅改变了西方马克思主义社会批判理论的总体方向，而且也深刻地影响了中国的马克思主义哲学研究。自20世纪80年代初开始系统引入以社会批判理论为主要内容的西方马克思主义以来，国内有关《资本论》哲学思想的解读就日趋边缘化。在很长一段时期内，中国的马克思主义哲学研究一味热衷于马克思早期所谓的“哲学文献”，而冷落《资本论》等后期“政治经济学著作”，并不自觉地将马克思区分为早期的“哲学家”形象和后期的“经济学家”形象，这一运思路向显然与西方马克思主义的影响和渗透有着直接的关联。总体上看，国内的马克思主义哲学界在缺乏对西方马克思主义的有效评估和总体反思的前提下，而盲目地追随了西方马克思主义的研究轨迹。就此而言，西方马克思主义对中

① 柯尔施：《马克思主义与哲学》，重庆：重庆出版社1989年版，第45页。
② 柯尔施：《马克思主义与哲学》，重庆：重庆出版社1989年版，第45页。
③ 柯尔施：《马克思主义与哲学》，重庆：重庆出版社1989年版，第46页。

国马克思主义哲学研究的消极效应要远大于其积极效应，它甚至在根本上制约了中国马克思主义哲学研究向马克思“政治经济学批判”这个思想核心的推进。很显然，如果抛开政治经济学批判而仅仅把马克思主义抽象为文化批判和意识形态批判，那么，马克思主义的社会批判本性就会在根本上受到伤害，这样一种被阉割了的马克思主义显然无法真实地切中现代性的实质要害，更无法旗帜鲜明地为人类文明的未来指明方向。

作为西方马克思主义的杰出代表人物，阿尔都塞事实上已经预感到，片面的文化批判和意识形态批判在根本上有悖于马克思的理论宗旨，它极有可能最后把马克思主义沦为一种马克思自身所一再批评的“解释世界”的旧哲学。在《保卫马克思》序言里，阿尔都塞旗帜鲜明地指出，这一著作的根本目标就是要反驳和干预那种把马克思主义人道主义化的理论倾向，让马克思主义重新回归到政治经济学批判的正途上来。为此，阿尔都塞还刻意提出了著名的“认识论断裂说”。他认为，青年马克思同成熟马克思之间存在着一个认识论的断裂期，经过这一段持续的断裂期，马克思最终摆脱了抽象人道主义的干扰，开始真正创建“历史科学”。而阿尔都塞所要“保卫”的马克思，正是走向政治经济学批判的成熟的马克思。国内外马克思主义理论界曾一致批判过阿尔都塞的“认识论断裂说”，认为他把“一个”马克思活生生地割裂为“两个”马克思。这一批评虽然有一定道理，但却没有真正洞见到阿尔都塞“认识论断裂”这一概念的深层历史语境。众所周知，苏共二十大以后，国际共产主义运动掀起的意识形态批判和文化批判，使得马克思主义失去了原有的解决政治和经济等现代性问题的实际能力。在阿尔都塞看来，这样一种思想倾向是极其危险的，因为一旦当我们丧失了应用马克思主义政治经济学来解决现代社会实际症结的现实能力，那么，社会主义国家的内在灵魂就可能会模糊化，甚至有滑向资本主义的危险。苏东社会主义国家在20世纪90年代的纷纷瓦解，固然不能说完全归咎于马克思主义研究的思想转向，但这无疑也是非常重要的一个因素。就此而言，阿尔都塞的判断是极为深刻和睿智的。

理论和现实都表明，中国的马克思主义研究，特别是关于马克思现代性理论的研究，绝不能简单地放弃马克思所开创的“政治经济学批判”路向，而盲目追随西方马克思主义回归“哲学批判”的思想方式。西方马克思主义的文化批判和意识形态批判深深地根植于当代资本主义的土壤之中，因而在以私有制为前提的现代资本主义国家，它或许有一定的积极作用和合理性，但这样一种批判路向对于中国特色社会主义来说，其负面效应显然是不言而喻的。总而言之，重启马克思主义现代性的政治经济学批判和资本批判，不仅符合马克思主义经典作家的实质精神，符合卢卡奇、柯尔施等早期西方马克思主义理论家的思想初衷，而且也更符合中国作为社会主义国家的现实国情。

三、重启资本现代性批判：当代马克思主义的理论任务

马克思在其思想发展的历程中日益认识到，只有政治经济学批判才能真正触及构成现代社会现实基础的经济关系和生产关系，因而同文化批判和意识形态批判相比，政治经济学批判始终具有优先的意义。这就意味着，只有政治经济学批判才能真实地变革现代社会的现实基础，进而现实地改变世界，引导现代人朝着“人类社会或社会化的人类”的方向迈进；相反，绕开政治经济学批判而单纯从事意识形态批判，并不能真实地抓住现代性的实质症结。历史唯物主义始终强调，必须从生产关系和经济关系出发来考察屹立于其上的思想观念、价值取向等上层建筑，而不是相反。然而，西方马克思主义恰恰与历史唯物主义的这一基本精神相悖。西方马克思主义理论家们的共同特点是，他们就现代性来谈论现代性，仅仅把现代性理解为纯粹价值观念领域的问题，并企图通过重新整合价值观念的方式来走出现代性的困境。西方马克思主义的社会批判理论是由卢卡奇开启而被法兰克福学派发扬光大的，它延续了西方启蒙哲学以来的哲学批判、文化批判和意识形体批判的路向。在直接的意义上，西方马克思主义现代性批判的实际路向，是由于马克思主义政治经济学批判理论的缺场所导致的，但从深层上来说，西方马克思主义的现代性批判绕开马克思自身所开创的“政治经济学批判”却绝非如此简单，它恰恰表达了西方马克思主义始终扮演着现代资本主义的社会意识形态的角色。资本主义以“资本”为“主义”，把资本的增殖看作是天然合理和天经地义的，因此，它对于由资本的运作逻辑所生成的诸多现代性症结，从来都不会从质疑资本这一现实前提着手，而只能外围地求助于一种无力的道义力量。

从马克思的立场看，西方马克思主义者关于现代性的多维度揭示可能是深刻的，但其解决思路却是可疑的，因为它带有浓厚的浪漫主义色彩。马克思始终坚信，人类只有在不断批判旧世界中才能发现新世界，但所谓的批判，绝不是一种抽象的意识形态和哲学批判，而应当是一种政治经济学批判，因为对资本主义的剖析只能到政治经济学中寻求。列宁敏锐地发现了马克思在《资本论》序言中“现代社会”的提法，并由此而提问道：“既然马克思以前的所有经济学家都谈论一般社会，为什么马克思却说‘现代’社会呢？他在什么意义上使用‘现代’一词，按什么标志来特别

划出这个现代社会呢?”[①] 按照列宁的看法，马克思主要是从现代生产而不是从社会意识出发来解读现代社会的，他把现代生产看作是现代社会的基本标志。列宁的这一解读无疑是十分精准的。现代生产同传统生产有着本质的不同，这种本质的区别同时也构成了现代社会同传统社会不同的社会形态。与传统生产相比，现代生产的根本目的已经不再是为了自己的直接消费，产品的生产只有当为资本的增殖服务时才是有意义的，凡是不能现实地转化为可以出卖的商品的产品，资本主义都拒绝承认。不过，尽管马克思凸显现代生产对现代性的基础性意义，但他却并不排除其他因素。在他看来，离开人类生产方式的革命性巨变，现代性不可能出现，但在现代性的实际生成中，经济因素显然不是单一的因素，它始终同其他因素复杂地交织在一起。正是各种因素的相互影响和相互作用，现代性才得以孕育和发展。

马克思的资本现代性表明，资本的运动构成现代社会的基本原则。任何现代意义上的社会形式都不可能拒斥资本，因为拒斥资本就意味着同现代社会相脱节，重新回到传统的蒙昧状态之中。从现代社会的发生史来看，资本的历史功绩不容抹杀，资本创造了人类几千年来都从来没有创造的财富，它为现代社会的快速发展提供了丰厚的物质基础。实践一再证明，现代社会的持续发展除了深入贯彻资本的原则之外，再没有别的选择了。现在的问题是，既然现代性的实质要义是资本的现代性，资本在现代社会不可避免，那么，现代社会是否应该非批判地顺应资本的运动逻辑呢？马克思早已经给出了否定的回答。在他看来，资本对于现代社会而言固然不可或缺，但这并不意味着它像国民经济学家所鼓吹的那样是天然合理的。资本在本质上是历史性的，它既具有历史必然性，又具有历史暂时性。资本无限度的增殖逻辑必然最终导向它的自我超越。个中缘由在于，资本先天就是一种破坏一切和谐原则的强大动力。在现代社会中，人与自我、人与他人、人与自然乃至人与社会的种种矛盾，无不是由资本的运动逻辑所引发的。正因为如此，要破解现代性的内在症结，只能从资本着手，除此之外的一切做法都是于事无补的。正如恩格斯指出的那样，“资本与劳动的关系，是我们全部现代社会体系所围绕旋转的轴心”[②]。

马克思的现代性理论深深地根植于他对现代资本主义的批判，但马克思时代的资本主义和今天的时代显然不可同日而语。尽管如此，深入考量

① 《列宁选集》第1卷，北京：人民出版社1995年版，第4页。
② 《马克思恩格斯选集》第2卷，北京：人民出版社1995年版，第589页。

马克思的资本现代性理论，彰显马克思主义现代性批判的政治经济学维度，依然对于分析和考察当代中国的现代性和社会现实具有无比重要的理论意义。改革开放40多年来，中国在取得令世人瞩目的成就的同时，也日益暴露出来了一些深层次的社会问题。如何看待和理解这些问题成为当前学界最为关切的理论话题。

对于当代中国存在的一些社会问题，诸如贫富两极分化、环境污染和道德滑坡等，不少专家学者都把它仅仅理解为一个涉及公平的道德伦理问题，因而着力于在道德哲学的框架内来分析和解决它。这些专家学者一味沉迷于虚妄的道义世界来分析中国社会的不公平，似乎人们道德观念的进步和良心的发现才是解决社会诸多弊病的灵丹妙药。但是，他们没有看到，20世纪的西方思想史早已宣告了关于现代性问题的任何道德哲学的解决方案都是无效的。除了西方马克思主义之外，20世纪西方哲学的主要流派，不管是胡塞尔的先验现象学、海德格尔的实存主义，还是哈贝马斯的“交往理性”、吉登斯的“自反性”以及罗尔斯的“公共理性”，都不得不以失败告终。很显然，现代哲学家们这种形而上学意义上的思想努力都没有现实地阻挡西方现代性困境的不断加剧。他们对现代性的内在矛盾和困境的检讨，以及由此而提出的各式各样的应对方案和思路，与其说是解决了现代性的问题，还不如说是更精细地刻画了现代性的危机。从唯物史观的立场看，思想观念本身并不具有自足性，它们深深地根植于人们的感性的物质经济生活之中，因而单单依靠思想观念的改变还不足以改变世界，思想观念的改变在根本上还要依靠人们经济生活领域的真实变革。

诉诸马克思的现代性思想不难看出，尽管现代性呈现出诸多纷繁复杂的特征，但它们都不过是资本运作逻辑的必然结果和外部表现而已。也正是在这个意义上，利奥塔说：“资本主义是现代性的名称之一。”① 资本把现代社会的一切因素都拉入自身急速运转的旋涡之中。马克思说：“一切固定的僵化的关系以及与之相适应的素被尊崇的观念和见解都被消除了，一切新形成的关系等不到固定下来就陈旧了。一切坚固的东西都烟消云散了，一切神圣的东西都被亵渎了，人们终于不得不冷静地直面他们生活的真实状况和他们的相互关系。”② 但是，“异化与对异化的扬弃是同一条道路”，资本的自我瓦解只能蕴涵在资本的自我增殖之中。马克思对待资本

---

① 利奥塔：《后现代性与公正游戏——利奥塔访谈、书信录》，上海：上海人民出版社1997年版，第147页。

② 《马克思恩格斯选集》第1卷，北京：人民出版社1995年版，第275页。

的辩证智慧表明，现代社会绝不能采取简单的方式把资本抛弃掉。

邓小平正是在此基础上，创造性地发明了“社会主义市场经济”的概念。在他看来，在“历史进入世界历史”的背景下，中国的现实出路只能是选择市场经济，适度培植资本的逻辑。而中国融入世界经济体系同时就意味着，中国的问题，已经不再仅仅是中国自身所固有的问题，根本上说，它正在成为发生在中国的世界性问题。但是，邓小平始终强调，在社会主义国家中贯彻资本的原则，并不像在资本主义国家中那样是为了让资本的统治永恒化，恰恰相反，它始终是以推翻资本的逻辑为终极旨趣的。“中国特色社会主义”，既意味着我们要在实践中贯彻资本的逻辑，同时又意味着我们要在贯彻资本原则的过程中自觉以超越资本为终极旨趣和目标。这正是当代中国所面临的最为重大的理论和实践课题。

第二章 《资本论》与“现实历史”的发现

《资本论》不仅是关于“资本”的“资本论”，而且是关于“现实历史”的存在论。马克思一生致力于研究“现实的历史”，而对“现实历史”的研究，最终凝结为作为政治经济学批判的《资本论》。《资本论》之所以能够出离资产阶级的理论视域，切入“现实的历史”之中，根本上说，是因为马克思鲜明地以历史主义的思想原则瓦解了国民经济学中根深蒂固的形而上学思维，看到了私有制的历史性，或者说，对私有制做出了历史性的处理。因此，让我们首先在历史主义的谱系中来考量《资本论》的哲学性质与理论空间。

第一节 历史主义谱系中的《资本论》

安东尼在《历史主义》这本小册子中把马克思的“历史唯物主义”故意称作“唯物历史主义”，并认为马克思“将社会主义引入了历史主义文化，”进而“将自己的历史主义应用到革命纲领中”。[①] 确实，在历史主义的思想谱系中，马克思占据着极为重要的思想位置。具体来说，马克思的历史主义一方面把启蒙以来的超历史的普遍理性变革为一种历史性的思想原则；但另一方面，它又没有走向相对主义抑或虚无主义，因为马克思着力于在批判旧世界中发现新世界，自觉在现实的历史中为“人的解放”探寻现实的道路。本质上讲，要厘清《资本论》与庸俗经济学的根本区别，就必须诉诸马克思在反思启蒙理性的过程中所开创的历史主义思想原则，而要真正拯救现代的“历史主义危机”，同样需要回到《资本论》所建构的新型历史主义上来。

一、拒斥启蒙的普遍理性：历史主义的由来

历史主义是18世纪末以来在德国所兴起的一股思潮，它旨在反对启蒙理性所假定的抽象人性和一种以普遍人权为预设的非历史的伦理。启蒙运动着力于揭露中世纪基督教对人性的压制，彰显人的自由，但由于它把

---

① 安东尼：《历史主义》，上海：上海人民出版社2010年版，第123页。

人的自由奠基于自然法之上，因而并没有摆脱对自由的形而上学理解。在本质上，启蒙哲学同基督教神学一道分享着西方传统柏拉图主义的思想前提，把自由看作是终极的、超历史的绝对价值。后来的尼采之所以把启蒙运动仅仅看作是基督教伦理的世俗化，并终其一生都在批判18世纪的启蒙哲学，其原因就在于此。历史主义则完全立足于个体的特殊性，系统地反思了启蒙以来的思想家所悬设的绝对价值和抽象原则。历史主义认定，人没有本性，只有历史，因而所有的价值都是在特定的历史环境下产生的，都只是独特的和历史性的。由此，历史主义不再像启蒙哲学那样迷恋于对人的绝对自由的观照，而是认定启蒙理性所悬设的普遍价值是肤浅不堪的，并极力强调在特定时空下个体的特殊性和价值。按照伊格尔斯的考证，历史主义的术语最早由施莱格尔提出。在1797年的关于语言学的零散笔记中，施莱格尔提出，“温格尔曼的历史主义承认‘可估量的独特性’和‘古代文化的独一无二的性质’，因而在语言学研究中开辟了一个‘新时代’”①。在这里，施莱格尔已经把历史主义理解为拒斥启蒙的普遍理性的新范式。当然，历史主义的真正兴起则是奠基于以兰克为代表的德国历史学派，正是通过兰克等史学家的努力，19世纪才最终被誉为“历史主义的世纪”。

其实，黑格尔已经意识到了启蒙自由观的局限性，所以他把自由看作是个体理性同普遍理性辩证生成的历史过程。但是，在黑格尔那里，个体理性依然被窒息于抽象的普遍理性之中，而没有得到应有的重视。从根本上来说，尽管黑格尔对自由做了历史性的理解，但他并没有真正克服启蒙以来的抽象理性。对此，伊格尔斯指出，“尽管黑格尔的进步观使个体与总的过程相和谐，但是它显然违反了认为个人具有根本的自治能力的历史主义理论”②。兰克则首次明确以史学家的身份质疑了启蒙以来的历史哲学对个体性的压制和忽视。他说：“我认为，万物的造主俯瞰着整个人类的全部历史并赋予各个历史时代同等的价值。启蒙历史观虽然有些道理，但是应该认识到，在上帝面前，各个时代的人是权利平等的。历史学家必须这样去观察事物。”③ 兰克还进一步明确指出，“每个时代都直接与上帝相关联。每个时代的价值不在于产生了什么而在于这个时代本身及其存在。……每个时代或谓每个历史阶段都具有其特有的原则和效能，而且都

① 伊格尔斯：《历史主义的由来及其含义》，《史学理论研究》，1998年第1期。

② 伊格尔斯：《德国的历史观》，南京：译林出版社2006年版，第46页。

③ 兰克：《历史上的各个时代——兰克史学文选之一》，北京：北京大学出版社2010年版，第8页。

有资格受到尊重"[①]。换言之，特定时空中的特殊个体不应该被普遍之物所淹没，而应该受到应有的重视。由此，兰克不再偏执于探讨历史的普遍意义，而是更加注重个体化的历史事实。安东尼说："兰克反对历史哲学，特别是黑格尔的历史哲学，他宣称每个时代都处在神的直接注视之下；因此应为了这个时代而去理解这个时代，而不是根据某种高级的意图去理解它。于是他便回到了曾受黑格尔蔑视的'经验历史学'。"[②] 需要强调的是，尽管在方法论的层面上，兰克是个历史客观主义者或历史经验主义者，他极为注重对史料的批判性审查，甚至提出，"严谨的事实陈述，即使这些事实或许是偶然的和枯噪无味的，无疑是历史编纂学的最高法则"[③]。但在哲学的层面上，兰克史学绝不是没有灵魂的实证主义，因为兰克依然承认历史现象背后的统一性和意义。而兰克所谓的历史编纂学，并不是要教导人们完全沉迷于历史细节之中，而是意在强调，只有从历史中的个体的特殊性出发才能觉知到历史整体的意义和指向。伊格尔斯说："然而兰克和黑格尔的世界观也有其共同之处。他们都假定在现象世界的背后隐藏着某种一致性。"[④] 可见，兰克尽管强调历史中的个体的特殊性和价值，拒斥启蒙的普遍理性，但他始终没有放弃对历史现象背后的形上统一性的信念，而其倡导的实证主义史学研究方法始终是以这种历史实在的形而上学为根基的。这就是兰克的历史主义。

由此可以看出，历史主义一方面强调特定时空中的东西比普遍之物具有更高的价值，但另一方面也承认，历史整体绝非一盘散沙，而是一个有意义的过程，历史中的个体都只是历史整体的展开过程的各个方面和环节而已。在《德国的历史观》中，伊格尔斯系统地概括了德国历史主义传统的这两个基本原则：一个是个体的观念，即强调所有的价值和认识都是历史的和个体的；一个是坚信历史整体的意义，亦即相信"历史是一个仁慈的过程"。历史主义尽管滥觞于德国，但此后很快就主宰了欧洲整个的思想文化。德罗伊森、文德尔班、李凯尔特等沿着兰克的路向，一方面强调自然现象与历史现象之间的本质差别，认为自然科学探讨的是普遍规律，而历史科学则是理解个体的、一次性的具体现象；另一方面，他们又着力于通过特殊的历史个体来通达历史现象背后的普遍意义。

---

① 兰克：《历史上的各个时代——兰克史学文选之一》，北京：北京大学出版社 2010 年版，第 7 页。

② 安东尼：《历史主义》，上海：上海人民出版社 2010 年版，第 91 页。

③ 易兰：《兰克史学研究》，上海：复旦大学出版社 2006 年版，第 98 页。

④ 伊格尔斯：《历史主义的由来及其含义》，《史学理论研究》，1998 年第 1 期。

二、《资本论》与方法论的历史主义

古典历史主义尽管拒斥启蒙的普遍理性而强调个体的特殊性和价值，但其在本体论上依然是形而上学的，即相信历史是有意义的过程，这种意义与上帝相连。但伴随着世界的祛魅和历史意义的失落，古典历史主义不可避免地陷入历史虚无主义的困境。现代的许多思想家企图重启古希腊的“自然”概念来克服历史主义的危机，但这已经不经意地陷入了历史主义与自然主义的无休止的争论之中。《资本论》中的新型历史主义思想原则，不仅瓦解了启蒙的抽象理性以及政治经济学中的形而上学思维，而且还在澄清人类生活的历史性本质的基础上，指明了人的解放的现实道路。考量历史主义谱系中的《资本论》，无论对于提炼历史主义积极的理论成就，还是对于深入研究《资本论》，都具有重大的意义。

作为19世纪的杰出思想家，马克思同样深刻地反思了启蒙的普遍理性，并在思想气质上表现出鲜明的历史主义倾向。青年马克思尽管一度曾受到黑格尔的深刻影响，强调“精神的实质就是真理本身”，“真理占有我，而不是我占有真理”，但他很快发现，黑格尔颠倒了历史的主客体，把历史本身理解为形而上学的理性主体，而把真正创造历史的现实个人理解为历史的客体。黑格尔对历史主客体的颠倒，彻底暴露了启蒙以来普遍理性的无限度泛滥和扩张。马克思不无讽刺地指出，“使用一般历史哲学理论这一把万能钥匙，那是永远达不到这种目的的，这种历史哲学理论的最大长处就在于它是超历史的”①。与黑格尔的思辨历史哲学不同，马克思提出，历史什么事情也没有做，它“‘并不拥有任何无穷无尽的丰富性’，它并‘没有在任何战斗中作战’！创造这一切、拥有这一切并为这一切而斗争的，不是‘历史’，而正是人，现实的、活生生的人。‘历史’并不是把人当作达到自己目的的工具来利用的某种特殊的人格。历史不过是追求着自己目的的人的活动而已”②。在人的历史活动中，人作为“历史的经常的前提”，又总是“历史的经常的产物和结果”。一方面，现实的历史条件构成人的活动的经常前提，因而人的发展只能在历史的发展中实现；另一方面，人作为历史的结果和产物，又总是在历史中获得创造性的现实力量，把自己关于现实的理想变成理想的现实。在马克思这里，历史已经不再是超越于现实个人之上的普遍主体，而只是处于特定语境中的

① 《马克思恩格斯选集》第3卷，北京：人民出版社1995年版，第342—343页。
② 《马克思恩格斯全集》第2卷，北京：人民出版社1957年版，第118—119页。

现实个人所不断创生的结果而已。这就在根本上打破了启蒙哲学对现实历史的形而上学思辨。一旦现实的历史本身被看作是人的历史性活动的展开过程，那么，对现实历史的任何理解，就要克服片面的、孤立的形而上学思维，而必须强调一种从特殊的、具体的前提出发的历史主义眼光。马克思正是从这种历史主义的眼光出发来理解人类的现实历史的。马克思说："我们开始要谈的前提不是任意提出的，不是教条，而是一些只有在想象中才能撇开的现实前提。这是一些现实的个人，是他们的活动和他们的物质生活条件，包括他们已有的和由他们自己的活动创造出来的物质生活条件。"①

可以说，马克思将历史性思想完全贯彻到了对现实历史的考量之中了，始终强调一种从现实的、历史的前提出发的历史主义视角。这种方法论的历史主义与兰克的古典历史主义有着本质的差别。兰克的古典历史主义尽管以突显个体的特殊性的方式来拒斥启蒙的普遍理性，但由于这一拒斥只是在历史实在的形而上学的地基上进行的，所以兰克只是继承而不是超越了启蒙的普遍理性。现代的史学史大师伊格尔斯之所以断言兰克的历史主义同黑格尔的历史哲学的同质性，显然也是出于这一缘由。马克思则在反思启蒙的普遍理性的过程中，特别是在深入批判黑格尔的思辨历史哲学的过程中，开发出一种新型的历史主义，这种新型历史主义彻底把启蒙以来的超历史的普遍理性变革为一种历史性的思想原则。这就是马克思在历史主义史上的重大贡献。

不仅如此，马克思还将这种历史性的思想原则彻底地贯彻到了对国民经济学的考量之中，从而在根本上摧毁了国民经济学中根深蒂固的形而上学思维方式，首次使得政治经济学成为一门真正的科学。作为对政治经济学系统批判的理论产物，《资本论》集中体现了马克思的方法论的历史主义。众所周知，《资本论》直接导源于马克思对资产阶级政治经济学的批判。受自然科学方法论的影响，资产阶级政治经济学对现实的历史始终采取一种非批判的形而上学态度。这种非批判的形而上学态度把资产阶级的生产关系当作是永恒的，把私有制看作是毋庸置疑的前提。但马克思则从历史主义出发，认为资产阶级经济学的各种范畴，"对于这个历史上一定的社会形式即资本主义的生产关系来说"，"是有社会效力的，因而是客观的思维形式"。② 但一旦转换到其他的生产形式中去，商品世界的全部

① 《马克思恩格斯选集》第1卷，北京：人民出版社1995年版，第66—67页。

② 马克思：《资本论》第1卷，北京：人民出版社2004年版，第93页。

秘密就立刻消失了。例如，在中世纪，人都是相互依赖的，而“人们在劳动中的社会关系始终表现为他们本身之间的个人的关系，而没有披上物之间即劳动产品之间的社会关系的外衣”①。

资产阶级政治经济学之所以在资本主义早期能够宣称自己是一门客观的科学，是因为此时的阶级斗争尚处于潜伏的状态，私有制的内在矛盾还没有充分体现出来，所以人们误以为资本主义制度不是历史的过渡阶段，而是社会生产的最后形式。马克思说：“只要政治经济学是资产阶级的政治经济学，就是说，只要它把资本主义制度不是看作历史上过渡的发展阶段，而是看作社会生产的绝对的最后的形式，那就只有在阶级斗争处于潜伏状态或只是在个别的现象上表现出来的时候，它还能够是科学。”② 但是，一旦随着阶级斗争的明显化，资本主义制度的“超历史性”的伪装就被剥离了，此时，人们就不再相信资产阶级政治经济学是一门“科学”了。

在马克思看来，资产阶级的政治经济学家把阶级利益的对立看作是超历史的“社会的自然规律”，绝非偶然，因为这可以使得资产阶级统治获得永恒的合法外衣。马克思说：“经济学家所以说现存的关系（资产阶级生产关系）是天然的，是想以此说明，这些关系正是使生产财富和发展生产力得以按照自然规律进行的那些关系。因此，这些关系是不受时间影响的自然规律。这是应当永远支配社会的永恒规律。于是，以前是有历史的，现在再也没有历史了。”③ 这表明，资产阶级经济学家之所以把封建制度看作是人为的，而把资产阶级制度看作是天然的，是为了辩护资产阶级统治的合法性。对此，马克思说：“政治经济学对待资产阶级以前的社会生产有机体形式，就像教父对待基督教以前的宗教一样。”④

但资产阶级经济学始终存在一个无法克服的内在悖论。这就是，一方面，政治经济学家把私有制当作是合乎人性的和合理的关系，但另一方面，他们又不得不面对根源于私有制的阶级剥削和阶级斗争。这就像神学家尽管以宗教的超人性为前提，但又不得不借助于人的形象来理解宗教观念一样。马克思指出，如果说亚里士多德没有思考价值的问题，只是由于局限地特定的社会历史条件，那么，资产阶级经济学家没有考虑价值的源泉，则是有意识地为资本主义的剥削制度辩护。“这些资产阶级经济学家

① 马克思：《资本论》第1卷，北京：人民出版社2004年版，第95页。
② 《马克思恩格斯全集》第44卷，北京：人民出版社2001年版，第16页。
③ 《马克思恩格斯选集》第1卷，北京：人民出版社1995年版，第151页。
④ 《马克思恩格斯全集》第44卷，北京：人民出版社2001年版，第99页。

实际上具有正确的本能，懂得过于深入地研究剩余价值的起源这个爆炸性问题是非常危险的。”①

在马克思看来，政治经济学要真正成为一门科学，就必须扬弃非批判的形而上学思维方式，把历史主义的原则贯彻到对政治经济学的批判之中。具体来说，政治经济学家必须超越资产阶级的界限，把私有制看作是历史性的，而不是永恒的。马克思说：“普鲁东从政治经济学中被诡辩掩盖的相反的事实出发，即从私有制的运动造成贫困这个事实出发，得出了否定私有制的结论。”② 这就使得“政治经济学革命化了，并且第一次使政治经济学有可能成为真正的科学”③。《资本论》则完全从对私有制的历史性理解出发，彻底地变革了资产阶级的政治经济学。在《资本论》中，马克思一方面深入分析了资本主义的历史必然性，并强调资本主义社会的内在运作规律正在以铁的必然性发生作用；但另一方面，马克思又看到了资本主义的暂时性和历史性。显然，马克思完全把历史主义的思维原则贯彻到了对资本主义的理解之中，而没有像资产阶级那样把资本主义当作一个超历史的原点进行分析。不仅如此，马克思还始终强调，资本主义在各个国家都会以特殊的形式表现出来，而不会出现同一的景象。比如，在谈到德国当时的经济状况时，马克思指出，由于历史发展阶段的错位，德国一方面要面对资本主义发展所导致的阶级矛盾，另一方面又要承受古老的生产方式及政治、社会关系的苟延残喘，因而它“不仅苦于资本主义生产的发展，而且苦于资本主义生产的不发展”④。

综上所述，历史主义是马克思在反思整个西方传统形而上学的过程中所取得的一种积极的思想成就，马克思把这种历史性思想具体贯彻到对政治经济学的批判之中了，并最终创作了《资本论》。历史主义在《资本论》中的成功应用，不仅使得《资本论》揭露了资产阶级形形色色的意识形态理论，真正深入历史的本质性一度之中，而且还在根本上拯救了历史主义，使得这种新型历史主义最终成为19世纪之后唯一可资开发的一种思维形式。

三、“解放”的旨趣与《资本论》对历史主义的扬弃

19世纪尽管被誉为“历史主义的世纪”，但19世纪杰出的历史主义

① 《马克思恩格斯文集》第5卷，北京：人民出版社2009年版，第590页。
② 《马克思恩格斯全集》第2卷，北京：人民出版社1957年版，第42页。
③ 《马克思恩格斯全集》第2卷，北京：人民出版社1957年版，第39页。
④ 《马克思恩格斯文集》第5卷，北京：人民出版社2009年版，第9页。

思想家，无论是兰克还是马克思，都没有明确使用过历史主义的概念。“历史主义”这一概念只是到了20世纪，也就是当历史主义出现危机的时候，才真正流行起来。关于“历史主义”一词的起源，安东尼曾指出，“‘历史主义’一词独特而曲折的历程至今还没有走到尽头。这个词先后有过几种意义：最初它指的是一种错误，甚至某种反常，后来它被定义为一种积极的思想成就”①。历史主义一开始之所以被判定为“一种错误，甚至某种反常”，是因为在20世纪拒斥形而上学的思想背景下，它逐渐脱离了对历史实在的形而上学的信念，走向了片面强调个体的特殊性和价值的相对主义，并最终成为消解一切真理和价值的绝对性的引爆剂。当历史主义在20世纪步步陷入相对主义的困境中之时，人们才意识到了历史主义的问题。安东尼说：“仿佛只有当它意味着文明价值的重大振荡时，人们才最终意识到它的性质和影响，并觉察到我们全部的文化都受‘历史主义’的浸透，而这种历史主义可能摧毁对我们的文明来说至关重要的思想和信仰遗产——从形而上学到神学再到自然法。”②

19世纪的历史主义不但没有陷入相对主义和虚无主义，反而成就了历史主义的辉煌，这显然是由于此时人们对历史实在的形而上学深信不疑。伊格尔斯指出，阻止他们的道德和认识论上的相对主义的，是他们对超越历史世界的形而上学世界的强烈信仰。但到了20世纪，尽管许多思想家越来越接受历史主义的认识论原则，他们在使用这一术语的同时，却否定了历史过程有其内在的一致性，进而连带否定了对现代西方文明的信仰。卡尔西在谈到“历史主义的危机”时指出，历史主义是研究历史的有效方法，但研究历史“只是一步步地揭示了西方文化价值和信仰的相对和过时，根本不能用来创造文化”③。施特劳斯更为明确地指出，“历史主义比怀疑论有过之而无不及”④，“历史主义的顶峰就是虚无主义”⑤。

梅尼克曾以一种极端的历史方法拯救了历史主义的危机。在《历史主义的兴起》中，梅尼克彻底以历史主义这一概念取代了西方经典的自然法概念，强调一种发展的观念，注重历史的独一无二性和“个性”。在他看来，正是德国文化传统的特殊性，才使得德意志民族具有独一无二的价值。在梅尼克的解读下，“‘历史主义’从此失去了所有贬损的含义，

① 安东尼：《历史主义》，上海：上海人民出版社2010年版，第91页。
② 安东尼：《历史主义》，上海：上海人民出版社2010年版，第1页。
③ 伊格尔斯：《历史主义的由来及其含义》，《史学理论研究》，1998年第1期。
④ 施特劳斯：《自然权利与历史》，北京：生活·读书·新知三联书店2006年版，第31页。
⑤ 施特劳斯：《自然权利与历史》，北京：生活·读书·新知三联书店2006年版，第19页。

转而指一场伟大的精神运动、一种人类思想的积极成就”[①]。人们甚至由此把这种注重个体的特殊性和独特性的历史主义观念，同19世纪专业化的德国史学联系起来，认为19世纪的历史编纂学已经表征了历史主义观念的兴起。但事实上，兰克的古典历史主义同梅尼克所理解的历史主义存在着本质的区别。伊格尔斯指出，“19世纪30年代兰克的历史主义和20世纪30年代弗里德里希·梅尼克的历史主义都与进步的观念有着某种微妙的联系。在一方面，进步观念对他们来说不可接受，因为他们强调每一个时代都有其自身的价值，‘与上帝直接相通’；但在另一方面，兰克和德罗伊森像黑格尔一样深深地相信现代西方文化的共同性，而迈涅克则相信德国文化的独一无二的性质”[②]。20世纪60年代以后，学界开始批评德国历史主义的历史观，认为它是20世纪灾难的帮凶。

总体上看，20世纪的历史主义，一开始就被其内在的矛盾所困扰。一方面，历史主义要坚守相对性和暂时性原则；但另一方面，它又要规避陷入彻底的相对主义和虚无主义，而要寻求某种一致性和确定性。在“历史主义的危机”的背景下，重新彰显马克思对历史主义的方法论改造，无论对于提炼历史主义积极的理论成就，还是对于深入研究《资本论》，都具有重大的意义。

首先，《资本论》对资本主义的历史性解读，既使得马克思主义同抽象的人道主义划清了界限，又使得马克思成为一个真正的人道主义者。马克思不再像启蒙思想家那样超历史地追问自由何以可能的问题，而是直接把这一追问诉诸对现实历史的政治经济学批判，力求在批判旧世界中发现新世界，探寻人的解放的现实道路。在《资本论》中，马克思澄清了人类存在方式的历史性演进形态，并特别强调，在现代社会中，人的独立性是建立在对物的依赖性的基础之上的，因而对“人的解放”的寻求，只能诉诸对资本主义私有制的批判。正是通过对私有制的政治经济学批判，马克思超越了资产阶级的界限，指明了人类未来的发展方向。

其次，马克思在对资本主义做出历史性理解的同时，由于并没有放弃“人的解放”的最高理想，所以他的历史主义思想原则尽管彻底，但却并没有导致相对主义抑或虚无主义。马克思不再像兰克的古典历史主义那样，只是在历史实在的形而上学的地基上来反思启蒙的普遍理性，而是以历史主义的思想原则彻底摧毁了启蒙的普遍理性乃至西方整个的柏拉图主

① 安东尼：《历史主义》，上海：上海人民出版社2010年版，第4页。

② 伊格尔斯：《历史主义的由来及其含义》，《史学理论研究》，1998年第1期。

义。这种彻底的历史主义原则，不仅使得马克思真正深入历史的本质性一度之中，而且使得他发现了资本的内在运作逻辑，并最终确证了无产阶级的历史任务和使命——人的解放。安东尼说：“马克思并不是第一个发现新的资本主义阶级形成的人，也不是第一个发现这个阶级的政治和社会力量逐步增长的人，同样也不是他最早发现新兴无产阶级极端悲惨的生存状态。但马克思把握了工人大众的全新的社会和政治难题的全部历史意义，他知道，如果这个新阶级组织起来就会获得何种力量；他认为，这一历史现象将对欧洲的新历史具有决定性意义。”① 安东尼还进一步指出，“但是，马克思与工人阶级的其他支持者之间的鲜明区别在于，他将自己的历史主义应用到革命纲领中。我们可以说，马克思将社会主义引入了历史主义文化，或者说，他将一种以自然法为基础的‘社会正义’理想引入了一个否认抽象自然法的传统中，而我们已经见识过这种传统”②。

显然，马克思彻底的历史主义思想原则与其“人的解放”的价值理想是密不可分的。正是因为马克思“人的解放”的价值诉求，奠基于对现实历史的历史性理解，所以它与启蒙运动所谓的最高理想有着本质的差别。换言之，这种“人的解放”的价值诉求，不仅为当代人的未来带来了希望，而且使得马克思的新型历史主义在根本上超越了相对主义和虚无主义的泥潭。

第二节 《资本论》与“历史之谜”的解答

《资本论》并不是一部纯粹以“资本”为研究对象的经济学著作，作为“政治经济学批判”，它的深层主旨在于，以资本的运动逻辑来展现人类现实历史的运动过程。通过剖析价值形态的历史性转换，《资本论》不仅解答了资本主义之谜，而且还解答了人类历史发展之谜。《资本论》对“历史之谜”的解答，为“缩短和减轻”人类历史运动中的“阵痛”提供了现实的道路，也为反思现代性提供了存在论意义上的根据。《资本论》表明，马克思的人的解放的价值理想，之所以不同于传统形而上学所设定的“最高价值”，就在于它深深地根植于人类文明史的进程之中。

一、经济范畴与人的活动

在当代中国的语境中阐述《资本论》，一个不容回避的问题是：《资

① 安东尼：《历史主义》，上海：上海人民出版社2010年版，第123页。
② 安东尼：《历史主义》，上海：上海人民出版社2010年版，第123页。

本论》到底是“应用”了唯物史观基本原理的经济学著作，还是实质性地“建构”了唯物史观的理论内涵的哲学著作？按照通常的解释，《资本论》仅仅是“应用”了唯物史观的基本方法和原理，因而它只是包含了唯物史观的思想因素的经济学著作。与此不同，笔者将要证明，《资本论》作为马克思毕生研究的结晶，它本身就展现了马克思的“新历史观”，展现了马克思对“历史之谜”的解答。

表面上看，《资本论》是由一系列的经济范畴所组成的理论体系，所以人们一般会把《资本论》看作是一部经济学著作，认为它是“应用”了而不是“建构”了历史唯物主义的基本原理。然而，如果仅仅把《资本论》单纯地看作是一部经济学著作，那么，就会面临一个极为严峻的理论挑战，即诞生于150年前的《资本论》，是否能够解释当代纷繁复杂的资本主义经济？《资本论》在今天是否还有继续研究的必要？事实上，国外的一些马克思主义者正是由于单纯专注于探究《资本论》所揭示的资本主义经济运作规律，进而发现了这些经济规律与现实的资本主义经济运行之间的差距，得出《资本论》已经过时的结论。对于《资本论》“过时论”这一严重的理论挑战的回应，催逼我们必须出离经济学的视域来重新看待《资本论》，因为人们发现，仅仅囿于经济学的语境中，试图通过对《资本论》的经济结论的局部修正来回击人们根深蒂固的这一偏见，始终是软弱无力的。

《资本论》的副标题是“政治经济学批判”，它十分醒目地提醒我们，《资本论》不是流俗的经济学著作，不是传统的政治经济学的延伸和变形，而是对传统的政治经济学的批判和超越。因此，我们必须在“经济学批判”而不是经济学的语境中来理解和解读《资本论》。作为“政治经济学批判”，《资本论》直指传统政治经济学的形而上学实质。传统的政治经济学把资产阶级的生产关系表述为范畴、规律，并着力于证明这些规律、范畴比封建社会的规律和范畴更有利于财富的生产，这就把具有历史内涵的经济范畴超历史化了，进而把现存的资本主义私有制永恒化了。于是，在国民经济学家看来，“以前是有历史的，现在再也没有历史了”①。这就是传统政治经济学的形而上学实质。显而易见，由于传统政治经济学的形而上学性质，人的活动以及由人的活动所创生的现实历史被彻底遮蔽了，取而代之的是物的经济交换的假象。

《资本论》首先破解了传统政治经济学的形而上学性质，澄清了经济

① 《马克思恩格斯选集》第1卷，北京：人民出版社1995年版，第151页。

范畴与历史运动之间的辩证关系。马克思指出，“比较简单的范畴，虽然在历史上可以在比较具体的范畴之前存在，但是，它在深度和广度上的充分发展恰恰只能属于一个复杂的社会形式，而比较具体的范畴在一个比较不发展的社会形式中有过比较充分的发展”①。正因为如此，资产阶级社会作为最发达的和最具多样性的历史的生产组织，“那些表现它的各种关系的范畴以及对于它的结构的理解，同时也能使我们透视一切已经覆灭的社会形式的结构和生产关系”②。马克思关于经济范畴与历史运动的关系的思考表明，“对人类生活形式的思索，从而对这些形式的科学分析，总是采取同实际发展相反的道路。这种思索是从事后开始的，就是说，是从发展过程的完成的结果开始的”③。这就是为什么《资本论》从探讨资本主义的经济规律出发，来揭示人类全部历史运动规律的原因所在。

由于资产阶级生产方式中占统治地位的社会财富，表现为庞大的商品堆积，所以《资本论》首先从商品这个经济范畴出发。“商品首先是一个外界的对象，一个靠自己的属性来满足人的某种需要的物”④，因此它先天就具有使用价值。但马克思发现，在实际的商品交换中，商品的使用价值完全沦为它的对立面即价值的表现形式，仅仅成为充当交换价值的物质承担者。商品的使用价值和交换价值的内在矛盾在于，“作为使用价值，商品首先有质的差别；作为交换价值，商品只能有量的差别”⑤。商品为什么会有交换价值的量的差别和使用价值的质的差别，这种差别的根据是什么？马克思由此从商品的二重性回溯到了对创造商品的人的劳动的二重性的考量。马克思指出，商品的二重性表明，创造商品的人的劳动既是一种发生在人与自然之间的对象性的“具体劳动”，同时又是一种具有社会属性并可以用以社会交换的“一般劳动”。因此，商品的交换，表面上看，是物与物之间的交换，但实质上却是创造商品的人的劳动的社会交换，在商品经济中，人的劳动的社会关系只不过是以物与物的交换关系倒映了出来而已。

传统的政治经济学显然没有洞见到物与物的交换关系所掩盖的人的社会关系及其现实的历史，所以它只能把商品理解为与人的活动无关的物的存在；《资本论》则透过商品经济中的物与物的关系，洞见到了人与人的

---

① 《马克思恩格斯选集》第2卷，北京：人民出版社1995年版，第21页。
② 《马克思恩格斯选集》第2卷，北京：人民出版社1995年版，第23页。
③ 《马克思恩格斯全集》第40卷，北京：人民出版社2001年版，第93页。
④ 《马克思恩格斯全集》第44卷，北京：人民出版社2001年版，第47页。
⑤ 《马克思恩格斯全集》第44卷，北京：人民出版社2001年版，第50页。

社会关系，所以它最终实现了对传统的政治经济学的内在批判和超越。从马克思哲学的生成史来看，《资本论》通过商品的二重性而对人的劳动的自然性和社会性的“本质还原”，只是重申了马克思在早期《1844年经济学哲学手稿》中的这一思想：“自然界的人的本质只有对社会的人来说才是存在的；因为只有在社会中，自然界对人来说才是人与人联系的纽带，才是他为别人的存在和别人为他的存在，只有在社会中，自然界才是人自己的人的存在的基础，才是人的现实的生活要素。”[①] 不同在于，《1844年经济学哲学手稿》尽管已经表明，不能把历史排除在人的感性活动之外，因为这样一来极有可能造成历史与自然的割裂和对立，但它在对人的感性活动的理解上，受到费尔巴哈人本学的深刻影响，仍然带有浓重的思辨哲学的话语色彩。但在《资本论》中，马克思则彻底超越了思辨哲学的阴影，完全以经济范畴展现了人的劳动的现实内涵。

《资本论》从商品的二重性出发来展现人的劳动的现实性，从而也就为真正澄清由人的现实劳动所创生的“现实历史”提供了可能。历史不过是追求自己目的的人的活动，人类的历史是在人的感性物质活动中不断创生的，因此对现实历史的理解，只能从现实的人的活动出发。但马克思意识到，如果径直从作为全部社会生产行为基础的人口出发，来理解人类的历史发展进程，看似是正确的，实际是错误的，因为抛开构成人口规定的经济范畴，则只能形成关于历史整体的“一个混沌的表象”。反过来说，只有从作为规定人的活动的经济范畴出发，人们才能达到对现实历史的“理性具体”的把握。这就是《资本论》之所以从经济范畴出发来破解“历史之谜”的原因所在。

马克思说：“有一个英国人把人变成帽子”，“这个英国人就是李嘉图”。[②] 英国人李嘉图的经济学研究，只看到资本主义商品经济中的物与物交换关系，但却看不到被物与物的交换关系所掩盖的人的活动及其社会关系，所以他把人变成人的帽子，把人与人之间的社会关系变成物与物的关系，把现实的历史描述为物的存在。李嘉图经济学的症结，也代表了整个国民经济学的深层症结。《资本论》通过破解以李嘉图为代表的国民经济学家以物与物的关系对现实的人及其历史发展的遮蔽，最终揭示了现实历史中的人与人之间的社会关系。从根本上来说，《资本论》并不是一部纯粹以“资本”为研究对象的经济学著作，作为“政治经济学批判”，它

---

① 《马克思恩格斯全集》第3卷，北京：人民出版社2002年版，第301页。

② 《马克思恩格斯选集》第1卷，北京：人民出版社1995年版，第136页。

的主旨是，着力于以资本的运动逻辑来展现人类现实历史的发展过程。

二、价值形式与历史的演进

构成《资本论》逻辑起点的“商品”，看似是个简单的经济范畴，实则蕴涵了人的活动以及由人的活动所创生的全部历史的秘密。马克思说：“商品形式和它借以得到表现的劳动产品的价值关系，是同劳动产品的物理性质以及由此产生的物的关系完全无关的。这只是人们自己的一定的社会关系，但它在人们面前采取了物与物的关系的虚幻形式。”① 这就是商品拜物教的产生。商品为什么会在现代社会里成为主宰商品生产者的神秘力量，使得商品生产者对它顶礼膜拜？这显然不是因为商品的使用价值抑或价值的内容，而是根源于生产商品的劳动的社会性质。就是说，现实的人的活动，既是创造历史的前提，又是历史创造的结果和产物，它本身就承载着历史文化的丰富内涵，因而它必然是社会性的。但由于资本主义私有制和分工的存在，现实的人被扭曲为各个相互独立的私人生产者，人的社会本性完全被物与物的全面依赖关系所取代。马克思说：“商品形式在人们面前把人们本身劳动的社会性质反映成劳动产品本身的物的性质，反映成这些物的天然的社会属性，从而把生产者同总劳动的社会关系反映成存在于生产者之外的物与物之间的社会关系。由于这种转换，劳动产品成了商品，成了可感觉而又超感觉的物或社会的物。”② 马克思对商品的存在论阐释的真实意义在于，商品的本质，不是创造商品使用价值的“具体劳动”（因为创造商品使用价值的“具体劳动”，是人类一切社会形式所共有的），而是构成商品交换价值的“抽象劳动”。正是由于构成商品交换价值的抽象劳动发生了历史性的转换，人类的历史发展才会呈现为不同的社会形态依次变革的过程。资本主义把人的社会性完全颠倒为物的社会性，从而也就把从前的人的依赖关系彻底转换为现代的人对物的依赖性。这就是资本主义的商品拜物教的实质所在。马克思说：“在奴隶劳动下，所有权掩盖了奴隶为自己的劳动，而在雇佣劳动下，货币关系掩盖了雇佣工人的无代价劳动。”③ 在资本主义社会里，人们生产的劳动产品如果不能在市场上进行兑换，那就意味着人的劳动是无效的。正因为如此，商品才会纯化为货币，进而获得一种主宰商品生产者命运的神秘力量，成

① 《马克思恩格斯全集》第44卷，北京：人民出版社2001年版，第90页。
② 《马克思恩格斯全集》第44卷，北京：人民出版社2001年版，第89页。
③ 《马克思恩格斯全集》第44卷，北京：人民出版社2001年版，第619页。

为可感觉而又超感觉之物。关于商品经济同现代人的存在方式的本质关联，马克思指出，“毫不相干的个人之间的互相的和全面的依赖，构成他们的社会联系。这种社会联系表现在交换价值上，因为对于每个个人来说，只有通过交换价值，他自己的活动或产品才成为他的活动或产品；他必须生产一般产品——交换价值，或本身孤立化的、个体化的交换价值，即货币。另一方面，每个个人行使支配别人的活动或支配社会财富的权力，就在于他是交换价值的或货币的所有者。他在衣袋里装着自己的社会权力和自己同社会的联系”①。

马克思对经济范畴与人的存在的历史形态之间关系的阐释，对于破解现实历史的“存在”有着重大的方法论意义，这就是，“对人类生活形式的思索，从而对这些形式的科学分析，总是采取同实际发展相反的道路。这种思索是从事后开始的，就是说，是从发展过程的完成的结果开始的”②。因此，“资产阶级社会是最发达的和最多样性的历史的生产组织。因此，那些表现它的各种关系的范畴以及对于它的结构的理解，同时也能使我们透视一切已经覆灭的社会形式的结构和生产关系”③。

正是基于对人类的抽象劳动的交换方式及其历史性转换的考察，马克思提出了关于人的存在的历史性形态的论断：“人的依赖关系（起初完全是自然发生的），是最初的社会形态，在这种形态下，人的生产能力只是在狭窄的范围内和孤立的地点上发展着。以物的依赖性为基础的人的独立性，是第二大形态，在这种形态下，才形成普遍的社会物质变换，全面的关系，多方面的需求以及全面的能力的体系。建立在个人全面发展和他们共同的社会生产能力成为他们的社会财富这一基础上的自由个性，是第三个阶段。”④ 马克思在“货币”章中而不是在其他文本中，做出关于人的存在的历史形态的论断，绝不是偶然的。它表明，“以物的依赖性为基础的人的独立性”是现代人所特有的存在方式；现代人的这种存在方式并不是超历史的、永恒的，它是现实历史运动的产物，因而也必然会随着历史的进一步发展而被扬弃。这就是《资本论》对现实的历史亦即资本主义的“描述”，也是它对人类总体历史进程的存在论反思。《资本论》告诉我们，人的解放不是现实历史之外的抽象理想，而本身就是旧世界的瓦解过程。马克思说：“货币即对象化劳动同活劳动的直接交换，也会或者

① 《马克思恩格斯全集》第30卷，北京：人民出版社1995年版，第106页。
② 《马克思恩格斯全集》第44卷，北京：人民出版社2001年版，第93页。
③ 《马克思恩格斯选集》第2卷，北京：人民出版社1995年版，第23页。
④ 《马克思恩格斯全集》第30卷，北京：人民出版社1995年版，第107—108页。

消灭那个正是在资本主义生产基础上才自由展开的价值规律，后者消灭那种正是以雇佣劳动为基础的资本主义生产本身。”[①] 正是因为马克思的人的解放的价值理想，深深地根植于人类文明史之中，所以马克思才会终其一生着力于破解“历史之谜”，并最终以《资本论》澄清了人类现实历史的运动规律。

马克思对“历史之谜”的破解，不是一蹴而就的，而是在漫长而艰难的探索中逐渐实现的。早在《1844年经济学哲学手稿》中，马克思就开始关注人的劳动在现实历史中的异化，亦即异化劳动的问题。青年马克思指出，劳动产品的异化根源于劳动这一活动本身的异化，而劳动活动本身的异化，同时也就是人的类本性的异化，是人与人社会关系的异化。“人同自己的劳动产品、自己的生命活动、自己的类本质相异化的直接结果就是人同人的相异化。当人同自身相对立的时候，他也同他人相对立。”[②] 需要强调的是，即便是在这部被阿尔都塞判定为“不成熟”的《1844年经济学哲学手稿》中，我们同样可以看到，马克思不仅没有脱离现实的历史来抽象地考察人的劳动，反而径直将异化劳动的根源追溯到现实历史中的私有制上来。马克思提出，正是由于现实历史中的私有制的存在，人的自由自觉的活动才被异化了，因此要克服人的劳动在现实历史中的异化，就必须要消灭私有制。一定意义上讲，《1844年经济学哲学手稿》中关于私有制的经济学研究，实质上已经是一个哲学事件了，因为它没有沿着国民经济学的正统路数继续展开下去，把私有财产当作毋庸置疑的前提，而是在体验异化劳动的时候意识到了私有制的不合理性，尽管此时的马克思还不能在现实历史的平面上来展开对私有制的彻底批判。《1844年经济学哲学手稿》中的异化劳动主题表明，一方面，马克思同传统的政治经济学彻底分道扬镳了，另一方面，马克思开始自觉诉诸现实历史的运动过程来考量私有制的克服问题。《1844年经济学哲学手稿》中的经济学话语最终导致了马克思对唯物史观的创立。

《德意志意识形态》作为《1844年经济学哲学手稿》向《资本论》的过渡，它延续和深化了《1844年经济学哲学手稿》的思路，并进一步把异化劳动的根源追溯到人类历史上的自发分工。在马克思看来，正是由于自发分工的缘故，人类在创造历史的同时也不可避免地创造了统治自身的异己力量，并由此而派生了诸多遮蔽现实历史的意识形态理论。马克思

---

① 《马克思恩格斯全集》第44卷，北京：人民出版社2001年版，第614页。

② 《马克思恩格斯选集》第1卷，北京：人民出版社1995年版，第46页。

指出，“只要分工还不是出于自愿，而是自发形成的，那么人本身的活动对人来说就成为一种异己的、同他对立的力量，这种力量压迫着人，而不是人驾驭着这种力量”①。《德意志意识形态》较之《1844 年经济学哲学手稿》的实质性突破在于，它进一步诉诸对资本主义生成史的分析，表明了资本主义本身只是历史运动中的“自发分工”的产物。而作为历史的产物，资本主义是人类历史长河中的特殊的历史现象，而不是永恒的和普遍的，因此它的灭亡也是必然的。

通过回顾《资本论》与其理论前史的内在关联，阿尔都塞所谓的“认识论断裂”就不攻自破了。显而易见，《资本论》中的“商品拜物教”论题，是对《1844 年经济学哲学手稿》中的“异化劳动”和《德意志意识形态》中的“自发分工”的进一步理论升华。正是在《资本论》中，马克思深入发掘了作为资本主义生产方式的基本前提的异化劳动和资本逻辑，最终科学地回答了资本主义生产的内在本质及其灭亡的历史必然性。可以说，《资本论》在破解资本主义的秘密的同时，也破解了人类全部历史之谜。然而，人们一般总是关注于《资本论》所发现的资本主义运行规律，而遗忘了它的“异化劳动”的“前提”。由于这一前提的遗忘，《资本论》对国民经济学的内在超越就被彻底遮蔽了，它被流俗地理解为与国民经济学同质的经济学著作。

三、资本逻辑与人的解放

《资本论》中的“资本”，不是“物”，而是“一定历史社会形态的生产关系”，“是资产阶级社会的支配一切的经济权力”②。在资产阶级社会中，资本通过不断榨取剩余价值来实现自身的持续增殖，因而它始终是一个独立能动的“主体”；与此同时，真正创造价值的工人则完全被沦为被动的地位，成为任由资本奴役的“客体”。在资本逻辑的运作下，主体与客体的关系被完全颠倒了。马克思说：“资本不仅像亚当·斯密所说的那样，是对劳动的支配权。按其本质来说，它是对无酬劳动的支配权。一切剩余价值，不论它后来在利润、利息、地租等等哪种形态上结晶起来，实质上都是无酬劳动时间的化身。资本自行增殖的秘密归结为资本对别人的一定数量的无酬劳动的支配权。”③ 资本家作为个人，可能不是一个伪

---

① 《马克思恩格斯全集》第 3 卷，北京：人民出版社 1960 年版，第 37 页。
② 《马克思恩格斯全集》第 30 卷，北京：人民出版社 1995 年版，第 106 页。
③ 《马克思恩格斯全集》第 44 卷，北京：人民出版社 2001 年版，第 611 页。

善的人，但在社会的意义上，他只是经济关系的产物，始终在执行着资本的剥削本性。马克思说：“作为资本家，他只是人格化的资本。他的灵魂就是资本的灵魂。而资本只有一种生活本能，这就是增殖自身，获取剩余价值，用自己不变的部分即生产资料吮吸尽可能多的剩余劳动。资本是死劳动，它像吸血鬼一样，只有吮吸活劳动才有生命，吮吸的活劳动越多，它的生命就越旺盛。”① 这表明，“只有作为资本的人格化，资本家才受到尊敬。作为资本的人格化，他同货币储藏者一样，具有绝对的致富欲。但是，在货币储藏者那里表现为个人的狂热的事情，在资本家那里却表现为社会机制的作用，而资本家不过是这个社会机制中的一个主动轮罢了”②。

揭露资本的运动逻辑，构成马克思对现实的资本主义的存在论澄明，但《资本论》的终极旨趣，则不仅仅在于澄明资本主义的历史运动，而在于破解资本的运作逻辑，寻求人的解放的现实道路。马克思说：“资本是集体的产物，它只有通过社会许多成员的共同活动，而且归根到底只有通过社会全体成员的共同活动，才能运动起来。”③ 因此，瓦解资本的运动逻辑，不是要彻底消灭资本，而只是改变资本的属性，把资本的独立性变成个体的独立性和自由，从而使得每个人的自由发展成为一切人自由发展的前提。

恩格斯在马克思的墓前讲话中明确指出，马克思发现了“现代资本主义生产方式和它所产生的资产阶级社会的特殊的运动规律”和“人类历史的发展规律”。马克思的这“两大发现”是内在统一的，并集中地展现在《资本论》之中。因此，探讨马克思的历史科学，必须要诉诸马克思为之付出毕生心血的《资本论》。长期以来，人们对唯物史观的研究，主要依靠的文本是《德意志意识形态》，而不是马克思为之付出毕生心血的《资本论》。应该说，《德意志意识形态》尽管拟定了理解现实历史的基本纲领，阐明了理解现实历史的方法论原则，但它并没有能够真正澄明现实历史的内在本质。在这里，马克思只是表明，基于人类物质生产活动的人类历史发展是一个自然历史的过程，人们的物质生活制约着整个的社会生活、政治生活和精神生活，因而物质生活的变革是历史发展的前提。尽管在《德意志意识形态》中，马克思也已经提出，资本主义社会孕育着消解从其自身的社会生活条件中所生长出来的对抗的生产力，因而

① 《马克思恩格斯选集》第 1 卷，北京：人民出版社 1995 年版，第 260 页。
② 《马克思恩格斯全集》第 44 卷，北京：人民出版社 2001 年版，第 683 页。
③ 《马克思恩格斯选集》第 1 卷，北京：人民出版社 1995 年版，第 287 页。

"人类社会的史前时期就以这种社会形态而告终"，但是，资产阶级社会为什么本身就会孕育着这种否定自身的力量？马克思并没有做出具体的解答，他只是意识到了资本主义的历史性和暂时性。只有在《资本论》中，马克思才基于对资本逻辑的政治经济学批判，明确提出，现实的资本主义，本质上讲，是以资本的逻辑为内容的充满矛盾的运动。资本的运动逻辑，既是人的劳动的异化过程，又是人的异化劳动逐渐克服的过程，"自我异化的扬弃同自我异化走的是一条道路"①。马克思对资本家的批判及对工人阶级历史地位的确证，绝不是出于道德的考虑，而是基于对资本自行瓦解逻辑的诊断，是对现实的经济关系的研究的结果。"《资本论》表明，马克思是真正的人道主义者，马克思主义并不是抽象的人道主义。"②

阿尔都塞在《读〈资本论〉》这部著作中指出，"我们可以读到马克思真正哲学的地方是他的主要著作《资本论》"③。这表明，马克思关于人的解放的"新世界观"，就集中展现在《资本论》之中。可以说，离开《资本论》，我们就极有可能把马克思"改变世界"的新哲学蒸馏为"解释世界"的旧哲学。马克思终其一生都在关注人的解放的问题，人的解放的主题同样也构成了《资本论》的精髓和灵魂。如果洞见不到这一点，人们对《资本论》的阅读，就会仅仅把目光停留在马克思对资本主义经济活动的经济学分析上，把作为哲学著作的《资本论》下降为一部普通的经济学著作，甚至是一本已经过时了的经济学著作；相反，如果认识到这一点，人们就会发现，只要人类还处于不自由的异化状态中，还没有实现自我解放，那么，《资本论》的思路和论题就不会过时，它总会构成人们反思和批判现实的有力的思想武器。

科学共产主义同空想共产主义的区别在于，后者把共产主义理解为传统形而上学所设定的"最高价值"，而前者则把共产主义看作是现实的历史运动过程。根本上说，科学共产主义正是由于奠基于马克思对现实历史的澄明的基础上，所以它才是一个现实的而非虚幻的过程。抛开马克思对"历史之谜"的解答，或者误解马克思对"历史之谜"的解答，必然会把唯物史观扭曲为旧的历史哲学，把科学共产主义抽象为空想共产主义。在《1844年经济学哲学手稿》中，马克思说，共产主义"是历史之谜的解答，而且知道自己就是这种解答"④。但马克思对"历史之谜"的真正解

---

① 《马克思恩格斯全集》第42卷，北京：人民出版社1979年版，第117页。
② 孙正聿：《"现实的历史"：〈资本论〉的存在论》，《中国社会科学》，2010年第2期。
③ 阿尔都塞、巴里巴尔：《读〈资本论〉》，北京：中央编译出版社2001年版，第24页。
④ 《马克思恩格斯文集》第1卷，北京：人民出版社2009年版，第185—186页。

答，显然是在《资本论》中才彻底实现的。《资本论》对“历史之谜”的解答，最终使得共产主义从空想变成现实。

第三节 《资本论》中的“世界历史”概念

《资本论》及其手稿的文本生成史生动地展现了马克思对“世界历史”的思考历程。马克思既把世界历史看作是资本主义发展的必然结果，又把世界历史看作是资本主义走向自我瓦解的坟墓，因而《资本论》在考量资本主义的过程中始终没有离开对世界历史的思考。世界历史和资本主义同时构成《资本论》的两大思想主题。可以说，不懂得《资本论》语境中的世界历史概念，就不懂得《资本论》的资本主义批判。当代世界依然带有鲜明的资本主义烙印，在此背景下，澄清《资本论》语境中的“世界历史”概念，不仅有利于打击西方学者甚嚣尘上的“历史终结”论，而且有利于阐述中国特色社会主义的世界史意义。

一、《资本论》中的“世界历史”图景

马克思“世界历史”的概念随着资本主义的世界性扩散和全球化的深入推进一再焕发出引人注目的理论魅力。然而，人们对马克思“世界历史”这一重要概念的探讨，主要集中在他的前期著作中，特别是《德意志意识形态》中，虽然偶尔也会涉及《资本论》，但却始终没有给予《资本论》语境中的“世界历史”思想足够的重视。在资本主义日益侵蚀全球的今天，特别是在西方学者一再叫嚣“历史的终极”的背景下，重新阐释《资本论》语境中的“世界历史”概念，无疑对于反思和批判当代资本主义的新发展有着重大的理论意义，这也是当前马克思主义研究者的一项极为紧迫的理论任务。

毋庸置疑，“世界历史”是马克思哲学中的一个极为重要的概念。甚至可以说，马克思终其一生都在关注世界历史的课题。大体说来，在19世纪50年代之前，马克思着力于批判“解释世界”的旧哲学，特别是持续地展开了同青年黑格尔派的思想搏斗，因而此时他对世界历史的思考，更多的是同历史唯物主义的创立联系在一起的。在这里，马克思的世界历史思想直接构成了历史唯物主义原理的理论前提。自19世纪50年代之后，马克思彻底摆脱了思辨哲学的影响，不再单纯探讨社会历史发展的一般规律，而是具体展开对现实的资本主义的政治经济学批判，并最终形成《资本论》及其手稿。与此相应，马克思此时对世界历史的探讨，不再像

前期那样是为了反驳青年黑格尔派的意识形态理论，而主要是为了揭示资本主义的内在运动规律。在这里，一方面，马克思在世界历史的维度上理解了资本主义的实质，断言了资本主义必然灭亡的历史命运；另一方面，马克思又在深入批判资本主义的过程中具体展现了世界历史的基本景象，这就是，世界历史只是资本主义民族国家内部矛盾的世界性延伸，它由资本的逻辑所促成并最终屈从于资本逻辑的支配。《资本论》及其手稿，既是马克思对资本主义经济规律的揭露，又是马克思对世界历史内在本质的剖析。

众所周知，《1857—1858 年经济学手稿》是马克思继《1844 年经济学哲学手稿》之后又一部极为重要的政治经济学著作。这部手稿的形成，标志着马克思已经彻底超出了国民经济学的水平，开始了独立而系统的政治经济学理论的创作。在这部手稿的导言中，马克思首先阐述了政治经济学的研究思路，并根据自己的研究理路制定了具体的研究计划。按照马克思此时的想法，政治经济学的结构应该由如下五个部分依次展开："(1) 一般的抽象的规定，因此它们或多或少属于一切社会形式，不过是在上面所阐述的意义上。(2) 形成资产阶级社会内部结构并且成为基本阶级的依据的范畴。资本、雇佣劳动、土地所有制。它们的相互关系。城市和乡村。三大社会阶级。它们之间的交换。流通。信用事业（私人信用）。(3) 资产阶级社会在国家形式上的概括。就它本身来考察。'非生产'阶级。税。国债。公共信用。人口。殖民地。向外国移民。(4) 生产的国际关系。国际分工。国际交换。输出和输入。汇率。(5) 世界市场和危机。"① 很明显，这里的第四、五两个部分属于世界历史的内容，它表明，马克思把世界历史看作是整个资本主义体系的有机组成部分。

我们知道，尽管资本主义于 14、15 世纪就在地中海的某些城市中萌芽，但只有到了 16 世纪，它才正式形成。资本主义在 16 世纪正式形成绝非偶然，因为伴随着地理大发现而来的殖民掠夺和奴隶贸易使得资本主义最终完成了资本的原始积累，并成为改变人类文明形态的世界性事件。马克思说："美洲金银产地的发现，土著居民的被剿灭、被奴役和被埋葬于矿井，对东印度开始进行的征服和掠夺，非洲变成商业性地猎获黑人的场所：这一切标志着资本主义生产时代的曙光。"② 近代以来西方殖民者的世界性扩张为资本主义的发展奠定了坚实的基础，也促使世界历史逐渐成

① 《马克思恩格斯全集》第 46 卷上，北京：人民出版社 1979 年版，第 46 页。
② 《马克思恩格斯全集》第 23 卷，北京：人民出版社 1972 年版，第 819 页。

为资本主义体系的有机组成部分。这就是为什么马克思把“生产的国际关系”和“世界市场”等有关世界历史的内容作为其政治经济学著作最后两部分的原因所在。

随着政治经济学研究的进一步深入，大约是在1857年11月初，马克思更改了原有的思路，拟定了新的政治经济学著作的构架，这主要体现在《1857—1858年经济学手稿》中“货币”章的结尾处。马克思说：“在考察交换价值、货币、价格的这个第一篇里，商品始终表现为现成的东西。……但是，商品世界通过它自身便超出自身的范围，显示出表现为生产关系的经济关系。因此，生产的内部结构构成第二篇。［资产阶级社会］在国家上的概括构成第三篇，［生产的］国际关系构成第四篇，世界市场构成末篇；在末篇中，生产以及它的每一个要素都表现为总体，但是同时一切矛盾都展开了。于是，世界市场又构成总体的前提和承担者。”① 尽管与“导言”中的结构相比，这个修改后的计划并没有太大的不同，但它却尤为突出地强调了第五部分“世界市场”。世界市场既是资本家生产资料的来源地，又是资本家所生产的产品的推销地，因而它对于资本主义的长远发展来说，具有基础性的作用。马克思同时深刻地意识到，资本的世界性扩散，特别是世界市场的形成，不但强化了国际分工，把各国间的生产日益紧密地联系在一起，进而大大地促进了资本主义商品经济的发展，而且更为重要的是，它在推动世界各地人们的经济交往的同时，打破了昔日人们区域性、地方性的生活方式，把整个世界的政治、经济和文化都捏合在一起了。毋庸置疑，这一切在16世纪之前是不可想象的。历史表明，正是伴随着世界经济联系的日益密切，为了更好地融入世界历史之中，在西欧，原本具有不同法律、不同利益、不同政府的各个地区纷纷融合成具有统一政府、统一利益和统一法律的“民族国家”。马克思看到了资本主义和世界历史的这种内在共生的关系，所以他一方面始终立足于资本主义的最新发展来考量世界历史的动态，另一方面又始终在世界历史的维度上来考察资本主义的本质及其历史命运。

《1857—1858年经济学手稿》表明，马克思在此期间对自己的政治经济学著作的结构进行了多次反反复复的修订。大约在1958年，马克思完全放弃了原本的五篇结构，而采取了六个分册的方式，即“（1）资本（包括一些绪论性的章节）；（2）地产；（3）雇佣劳动；（4）国家；

① 《马克思恩格斯全集》第46卷上，北京：人民出版社1979年版，第177—178页。

(5)国际贸易;(6)世界市场”[①]。但在实际的写作过程中,马克思又删掉了后三册的内容,最终形成《资本论》四卷的格局。毋庸置疑,与此前的结构修改相比,这一次的改动是最大的,马克思不再保留“国家”“对外贸易”和“世界市场”等关涉世界历史方面的内容。既然马克思删除了后三册中关于世界历史方面的内容,那么,这是否意味着这些内容在马克思那里已经变得不够重要了呢?问题显然没有那么简单。前文的分析表明,无论如何,马克思都不会低估世界历史对于资本主义发展的重大意义。试想,如果脱离世界市场的支撑,资本主义怎么能够持续发展呢?马克思的如下论述为理解这一问题提供了一些线索。马克思说:“一般说来,世界市场是资本主义生产方式的基础和生活条件。但资本主义生产的这些比较具体的形式,只有在理解了资本的一般性质以后,才能得到全面的说明;不过这样的说明不在本书计划之内,而属于本书一个可能的续篇的内容。尽管如此,标题中提到的几种现象,还是可以在这里概括地考察一下。”[②] 这表明,马克思对《资本论》结构的调整,不是出于世界市场不够重要的缘故;《资本论》之所以不再单篇探讨世界市场、对外贸易以及国家等论题,是因为这些论题并不直接相关于《资本论》的主题——资本和雇佣劳动,因而如果过多地探讨这些间接相关的问题,势必会影响到这部著作对其主题的深入推进。不过,尽管后来的《资本论》在结构上不再呈现世界市场、对外贸易以及国家等内容,但它的实际的论述中,却依然散布着大量有关世界历史的探讨和论述。毋庸置疑,深入阐释和发掘马克思的这些探讨和论述,无论对于理解马克思的世界历史概念来说,还是对于理解以世界历史为基础的资本主义来说,都具有举足轻重的重大意义。

二、“世界历史”与资本主义的超越

在《资本论》中,马克思固然是通过世界市场、国际分工、国家等具体内容来展现世界历史的图景,但如果仅仅囿于分析这些世界性的经济联系,还不足以窥探到世界历史的全貌。与其他的世界历史论者相比,马克思的独到之处在于,他不仅探讨了这些关涉世界历史的具体内容,而且还深入讨论了世界历史整体的发展趋势和规律。如果说前期马克思对世界历史规律的探讨,是同历史唯物主义的创立联系在一起的,那么,后期马

① 《马克思恩格斯全集》第29卷,北京:人民出版社1972年版,第531页。
② 《马克思恩格斯全集》第25卷,北京:人民出版社1974年版,第126—127页。

克思对世界历史规律的探讨，则直接依托于对资本主义内在本质的批判。《资本论》以马克思所熟悉的英国为典型案例，既深入剖析了资本主义的经济规律，又以此为基础，剖析了整个世界历史的发展规律。

在马克思看来，资本主义在一开始就潜藏着无法克服的内在矛盾，这就是，资本家为了获取利润，只能最大限度地榨取工人的剩余价值，但这样一来就必然会导致工人阶级的赤贫化和反抗。为了转移国内矛盾和获取更多的利润，资本家只能不断开拓世界市场和国际贸易。这就是为什么说世界市场乃至世界历史是资本主义发展的必然结果。《资本论》通过对资本的剖析表明，资本为了实现自身的增殖，不仅会在民族国家内部打破一切制约其增殖的封建障碍，而且还会不可避免地突破国界，通过国际竞争和世界市场来达到自己增殖的目的。马克思说：“创造世界市场的趋势已经直接包含在资本的概念本身中。”① 一方面，资本主义固然促进了世界历史的发展，促使世界各国史无前例地互动起来；但另一方面，它也把自身的固有矛盾世界化了，把资本主义的危机扩充为世界性的危机。个中缘由在于，在世界市场上，由于国家之间发展的不平衡，特别是由于发达国家具有较高的劳动生产率，所以它总可以在国际交换和贸易中用少量的劳动换取不发达国家的大量劳动，从而从中获取较高的超额利润。这种不对等的国际交换和国际贸易，在根本上致使各个民族国家并没有完全采取一种开放的态度来融入经济全球化的进程之中，而是始终在倡导自由贸易的同时时不时采取保护关税的政策。可以说，自由贸易和保护关税构成了各个国家对待国际经济的二重奏。

世界市场上的这种不平等的交往有着深刻的社会历史根源。从历史上看，世界市场的孕育和发展直接根植于资本主义的殖民掠夺而不是自由贸易的原则，这就在根源上注定了世界经济不平等和不平衡的格局。显然，正统的经济自由主义理论并没有注意到强国在国际贸易中基于生产率的优势对弱国的剥削，因而它总是一味无知地鼓吹国际贸易中的自由原则，甚至幻想在国际贸易中各个国家基于平等互利的原则进行交往和交换，没有任何外在的强制性。但马克思一开始就注意到了这种所谓的自由贸易的实质，看到了在自由贸易的背后所掩藏的诸多形形色色的剥削和压迫。在马克思看来，资本主义“正像它使农村从属于城市一样，它使未开化和半开化的国家从属于文明国家，使农民的民族从属于资产阶级的民族，使东

① 《马克思恩格斯全集》第46卷上，北京：人民出版社1979年版，第391页。

方从属于西方"[①]。

尽管如此，马克思也并没有彻底否定世界市场，而是在双层的意义上肯定了它的重大历史进步作用。首先，世界市场在世界范围内破除了阻碍资本自由前进的民族障碍，它不断地塑造着世界历史，并很快就把整个世界捏合成一个骨肉相连的命运共同体。其次，也是更为重要的，世界市场尽管加速了无产阶级的异化，但也为无产阶级的早日解放奠定了基础。马克思看到，在世界市场中，一方面是个别国家、个别企业有组织和有计划的生产和销售，另一方面则是整个世界市场的无序化和无组织性。如果说资本主义国家的国内矛盾还可以通过向世界市场的转嫁而得到缓冲，那么，整个世界市场中的这种不可调和的矛盾则把资本主义彻底推向了它的尽头。在此意义上，马克思说："我们赞成自由贸易，因为在实行自由贸易以后，政治经济学的全部规律及其最惊人的矛盾将在更大的范围内，在更广的区域里，在全世界的土地上发生作用；因为所有这些矛盾一旦拧在一起，互相冲突起来，就会引起一场斗争，而这场斗争的结局则将是无产阶级的解放。"[②] 这就是说，随着资本主义国家内部的阶级矛盾向世界的扩散，整个世界必然会日益形成两个相互对立的阶级，到那时，人类自我解放的历史条件也就具备了。可见，世界历史的效应是双重的，它既为资本主义的发展提供了广阔的空间，又最终促使资本主义走到了穷途末路。

尽管后来的历史表明，世界范围内的无产阶级与资产阶级的对抗并没有像马克思所预言的那样实现，但是，世界性的经济危机却一再重演，而且有愈演愈烈之势。世界性的经济危机虽然说并不直接就意味着资本主义的灭亡，但它却有效地打击了那些资产阶级思想家们甚嚣尘上的"历史终结论"，使得人们更为清醒地认识到了资本主义的限度。马克思说得好，"无论哪一个社会形态，在它所能容纳的全部生产力发挥出来以前，是决不会灭亡的；而新的更高的生产关系，在它的物质存在条件在旧社会的胎胞里成熟以前，是决不会出现的"[③]。毋庸置疑，在资本还没有完全侵蚀到世界历史的各个角落之前，也就是说，在世界历史还未获得充分发展之前，资本主义是不会灭亡的。但是，尽管资本主义可以通过调整各种关系来缓冲自身的危机，但这绝不意味着资本主义的生命力是永恒的。对此，马克思说："资本不可遏止地追求的普遍性，在资本本身的性质上遇

① 《马克思恩格斯全集》第1卷，北京：人民出版社1995年版，第277页。
② 《马克思恩格斯全集》第4卷，北京：人民出版社1958年版，第295—296页。
③ 《马克思恩格斯选集》第2卷，北京：人民出版社1995年版，第33页。

到了界限，这些界限在资本发展到一定阶段时，会使人们认识到资本本身就是这种趋势的最大限制，因而驱使人们利用资本本身来消灭资本。”①

总体上看，“世界历史”构成了马克思超越资本主义的理论空间和内在平面，马克思始终在世界历史的维度上来分析资本主义的本质及其未来走向。在《资本论》的意义上，世界历史并不是黑格尔式的绝对精神辩证运动的产物，而是人类物质生产活动的必然结果。在马克思看来，随着资本主义民族国家的国内分工向国际分工的延伸，资本主义的内在矛盾必然会在世界市场的平台上充分展现出来并走向穷途末路，到那时，世界历史必然会发生深刻的变革，全人类的解放将得以实现。

三、马克思“世界历史”概念的中国启示

在《资本论》中，马克思一方面揭示了现代资本主义同世界历史的内在关联，强调资本是推动世界联系和世界交往的强大动力，因而资本主义的发展，也就是世界政治、经济和文化的一体化过程；另一方面，马克思又站在世界历史的立场上深入剖析了资本主义的本质，认为资本主义在促进世界一体化的同时也使得自身的固有矛盾“世界化”了，这也就为世界性的无产阶级革命带来了契机。在《资本论》发表 150 多年之后的今天，世界性的无产阶级革命尽管没有爆发，但资本主义固有矛盾的世界化趋势却有增无减。澄清《资本论》语境中的“世界历史”概念，并以“世界历史”的眼光来审视当代资本主义的发展，进而为中国特色社会主义市场经济提供借鉴，无疑是当代马克思主义哲学研究的题中应有之义。

首先，马克思“世界历史”的概念意味着资本主义的发展存在着潜在的界限。《资本论》语境中的“世界历史”概念，一方面尽管也承认世界历史是资本主义的发明并明显带有资本主义的烙印，但另一方面却坚决地认为，世界历史的终极目标是超越资本主义的共产主义。这表明，在世界历史的意义上，资本主义的发展存在着鲜明的界限和限度。立足于《资本论》语境中的世界历史概念，重释马克思对资本主义发展限度的指认，无疑有利于回击这种庸俗但又危害极深的思想倾向。世界历史深层地根植于资本不断追求增殖的本性。资本先天就是自由的，为了实现自身的增殖，它必然会突破一切障碍，并最终把昔日区域的历史、民族的历史转变为世界历史。因此，世界历史表现为资本主义社会发展的必然结果。可以说，在资本发轫之前的前现代社会，并不存在世界历史的可能，因而任

① 《马克思恩格斯全集》第 46 卷上，北京：人民出版社 1979 年版，第 393—394 页。

何关于世界的想象归根到底都是地方性知识。然而，尽管世界历史是资本主义的发明，但这并不同时就意味着资本主义是世界历史舞台上永恒的主体性角色。马克思始终强调，资本主义酝酿了世界历史，但也同时酝酿了埋葬自己的坟墓。随着资本主义潜在危机在世界历史中的加剧，世界无产阶级必然会发动起解放自身的共产主义运动。《资本论》语境中的“世界历史”概念表明，资本主义不可能实现“历史的终结”，它的发展存在着既定的界限；一旦超越这个既定的界限，资本主义就会被作为人类文明新形态的共产主义所取代。今天的中国正在深入推进改革开放，并始终以对外开放的姿态来倒逼国内政治经济体制的改革。在此背景下，一些学者在向西方学习的过程中完全遗忘了资本主义自身发展的潜在界限，甚至把资本主义的政治经济制度当作中国改革的标准样板。立足于《资本论》语境中的世界历史概念，这种思想倾向的理论症结就一览无遗了。固然，我们要努力融入世界历史之中，积极吸取西方资本主义文明一切优秀的成果，但并不能由此而彻底陷入对资本主义的盲目崇拜中，而遗忘了马克思所警示的资本主义的发展界限。

其次，在“世界历史”的意义上重新认识资本主义与社会主义的关系。尽管资本主义发明了世界历史，进而促使世界历史完全屈从于资本的运动逻辑，但这并不意味着在世界历史中的各个国家、各个民族都必然要经历资本主义的全部“阵痛”。马克思就曾在遵循世界历史总体发展规律的前提下，积极探索了俄国超越资本主义“卡夫丁峡谷”的可能道路。在《给维·伊·查苏利奇的复信》中，马克思通过详尽分析俄国“农业公社”的历史渊源及现实国情，阐述了俄国不经历资本主义而直接迈入社会主义的可能性与现实性。尽管俄国的社会主义运动在其具体实践中逐渐偏离了马克思的初衷，但却使得如何在世界历史的舞台上理解社会主义和资本主义的关系成为当代人类所面临的一项极为重大的理论课题。改革开放40多年来，中国在完善市场经济的具体实践中，逐渐摸索到了一条既利用好资本主义优秀成果而又规避资本主义方向的社会主义道路。一方面，作为与现代资本主义并时存在的社会主义国家，中国在其不断深化改革开放的过程中积极吸取了现代资本主义文明的优秀成果，这就在根本上保证了中国的社会主义事业在世界历史的发展进程中不落伍、不掉队；另一方面，中国又在完善市场经济的过程中坚定不移地坚持了社会主义的基本方向，努力把资本的成果真正转化成谋求人民共同富裕的财富，这就在根本上规避了资本的负面效应。目前，中国模式、中国道路已经成为全世界广泛热议的话题，究其原因，就在于中国特色社会主义市场经济正在世界历史的舞台上日益表现出某种创生人类文明新形态的潜质和倾向。可以说，在世界历史的舞台上，由于中国特色社会主义的崛起，西方学者“历史的终结”的叫嚣很快就没有了市场，销声匿迹了，而资本主义与社会主义的关系问题则又重新成为一个影响人类未来发展的重大课题。我们要始终坚持中国特色社会主义道路。中国模式、中国道路不仅有益于中国，而且也更有益于世界历史的未来。

最后，从世界历史的意义上来深入体会中国特色社会主义的实质内涵。西方学者关于世界历史的研究，多数是脱离资本主义制度而空谈世界经济、世界政治和世界文化。他们提出的问题或许值得高度关注和深入研究，但其最终解决问题的方案却都是不着边际的，并且始终是站在西方资本主义国家利益的立场上，毫不顾忌除此之外的“他者”。这也是他们叫嚣“历史的终结”的真实意图所在。正是因为受到特定的国家利益和理论资源的限制，所以西方学者始终不愿意正面看待和理解中国特色社会主义。在他们看来，苏联的解体，已经完全证明了社会主义的彻底失败和资本主义的最终胜利。在此背景下，怎样在理论上理解和阐释中国特色社会主义就成为当代中国理论界所面临的一项迫切而重大的理论任务。笔者认为，中国特色社会主义只能从世界历史的意义上来理解和阐释。“中国特色”，首先固然意味着不能照搬别人的模式，重走别人的老路，但它也并不意味着要完全游离于世界政治、世界经济和世界文化的联系之外，游离于人类文明大道之外，要彻底和资本主义决裂。“特色”并不等于孤立和封闭，恰恰相反，它意味着中国要积极融入世界经济文化之中，因为只有这样才能富国强民，在国际竞争中取胜，真正在世界历史中保持自身的鲜明特性。这就是为什么说“中国特色”只能在世界历史中获得理解、在世界历史的整体发展趋势中引申出来的原因所在。

第三章　《资本论》的政治哲学解读

自美国著名政治哲学家罗尔斯的《正义论》发表之后，政治哲学走向了复兴并逐渐成为西方哲学的理论中心。在此背景下，以当代政治哲学的范式解读《资本论》一时间也成为学界的一股风尚。诚然，对《资本论》的政治哲学解读，有利于澄清马克思作为“革命家”和“政治家”的真实形象，也有利于丰富当代政治哲学的理论成果，但最为关键的问题可能是，如何回到18世纪以来欧洲政治启蒙和政治革命的历史语境中来复原《资本论》原初的政治哲学思想。显然，如果缺少这一必然的环节，当代人对《资本论》所进行的形形色色的政治哲学解读都可能偏离这一巨著的原本含义。本章第一节正是诉诸历史的坐标，澄清了《资本论》的原初旨趣：应对近代以来由政治启蒙和政治革命所诱发的虚无主义政治的危机。在笔者看来，尽管近代欧洲政治启蒙的虚无主义宿命最初是由马克思稍后的尼采明确宣示出来的，但不得不承认，在对欧洲虚无主义政治的应对上，《资本论》做出了原创性的理论努力。或许，只有澄清《资本论》对虚无主义政治的应对，人们才能进一步发掘《资本论》在当代政治哲学语境中的独特价值。在此基础上，在第二节中，笔者进一步探讨了《资本论》中的时间概念与生命政治问题。

第一节　政治哲学中的《资本论》与虚无主义问题

尼采通过对资产阶级民主运动同基督教运动的一致性的指证，深刻地揭示了近代以来的政治启蒙和政治革命的虚无主义宿命。作为同样在欧洲虚无主义政治加深的历史情境下出生并长大的思想家，马克思的全部理论思考也同这场前所未有的危机发生了关联。《资本论》不仅先于尼采哲学揭示了现代虚无主义政治的实质，即现实的人在政治国家中生活的二重化：基于民主权利的政治生活和基于财产关系的世俗生活，而且还进一步超越形而上学的框架，把欧洲虚无主义政治的现实根源归结到以私有制为基础的现代雇佣劳动制那里。马克思考量虚无主义政治的思路，明显要优于尼采。不过，透过尼采这样一位“同时代人”，我们能够更加深刻地体会到马克思政治哲学的理论真谛。

一、近代政治启蒙的虚无主义宿命

法国大革命的爆发，拉开了18世纪欧洲政治革命的序幕。尽管革命后期的种种政治恐怖，特别是随后的拿破仑发动战争对整个欧洲的侵略，引发人们关于革命正当性的争论。但不得不承认，自由、平等和民主等启蒙观念正是在不断革命的过程中逐渐深入人心的。法国大革命的成功之处，不仅在于它撼动了欧洲几千年的封建主义等级制传统，而且还在于它成功孕育出了较为成熟的资本主义制度。现代美国民主正是在18世纪欧洲政治革命之后人们不断探索的产物，它让法国资产阶级革命的政治理念落到了实处，最终获得了制度的保证。

与古希腊民主相比，美国民主更加强调人与人之间的身份平等。身份平等对美国社会的影响是深刻而全面的，它不仅触及美国的法律和政治措施，而且还钳制了美国的政府和整个社会。托克维尔在《论美国的民主》中曾指出："我在合众国逗留期间见到一些新鲜事物，其中最引我注意的，莫过于身份平等。我没有费力就发现这件大事对社会的进展发生的重大影响。它赋予舆论以一定的方向，法律以一定的方针，执政者以新的箴言，被治者以特有的习惯。"①

托克维尔还进一步提出，身份平等对欧洲的影响虽然没有美国那么大，但也不得不承认，它正在朝着同美国相同的方向发展。不过，尽管托克维尔把民主视为现代社会的一股不可遏制的潮流，但却并没有对此持盲目的乐观态度，而是对它的利弊做出了冷静的分析。只有到了黑格尔，现代资产阶级民主运动才被完全解读为世界历史的进步过程。在《历史哲学》中，黑格尔明确提出，人类的民主运动就是绝对理念的自我实现的过程，因而是合理的、进步的。

如果说托克维尔和黑格尔都对时代做出了合乎时宜的判断，那么，尼采对时代的看法则明显是不合时宜的，因为他明确反对把民主看成是历史的必然性和进步。尼采似乎是为了有意反衬自己同黑格尔的这一区别，所以他专门写过一本题为《不合时宜的沉思》的著作。在尼采看来，黑格尔过分夸大了历史的作用，以至于把历史的运动看作是上帝的自我实现过程。这就导致，同基督教历史观一样，黑格尔的历史哲学同样沦为一种历史的强权主义。这种历史的强权主义遮蔽了人类理解历史的其他视角，消解了人类对历史应有的哲学反思能力，致使人们深陷对历史权力的盲目崇

① 托克维尔：《论美国的民主》，董果良译，北京：商务印书馆1989年版，第4页。

拜之中。在民主时代，这样一种历史观的典型后果，就是对在历史上已经取得了绝对优势的大众价值观的卑躬屈膝。换言之，现代人毫无批判地把大众的活动看作是历史上最重要的东西，看作是历史的进步，而把英雄的伟业则完全扭曲为漂浮在大众历史洪流上面的小水泡而已。尼采说："这是一个大众人群的世纪。"①

尼采之所以没有像黑格尔等启蒙思想家那样把人类走出中世纪看作是历史的进步过程，是因为他洞悉到了近代以来的政治启蒙同基督教民主运动的内在一致性。在他看来，现代资产阶级民主革命运动依然受到"上帝面前人人平等"的基督教原则的无形钳制，或者说它只是把"上帝面前人人平等"的基督教原则世俗化了而已。比如，法国大革命就是一个典型案例，革命的结果就是把基督教的平等观念转化为政治领域中平等价值的绝对支配地位。从某种意义上讲，德国哲学家们的血液也同样被神学所败坏，因为不管是康德还是黑格尔，虽然在观点上存在着各种差异，但无疑都透露出某种共有的神学本能。康德对纯粹理性的批判，其结果是信仰的王国成为理性无法触及的领域，而黑格尔哲学则更是一种乔装的神学而已。尼采说："在各种哲学的最根本性差异性背后，隐含着某种信仰平等：受道德隐秘意图的无意识引导，更清晰地讲，受大众化理想的引导——因而道德问题比认识问题更为彻底。"② 无疑，在启蒙思想家们看到现代与中世纪决裂的地方，尼采却洞悉到了二者的连续性。尼采宣称，既然现代资产阶级民主运动的源头在基督教那里，"民主运动是基督教运动的继承人"，那么，毫无疑问，只有先行考察基督教运动，才能真正理解现代民主运动。

其实，把资产阶级民主运动的源头归结到基督教那里，并不是尼采的首创。托克维尔和黑格尔都已经意识到了这一点。托克维尔明确提出，现代社会所主张的法律面前人人平等就是从"上帝面前人人平等"的基督教原则中推导出来的。黑格尔也曾指出，人生而自由和平等的理念首先是由基督徒表达出来的。只不过，与托克维尔和黑格尔相比，尼采并没有对"上帝面前人人平等"的基督教理念及其世俗化版本全盘接受，而是深刻地意识到了它的虚无主义后果。

由于受到19世纪后期在欧洲广为传播的达尔文主义的影响，尼采从《查拉图斯特拉如是说》开始就明确把追求权力意志看作是一切生命的生

① 尼采：《善与恶的彼岸》，梁余晶等译，北京：光明日报出版社2007年版，第251页。

② 尼采：《权力意志》，孙周兴译，北京：商务印书馆2007年版，第182页。

存本能，认为不管是动物界还是人类社会，为了生存，都在追求权力意志。既然万物都在追求权力意志，它们彼此的竞争才是一种健康的生命体态，那么，显而易见，“上帝面前人人平等”的基督教原则在根本上就是谎言，不平等才应该是生命的常态。尼采认为，基督教之所以会无视自然万物的这一生存原则，是因为创立基督教的犹太人为了生存，对人类一切符合生命本性和自然秩序的价值进行了伪造。尼采说：“‘在神面前灵魂平等’——这种伪造，这种所有卑贱灵魂的仇恨的借口，这种最终成为革命、成为现代整个社会秩序之观念和衰落原则的概念炸药——就是基督教的动力。”[①] 具体来说，犹太人“依次将宗教、崇拜、道德、历史、心理学颠倒为它们的自然价值的对立面”[②]。比如，“善”原本只是一个表达高贵者的自我肯定的概念，与芸芸众生毫无瓜葛，但犹太人却认为，“唯有苦难者才是善人；唯有穷人、无能的人、下等人才是善人；……唯有他们才配享天堂的至乐”[③]。尼采甚至认为，基督教的一系列概念，如“灵魂不朽”“末日审判”和“彼岸”等，都是犹太人的伪造。这种伪造既是犹太人生命本能蜕化的体现，又是对自然秩序赤裸裸的敌视，同时，它还导致后来的基督徒把虚无的“天国”和“彼岸”误当作绝对的实有，最终陷入虚无主义的泥潭中不能自拔。

现代启蒙运动，本质上讲，是基督教民主运动在启蒙思想的名义下所进行的一场自我推进，也可以说，欧洲文明今天的虚无主义困境，正是基督教价值观持续推进的必然后果。所谓“正义”“平等”和“理想”等口号，只不过是在历史中暂时取得优势地位的大众用来粉饰自己的渺小和平庸的方式而已。尼采说：“我对人们称为‘理想’的东西充满了怀疑和憎恶：在这方面我持悲观主义，原因在于认识到，‘高尚的情感’是造成不幸的根源，它使人变得渺小和贬值。”[④] 正像基督徒把虚无的“彼岸”和“天国”当作实有来顶礼膜拜一样，现代人也完全沦为“正义”“平等”和“理想”等口号的奴仆。正因为如此，启蒙运动愈勃兴，现代人的生命本能就会被愈加压抑，就会愈加像基督徒一样颓废和没落。“我们的政治患上了这种缺乏勇气的疾病——思想的贵族制已经被灵魂平等的谎

① 尼采：《敌基督者》，吴增定译，载《〈敌基督者〉讲稿》，吴增定著，北京：三联书店 2012 年版，第 267 页。

② 尼采：《敌基督者》，吴增定译，载《〈敌基督者〉讲稿》，吴增定著，北京：三联书店 2012 年版，第 168 页。

③ 尼采：《论道德的谱系》，谢地坤译，桂林：漓江出版社 2007 年版，第 18 页。

④ 尼采：《重估一切价值》，林笳译，上海：华东师范大学出版社 2013 年版，第 243 页。

言埋在地下最深处”[①]。可见，这是一个渺小和平庸的时代，是一个价值虚无主义的时代，是一个没有未来的时代。

尼采对欧洲文明危机的洞悉，特别是他对近代以来欧洲政治启蒙的虚无主义宿命的刻画，无疑是十分深刻的。立足尼采对欧洲文明的剖析，重思马克思的政治哲学探索，具有十分重大的启示意义。应该说，作为同样在欧洲虚无主义困境逐步加深的历史情境下出生并长大的思想家，马克思的全部理论思考都与这场前所未有的危机发生了关联。难能可贵的是，在《资本论》中，马克思不仅深刻地刻画了欧洲文明的虚无主义危机，而且还先于尼采探索了欧洲文明的可能出路。

二、《资本论》对欧洲虚无主义政治的揭示

美国左派学者拉米斯在《激进民主》中曾提出，西方民主的历史实质上是民主的本意逐渐被扭曲的历史，它把原本让人民自主决定自己生活的权力转换成一种由精英代替民众来行使权力的政治制度。拉米斯还具体通过英美的历史来说明，民主是如何从人民自己治理自己转变为西方资本主义政治体制和意识形态的代名词。因此，“我们应将这个词从那些行使国家权力的人手中夺回，将它归还人民”[②]。拉米斯的激进民主立场直接否定了西方启蒙以来思想界有关民主的主流观点，让人们看到了资本主义民主制度的限度。不仅如此，在思想史的意义上，拉米斯还做了一个发人深思的提示：马克思在《黑格尔法哲学批判》中有关民主的论述，已经不再把民主看成是特殊的政治制度安排，恢复了民主的“人民主权”本意，因而是一部“最接近于激进民主宣言的著作”[③]。这就把激进民主思潮的理论根源回溯到青年马克思的《黑格尔法哲学批判》上来了。

《黑格尔法哲学批判》是马克思在青年时期所撰写的一部政治哲学著作。在这部著作中，马克思把民主看成是“一项至今未被实现的承诺”，一个批判性的标准，并以此审视了资本主义的制度安排。马克思首先以黑格尔式的思辨语言把民主制定义为形式与内容的辩证统一。马克思说：“在民主制中，形式的原则同时也是物质的原则。因此只有民主制才是普遍和特殊的真正统一。”[④] 这一思辨话语意在表明，在真正的民主制中，

① 尼采：《敌基督者》，吴增定译，载《〈敌基督者〉讲稿》，吴增定著，北京：三联书店2012年版，第210页。

② 拉米斯：《激进民主》，北京：中国人民大学出版社2002年版，中文版序言第2页。

③ 拉米斯：《激进民主》，北京：中国人民大学出版社2002年版，第2页。

④ 《马克思恩格斯全集》第3卷，北京：人民出版社2002年版，第40页。

政治和法律并不是凌驾于人民意志之上的权力形式，它既是人民意志的一种形式，同时又是它的唯一内容。在此基础上，马克思以这种“真正的民主制”的标准审视了资本主义的制度安排。马克思发现，在这里，由于私有制的存在，政治国家表现为组织形式，而财产关系却表现为内容，二者是完全割裂的。这种割裂的后果是，在资本主义政治国家中，现实的人依然过着双重的生活：基于民主权利的政治生活和基于财产关系的世俗生活，前者只是人的生活的外观，后者才是人的实际生活。但是，由于人们无法在世俗生活中实现真正的自由和解放，所以只能转向虚假的政治生活来寻求精神慰藉，甚至最终把虚假的政治生活当作人的真实生活，陷入虚无主义的泥潭中不能自拔。

这意味着，尽管资本主义把国家从宗教中分离出来，从而使得国家的基础不再是宗教，而是内蕴启蒙精神的现代政治原则，但它却在深层的运作机制上，依然同以宗教为基础的封建主义国家是一丘之貉。对此，马克思明确指出，资本主义政治制度最终沦为同人民生活的内容相对立的“人民生活的宗教”，而其政治生活则成为“人民生活的经院哲学”。[①] 不得不承认，在思想史的意义上，马克思先于尼采洞见到了18世纪以来欧洲的政治启蒙以及以此为支撑的资本主义民主政治的虚无主义后果。

在马克思看来，现代人之所以无法在世俗生活中实现真正的自由和解放，而只能转向虚假的政治生活来寻求精神慰藉，最终陷入虚无主义政治的窠臼，是因为资产阶级的政治解放不仅没有消除私有制，反而是以私有制为前提的。由于私有制的存在，资本主义民主政治只能止步于形式意义上的身份平等，而不可能真正做到实质的平等。所谓实质的平等，在马克思那里，是指所有社会成员都应拥有的使用自然资源和社会生产资料的平等权利。对此，罗尔斯指出，在《资本论》中，“他假定，我们都会潜在地接受下述基本理念，即劳动才是唯一相关的社会资源，因为，作为一个社会，我们大家都要面对自然。他还假定，我们所有的人都应公平地分担社会的工作，并且，应当拥有获得和使用社会之生产资料和自然资源的平等权利”[②]。马克思坚信，如果离开使用自然资源和社会生产资料的平等权利，仅仅以身份平等为基础，那么，所谓的民主政治必然会沦为假象，而不可能是“真正的民主制”。反过来说，要实现“真正的民主制”，就

① 《马克思恩格斯全集》第3卷，北京：人民出版社2002年版，第42页。

② 罗尔斯：《政治哲学史讲义》，杨通进、李丽丽、林航译，北京：中国社会科学出版社2011年版，第365页。

必须超越以身份平等为基础的资本主义民主政治。

实际上，资本主义民主政治之所以要承诺形式意义上的身份平等，就是为了掩盖人们在获得和使用自然资源和社会生产资料上的不平等权利。《资本论》作为马克思为之付出毕生心血的理论巨著，其旨趣恰恰是要揭露所有社会成员在使用自然资源和社会生产资料时的不平等权利，以及由这种实质意义上的不平等权利所导致的虚无主义政治的后果。透过《资本论》就会更加清晰地看到，以身份平等为基础的资本主义民主政治，同封建主义等级制并无二致，它不仅没有实现人的自由和解放，反而恰恰是以部分社会成员的受奴役为前提的。

在《资本论》中，马克思提出："劳动者的奴役状态是产生雇佣工人和资本家的发展过程的起点。这一发展过程就是这种奴役状态的形式变换，就是封建剥削转化为资本主义剥削。"① 如果说封建剥削是显而易见的，农民可以很清楚地计算出在领主土地上的劳动天数，那么，资本主义剥削则是极为隐蔽的，其精致的制度性安排掩盖了资本家对工人的剩余劳动的占有。工人不仅无法说清楚自己的劳动时间到底有多少是出于维持自身生存的需要，多少是资本家侵占的剩余劳动，甚至日益陷入一种幻觉，认为在自由平等的雇佣关系中，自己所处的地位是公正的，自己的收入是理所当然的。对此，罗尔斯指出："资本主义的突出特征就是，与奴隶社会和封建社会相反，在资本主义社会中，对工人的剩余劳动或未付酬劳动的榨取是隐而不现的。人们意识不到榨取的发生，对榨取的比率也一无所知。"②

《资本论》之所以能够把资本主义隐性的剥削关系揭示出来，是因为马克思厘清了必要劳动和剩余劳动的关系。具体来说，工人领取的工资就是必要劳动所产生的价值，而其他的剩余价值则被资本家私自占有了。剩余劳动与必要劳动的比率正是马克思所指认的"剥削"的实质内涵。无疑，"剥削"是资本主义生产方式所引发的必然结果，与市场是否完善无关。正因为如此，当主流思想家们在18世纪以来政治启蒙的背景下把资本主义看作是人类历史的巨大进步的时候，马克思却毅然扛起资本主义批判的大旗，明确指证了资本主义剥削同封建剥削的内在连续性。

作为"政治经济学批判"，《资本论》明确提出，以剩余劳动与必要

---

① 《马克思恩格斯文集》第5卷，北京：人民出版社2009年版，第823页。

② 罗尔斯：《政治哲学史讲义》，杨通进、李丽丽、林航译，北京：中国社会科学出版社2011年版，第339页。

劳动的比率为内容的资本主义“剥削”，不仅是一种侵占工人劳动时间的经济权力，而且更是一种全方位规训工人生命的政治权力。换句话说，资本主义并没有实质性地打破人与人之间的依附和支配关系。如果说前资本主义社会人与人之间是一种直接的依附关系，那么，在现代资本主义社会中，资本家则同样通过资本的中介实现了对工人的全面掌控。不同仅仅在于，在封建社会，人的依附关系表现为政治权力对个体肉体的惩戒和管辖，而在资本主义社会，这种依附关系则表现为资本权力对个体生命的规训和培植。

18 世纪以来的启蒙思想家由于没有能够把资本主义隐性的剥削关系揭示出来，所以他们不仅没有洞悉到个体生命在资本主义体系中的压抑程度，反而陷入一种幻觉，似乎资本主义民主政治实现了人的自由和解放。所谓的“历史的终结”正是由此而来。与之相反，《资本论》则通过揭示资本家和工人在资本主义体系中截然相反的生命面貌，最终击穿了资本主义制度欺骗性的外表。显然，以身份平等为基础的资本主义民主政治实质上是一种虚无主义政治，是一种掌控个体生命的“新的权力技术”，归根到底，它并不是对个体生命的有效保障，而恰恰是对个体生命的宰制和决断。普通大众由于无法在世俗生活中找到精神慰藉，所以才能迷恋启蒙思想家所承诺的这些虚假口号，最终陷入虚无主义的深渊之中。

三、虚无主义政治的超越与人类的未来

尼采不仅洞见到了欧洲文明的虚无主义危机，而且把虚无主义的根源回溯到启蒙以来欧洲自由主义智识人的精神品质上。在他看来，欧洲自由主义智识人其实一点都不“自由”，因为他们彻底放弃了笛卡儿所确立起来的“怀疑一切”的自由原则，完全沦为“民主品位及其现代观念”的奴仆。正因为如此，欧洲自由主义智识人所鼓吹的自由哲学，也并不能代表真正的自由精神，恰恰相反，它全然把原本具有理性能力的智识人教化成一个个表面上似乎实现了自由的“狂热分子”而已。在《善恶的彼岸》的“序言”中，尼采刻意划清了自己同那些所谓的自由主义智识人之间的界线，认为启蒙以来几乎所有的思想家，包括马基雅维利、路德、卢梭、圣西门等，都失去了理应具有的批判品格，致使整个欧洲文明丧失了自我纠正的机能，步步陷入虚无主义的泥潭之中。

尼采一生批判了欧洲启蒙以来几乎所有重要的思想家，在这些思想家当中，卢梭大概又是他最为讨厌的。尼采曾公开宣称：“我反对卢梭的 18

世纪。”[①] 卢梭的政治理想，尤其是他的革命乐观主义立场，是18世纪法国大革命的理论基础。法国的革命者基本上都是卢梭的信徒，所以尼采也把革命的18世纪称为卢梭的世纪。尼采说：“有一些政治和社会的幻想家，他们热烈而雄辩地要求颠覆一切秩序，相信这样一来，至美人类最自豪的殿堂就立即会自动地矗立起来。在此类危险的梦想中依然回响着卢梭的迷信，后者相信人性中有一种奇迹般的、原始的、但仿佛被埋没了的善，并且把这种埋没完全归咎于社会、国家、教育等文化制度。”[②] 因此，卢梭“驱逐了启蒙和进步进化的精神。让我们拭目以待，人人都来看看自己身上，看看有没有可能把那种精神召唤回来!”[③] 与卢梭相比，伏尔泰算是尼采比较欣赏的思想家，但尼采偶尔也会表露出对他的不满。在尼采看来，伏尔泰虽然已经看到了18世纪以来政治启蒙和政治革命的局限性，因而对以启蒙为支撑的政治革命采取了冷嘲热讽的态度，但遗憾的是，他对政治启蒙的反思还远远没有达到形而上学的原则高度。

尼采完全通过启蒙哲学家的观点来解读18世纪以来的革命运动，尤其是法国大革命，难免有失偏颇，但他最终把这场政治革命的虚无主义后果归咎到欧洲自由主义智识人的精神品质及其所鼓吹的自由主义哲学上，无疑是十分深刻的。既然自由主义智识人缺乏摆脱现代观念的勇气，至少已经丧失了对启蒙以来的现代观念进行哲学反思的能力，那么，只有对他们进行彻底的清算，才能恢复真正的自由精神，进而让欧洲文明摆脱虚无主义的宿命，从基督教的阴影中走出来。尼采所谓的“重估一切价值”，其实就是要清算启蒙以来自由主义智识人所盲从的“民主品位及其现代观念”。在尼采看来，自由主义智识人所宣称的“真理”“进步”“目的”“平等”和“民主”等概念，实质上同基督教所悬设的“天国”一样，都是彼岸的价值，是虚假的，其后果只能是对人的此岸价值的抽空。于是，尼采公开宣布“上帝死了”，拒绝用彼岸的任何价值来衡量此岸的事物，强调用人的生命的权力意志来创造出自身的价值。

不过，尼采虽然揭示了欧洲虚无主义政治的根源，尤其是深刻地把近代以来的政治革命看作是基督教教义世俗化的过程，但却并没有让欧洲文明真正摆脱虚无主义的困境。个中缘由在于，尼采仅仅把欧洲文明蒸馏为

---

① 参见孙周兴：《尼采与启蒙的二重性》，《同济大学学报》（社会科学版），2011年第1期。

② Nietzsche, Menschliches, Allzumenschliches, in: SamtlicheWerke, Hrsg. vonG. ColliundM. Montinari, Berlin/NewYork, 1988, Bd. 2, S. 299.

③ Nietzsche, Menschliches, Allzumenschliches, in: SamtlicheWerke, Hrsg. vonG. ColliundM. Montinari, Berlin/NewYork, 1988, Bd. 2, S. 299.

一个抽象的价值，而并没有深入到欧洲社会现实的“存在”之中。对此，海德格尔指出，即便不考虑包括上帝在内的一切彼岸价值的虚假性，单就设定一个价值，或者用价值的眼光来审视世界，就已经堕入虚无主义的窠臼了。海德格尔说：“虚无主义不只是最高价值之贬黜的过程，也不只是对这种价值的抽离。把这些价值安插入世界中，就已经是虚无主义了。”[①]显然，尼采遗忘了，价值不仅与个体生命的权力意志有关，而且同样与现实历史的“存在”有关，至少，权力意志要创造价值，也只能在社会历史中来实现。应该说，海德格尔对尼采的诘难，不仅揭示了尼采哲学的深层悖论，而且也为人们重新理解马克思对虚无主义政治的超越提供了一个全新的视角。

如果说尼采是从启蒙哲学家的精神品质出发来诊断欧洲政治启蒙的虚无主义宿命，那么，马克思则是从经济的角度来探讨欧洲文明的这一深层危机，并最终把这场危机的深层根源归结到以私有制为基础的现代雇佣劳动制那里。本质上讲，资本主义的民主政治同生产资料私人所有的雇佣劳动制是兼容的，因而它总是试图在保留私有财产的同时最大限度地实现形式意义上的自由平等。在资产阶级看来，现代雇佣劳动制已经实现了如此这般的自由平等。显然，在雇佣关系中，资本家和工人都是以平等自由的身份进行等价交换，二者都是平等的市场交换主体。而那些资产阶级的学术代言人和夸夸其谈的“社会主义”者们，也将雇佣劳动制奉若神明，似乎它完全实现了真正的自由平等原则。于是，18 世纪以来的启蒙思想家们都从雇佣劳动制的自由平等原则出发来理解资本主义的本质的，把资本主义的民主政治看作是人的解放的最后形式。

但是，在马克思看来，雇佣劳动制度恰恰是现代资本主义社会秩序的根本罪恶，因为资本家和工人一旦形成正式的雇佣关系，那么，那种表面上看似自由平等的原则马上就消失了，取而代之的则是一种非人性的奴役和压迫关系。具体来说，在雇佣关系中，资本家依托货币所具有的购买力，形成了同工人的人身支配关系，并最终成功实现了对工人生命的规训。企业工厂中的各种规章制度就是资本家规训工人的典型体现，它对工人进行了事无巨细的监管、支配和管理。为了追求利润，资本家甚至不顾工人的死活，无限度地增加工人在工厂中的劳动时长和劳动强度，最终剥夺了工人本有的生命基质。马克思说：“资本由于无限度地盲目追逐剩余劳动，像狼一般地贪求剩余劳动，不仅突破了工作日的道德极限，而且突

① 海德格尔：《尼采》下卷，孙周兴译，北京：商务印书馆 2002 年版，第 718 页。

破了工作日的纯粹身体的极限。”① 身体就是工人的生命基质，但突破身体极限的劳动强度，使得工人不是未老先衰就是过劳死亡。

现代企业虽然减轻了对工人的生命基质的剥夺，但却丝毫没有缓解对工人生命的规训。按照伊丽莎白·安德森的看法，现代企业是名副其实的独裁政治，因为在这里，“命令可能是随意的，并会随时更改，毫无先行通知和申诉的机会。上级不对他们所指挥的人负责，他们不能被其下级所任免。除少数特定情况之外，下级既没有对他们所遭受的待遇的申诉权，也没有对被给予的命令的协商权”②。可以说，现代企业的管理毫无法制可言，它不仅掌控了工人的工作时间，而且甚至还模糊了工作与非工作领域的区分，控制了人们的非工作时间。一言以蔽之，现代资本家通常“有合法的权力来规范工人的业余生活——包括他们的政治活动、言论、性伴侣的选择、娱乐性药品的使用、饮酒、吸烟以及运动等等”③。正因为如此，马克思一针见血地指出，“在雇佣劳动制度的基础上要求平等的或甚至是公平的报酬，就犹如在奴隶制的基础上要求自由一样。你们认为公道和公平的东西，与问题毫无关系。问题就在于：在一定的生产制度下所必需的和不可避免的东西是什么？”④ 无疑，立足于雇佣劳动制，马克思比尼采更为深刻地刻画了个体生命在现代社会中的扭曲和压抑。

如果说尼采看到了 18 世纪以来的政治启蒙对个体启蒙的扭曲，因而着力推动一场能够彰显个体生命意志的新启蒙，那么，马克思则通过对资本主义生产方式及其雇佣劳动制的清算，为人类真正超越政治启蒙以及以此为基础的虚无主义政治提供了可能。德国学者韦尔默指出，《资本论》“通过分析资本主义生产方式”，“摧毁了关于自由、平等和私有财产之间的联系的性质的这种意识形态的幻觉”⑤。马克思始终坚信，雇佣劳动制不仅制约着经济的其他领域的安排，而且同样制约着社会政治制度的安排。随着雇佣劳动制的性质的改变，政治领域也会发生类似的改变。

《资本论》令人信服地表明，只有到了“自由合作生产”的共产主义，人类才能超越资本主义民主政治的虚假性，实现人的全面自由。在共产主义社会，“真正的民主”不再是以同样的标准对待每一个不同的人，恰恰相反，它是对每个人的不同需求都给予同样的关注；作为一种制度安

---

① 《马克思恩格斯文集》第 5 卷，北京：人民出版社 2009 年版，第 306 页。

② Anderson, E., Private Government, Princeton University Press. 2017, P37.

③ Anderson, E., Private Government, Princeton University Press. 2017, P39.

④ 《马克思恩格斯文集》第 3 卷，北京：人民出版社 2009 年版，第 56 页。

⑤ 韦尔默：《后形而上学现代性》，上海：上海译文出版社 2007 年版，第 44 页。

排，共产主义也不是生产资料的一种更公正的分配，而是每个人的个性自由都能得到充分实现的保障机制。当然，尽管从共产主义所实现的“真正的民主”来看，资本主义民主制度显示出自身的虚假性和欺骗性，但也不得不承认，资本主义民主政治却是通往令“真正的民主”得以实现的那个阶段的必经之途：建立在私有制基础上的资本主义生产，就其实质来说，“在产生出个人同自己和同别人相异化的普遍性的同时，也产生出个人关系和个人能力的普遍性和全面性”①。就此而言，资本主义民主政治不能简单地被看作是道德错误而加以抛弃。为了让生产力发展到“真正的民主”成为可能的时代，这种民主的假象仍然是必需的。马克思说得好：“一个社会即使探索到了本身运动的自然规律——本书的最终目的就是揭示现代社会的经济运动规律——它还是既不能跳过也不能用法令取消自然的发展阶段。但是它能缩短和减轻分娩的痛苦。”②

第二节 《资本论》的时间观与生命政治

时间概念是西方哲学史上的一个重要课题，许多哲学家都参与了这一问题的讨论。《资本论》在时间课题上的重大理论贡献在于，它不是从对时间的形而上学阐释出发来考量人的生命的异化，而是反过来从人的生命异化出发来思考时间的流俗化。马克思始终把时间同生命关联在一起思考，在他那里，时间是生命解放的视域，或者说，生命的解放只有在时间的视域中才是可能的。对《资本论》中时间概念的阐释，不仅能够厘清马克思同西方传统政治哲学家们的根本区别，还能够真正理解马克思有关人的解放的理想。

一、时间的形上阐释及其限度

时间是西方传统哲学所关注的重要话题之一。在古希腊时期，时间首先被哲学家们看作是由无数个“刹那”或“瞬间”的依次延续所构成的可度量的客观实体。亚里士多德说：“时间离开了刹那就不可能存在也不可能想象，而刹那乃是一个中点，事实上是在自身里面结合着一个起点和终点，即未来时间的起点和过去时间的终点，所以可以断定，时间必定是永远有的：因为随便我们取哪一段过去的时间，它的末端也必定是一个刹

① 《马克思恩格斯全集》第30卷，北京：人民出版社1995年版，第112页。
② 马克思：《资本论》第1卷，北京：人民出版社2004年版，第10页。

那，因为对于我们来说，时间除了包含刹那之外，并不包含别的接触点。”[①] 近代以来的自然科学延续了亚里士多德的时间观，同样把时间理解为一种与外在事物无关的客观存在。牛顿说：“绝对的、真实的和数学的时间，它自身以及它自己的本性与任何外在的东西无关，它均一地流动，且被另一个名字称之为持续。”[②] 这也就是说，所有事物的运动都有快有慢，但时间却并不会由此而有所改变。时间的运动与事物无关。亚里士多德及近代自然科学对时间的理解，也符合人们日常生活中的时间观念。

不过，与亚里士多德对时间的客观理解不同，西方哲学历来存在着另一条对时间进行主观性阐释的路径。古希腊的怀疑论者已经对时间的客观存在充满质疑，而奥古斯丁则更加明确地指出：“时间究竟是什么？没有人问我，我倒清楚，有人问我，我想说明，便茫然不解了。”[③] 为了获得对时间的理解，奥古斯丁采用了迂回的方法，用现在来衡量过去和未来，进而把记忆和期待看作是现在的变形。具体言之，记忆是过去的现在，期待是未来的现在，而直观则是现在的现在。这样一来，时间就成为存在于心灵之中的三种不同状态，而不再是某种外部的客观存在了。奥古斯丁的时间观，深刻地影响了后世的哲学家们，特别是近代以来的胡塞尔和海德格尔等人。近代的哲学家们正是在奥古斯丁的基础上，开始自觉探索时间与心灵、生命的内在关联。

胡塞尔所谓的现象学时间观，显然不是指被朴素的态度所感知到的世俗时间，而是指“内在的时间意识”，也就是经由哲学现象学意识所捕捉到的时间。诉诸现象学，胡塞尔发现，时间并不是由无数个点状的瞬间所构成的，因为任何的瞬间既是它本身，又是对刚才的回响和滞留，同时还是对下一瞬间的前瞻。时间与其说是点状的，还不如说是延绵不绝的和流动的，它始终包含着一种“纵向的意向性”，而且，正是在这种“纵向的意向性”中，人们才感知到了已经消失和还未到来的时间。由此可见，胡塞尔已经不再把时间理解为一个在意识之外的线性延伸过程，而认为它本质上是一个被不断折叠起来的且有厚度的意向过程。这也就是说，在时间的历程中，生命的每一瞬间都不是对前一瞬间的简单复制，而是始终包含了前一瞬间但又扬弃了前一瞬间，进而在不断趋向下一瞬间。时间的历

① 《古希腊罗马哲学》，北京：三联书店 1957 年版，第 280 页。
② 牛顿：《自然哲学的数学原理》，北京：商务印书馆 2006 年版，第 7 页。
③ 奥古斯丁：《忏悔录》，北京：商务印书馆 1981 年版，第 242 页。

程本质上是生命意识内涵的不断丰富的过程。

胡塞尔把时间的流动同生命的成长以及生命内涵的丰富联系起来，使得时间真正成为生命跃动的基本视域。这一点深刻地影响了后来的海德格尔。不过，尽管从古希腊怀疑论者开始一直到胡塞尔，哲学家们都意识到了时间与生命的内在一体性，并对时间的生命内涵进行了艰苦卓绝的理论探索，但却始终没有解决甚至提出这样一个重大的理论问题：生命到底是如何从时间中节节脱落的，以至于主宰人们日常生活的时间意识始终是线性的物理时间？哲学家们之所以提不出这样的问题，是因为他们迷恋于在形而上学的视域内探讨时间的内涵，而从来都没有出离思辨的王国，突破意识哲学的窠臼，在现实历史的平面上考察时间。作为胡塞尔的嫡传弟子，海德格尔在这一重大理论问题上有着实质性的突破和推进。

海德格尔一开始就区分了此在的源始时间和常人的流俗时间，并着力于通过批判常人的流俗时间而彰显此在的源始时间。海德格尔把日常的此在所处的线性时间境遇规定为流俗时间。他说："流俗领悟所通过的'时间'的种种特性之一恰恰就在于：时间被当作一种纯粹的、无始无终的现在序列，而在这种作为现在序列的时间中，源始时间性的绽出性质被敉平了。"[①] 在日常性的流俗时间中，时间变成可计算的东西，"存在"就在这种计算化的时间中在场，成为现成的"存在者"。由此，海德格尔推演出了"此在的沉沦于世"和"存在的遗忘"。

从技术层面来看，流俗的时间得益于钟表的产生，因为钟表所指示的"当即"，既是我自己又是其他所有人的时间，从而它在根本上建构了现代社会中人们共同存在的境域。海德格尔说："'人们'的手表以及一切钟表都指示与他人共同在世的存在。"[②] 然而，海德格尔发现，从深层来说，钟表与其说是流俗时间产生的原因，还不如说是流俗时间的结果。这是因为，在钟表产生之前，当人们根据太阳制定节气的时候，那种能够彰显"存在"的源始时间就已经开始向均质化的流俗时间脱落了。也就是说，不管是传统的农业文明，还是现代的工业文明，都存在着促使时间流俗化的倾向，只不过在程度上，现代的工业文明比传统的农业文明更为严重罢了。在农业文明时期，农业生产无须精确到时和分，因而时钟所度量的时间对于农业文明而言无足轻重；但人类进入工业文明以后，这种由时钟所度量的时和分就开始具有了举足轻重的意义，因为工业文明对时分的

① 海德格尔：《存在与时间》，北京：三联书店1987年版，第390页。

② 转自斯蒂格勒：《技术与时间》，南京：译林出版社2000年版，第271页。

要求更加精细，人们全部的社会生活都是参照时和分来运行的。仰海峰博士在比较马克思和海德格尔的时间观时已经看到了这种差异。

既然人类迄今为止的一切文明史，就是一部时间被异化的历史，是一部“遗忘存在”的历史，那么，人类是否还有可能超越流俗时间而复归到源始的时间呢？在《存在与时间》的最后部分，海德格尔确实提出了这样的问题：在人类文明的开端处，此在的源始时间为什么会异化为常人的流俗时间？如何才能够使常人的流俗时间复归到此在的源始时间？显然，如果找不到复归源始时间的道路，时间就永远无法展现存在的意义，永远做不到“公开自己即为存在的境域”①，而只能停留在与流俗的时间以及外部世界相对立的主观情绪之中，正像几千年来哲学家们对时间的思考那样。

不过遗憾的是，海德格尔尽管提出了这一问题，但他对这一问题的思考，依然是在形而上学的视域中进行的。海德格尔始终把时间的流俗化看作是现实生活“沉沦”的根源，而不是反过来把现实生活的“沉沦”看作是时间流俗化的根源。正因为如此，海德格尔与其说解决了这一问题，还不如说他首次在形而上学的视域中有意识地提出了这一问题。海德格尔终究还是忠实地传承了西方哲学家们对时间的形上思考。

在对时间的思考上，传统形而上学一方面打破了日常的线性时间观，深刻地觉解到了时间的生命内涵；但另一方面，这种对时间的形而上学阐释，本身又阻挡了人的现实存在方式在时间视域中的显露。与海德格尔等哲学家们的思路不同，马克思则一开始就摆脱了对时间的形上思考，直接诉诸对现实历史的政治经济学批判，力求在现实历史的平面上来探索时间流俗化的深层根源，进而寻找返回到此在的源始时间的现实道路。《资本论》表明，只有诉诸对资本运作机制的批判，我们才能阐明时间在现实历史中被逐步异化的过程，才能把现实的人的时间从强制性的抽象时间中解放出来，让人获得全面的自由。根本上讲，马克思所谓的不同于资产阶级政治解放的人的解放过程，就是人的自由时间的不断实现过程。因为随着资本逻辑的瓦解和自由时间的解放，“因而使我有可能随自己的兴趣今天干这事，明天干那事，上午打猎，下午捕鱼，傍晚从事畜牧，晚饭后从事批判”②。

---

① 海德格尔：《存在与时间》，北京：三联书店 1987 年版，第 513 页。

② 《马克思恩格斯选集》第 1 卷，北京：人民出版社 1995 年版，第 85 页。

二、资本、必要劳动时间与生命的异化

海德格尔尽管从此在的沉沦入手，敏锐地意识到了现代时间的物化和量化，认为“寻视估算的繁忙首先揭示时间并形成计时，估算时间对在世起组建作用”①，但他却并没有发掘出此在操劳的深层根源——商品的普遍化以及由此而生成的资本逻辑。可以说，正是由于受到资本逻辑的强行支配，此在才处于不停的操劳和繁忙之中，最终全都沦为庸庸碌碌的常人，从而也使得时间本身均质化和流俗化了。在社会历史变迁的意义上，商品的普遍化程度才决定了人类不同的文明形态，进而才决定了时钟所度量的时分是否具有实质性的社会意义。海德格尔忽视了传统农业文明同现代工业文明的本质差别，仅仅把现代人异化的生存境况以及由此而来的时间的流俗化归结到西方文明的开端处，这就使得他始终没有找到返回源始的时间的现实道路，而最终不得不堕入神秘主义的深渊之中。应该说，海德格尔对现代人生存境况的现象学描述是极为深刻的，但它只有回置到马克思以商品着手的政治经济学批判的语境中才能获得真实的意义。

众所周知，在人类的历史长河中，商品很早就已经存在。中国的商朝之所以被称为“商”，就是因为此时已经有了相对发达的商品交换和贸易。但马克思认为，人类在迈入资本主义社会之前，商品交换始终在整个社会中处于从属地位，它并不普遍。马克思说：“直接的物物交换这个交换过程的原始形式，与其说表示商品开始转化为货币，不如说表示使用价值开始转化为商品。交换价值还没有取得自由的形态，它还直接和使用价值结合在一起。”② 这就导致，在前资本主义社会，人们的社会关系并不是由商品来规定的，商品在此时并没有成为社会财富的基本形式。然而，人类在进入资本主义之后，商品开始占据了社会的主导地位，并由此而获得自身的完全意义。在马克思看来，正是人们的商品交换和贸易的普遍化才导致了社会结构的实质性变迁，而社会结构的实质性变迁反过来又使得现代人形成了不同于传统封建主义的时间观。

《资本论》开篇就分析了商品的二重性，即具有质的差别的使用价值和仅有量的差别的交换价值。商品在现代社会普遍化的真实意蕴在于，它使得商品的使用价值的质的差别变得无足轻重了，因为所有不同种类的商品都成为可以彼此交换的对象。马克思说：“它们的一切可以感觉到的属

---

① 海德格尔：《存在与时间》，北京：三联书店 1987 年版，第 394 页。

② 《马克思恩格斯全集》第 31 卷，北京：人民出版社 1998 年版，第 443 页。

性都消失了。它们也不再是木匠劳动、瓦匠劳动、纺纱劳动或其他某种一定的生产劳动的产品了。随着劳动产品的有用性质的消失，体现在劳动产品中的各种劳动的有用性质也消失了，因而这些劳动的各种具体形式也消失了。各种劳动不再有什么差别，全都化为相同的人类劳动，抽象人类劳动。"[①] 显然，不同种类的商品之所以能够交换，是因为它们都可以归结为无差别的人类抽象劳动，在这里，人类无差别的抽象劳动构成了商品的实体性价值。马克思还进一步发现，在资本主义社会中，人类抽象劳动的多少又是由时间来规定的，"劳动本身的量是用劳动的持续时间来计量，劳动时间又是用一定的时间单位如小时、日等作尺度"[②]。于是，物化时间在现代社会就转化成了衡量一切劳动价值的标准和尺度。在日常生活中，人们由于被卷入抽象劳动的过程而同样接受了物化时间的支配，从而使得物化时间最终成为人们基本的时间观念和时间意识。

《资本论》通过分析商品交换的普遍化，在社会历史的层面上指认了物化时间得以产生的前提。不过，商品交换的普遍化只是资本主义的表象，资本主义的真实秘密在于资本的不断增殖，也就是剩余价值的生产。马克思发现，不管是相对剩余价值的生产，还是绝对参与价值的生产，都是以可量化的物化时间为参照的。我们知道，剩余价值是由劳动创造的，但具体的劳动只能创造商品特定的使用价值，并不能直接使商品实现增殖，商品增殖的秘密在于资本家对工人劳动时间的窃取，"所涉及的只是劳动操作所需要的时间，或者说，只是劳动力被有用地消耗的时间长度"[③]。换言之，所有的剩余价值都是来源于劳动在量上的剩余，也就是同一个劳动过程的在时间上的延长。于是，可计量的物化时间同剩余价值的生产就形成了一种天然的内在关联，它成为衡量剩余价值多少的唯一尺度，与此同时，那些不断追逐剩余价值和财富的人们的物化时间观念被潜移默化地强化了。如果说商品交换只是在不断促成人们的物化时间观念，那么，商品交换背后的剩余价值的生产则彻底使得这种物化时间固化和强化了，以至于物化时间成为人们的一种牢不可破的时间意识。马克思从对商品交换的分析再到对剩余价值生产的分析，最终勾勒出了物化时间在现代资本主义社会的建构过程。

显然，与那些"哲学家们"对时间的形而上学阐释不同，马克思从

---

① 《马克思恩格斯全集》第44卷，北京：人民出版社2001年版，第51页。
② 《马克思恩格斯全集》第44卷，北京：人民出版社2001年版，第51页。
③ 《马克思恩格斯全集》第44卷，北京：人民出版社2001年版，第228页。

来都没有离开特定的社会历史条件来讨论时间问题，而是径直诉诸对资本主义条件下感性物质活动的考察来探索物化时间得以形成的过程，力求把人们的时间意识同人们的现实生活联系起来。其实，早在博士论文中，马克思就已经不再从自然界中的物质运动的状况出发来理解时间。通过对德谟克利特与伊壁鸠鲁的比较，马克思指出：“人的感性就是形体化了的时间，就是感性世界自身之存在着的反映。”[①] 也就是说，时间发生在人对世界的感性知觉过程中，正是人的感性知觉，才使得时间成为可能，这就把时间同人的感性内在地联系在一起。如果时间不可能奠基于对自然物质运动的静观，而只能从人的感性中引申出来，那么，它在不同的社会形态中就必然有着本质的差异。遗憾的是，包括亚里士多德在内的一切形而上学家都没有意识到这一点。在马克思看来，像亚里士多德那样把时间理解为同人的感性相分离的线性运动过程，在本质上都是一种与现实历史相脱离的抽象时间意识，因而都掩盖了不同社会形态中时间观念的根本差异。

随着思想的不断深化，马克思逐渐把人的感性确证为具体的感性活动，进而也自觉从人的感性活动出发来理解时间，认为感性活动创造了人们的时间意识，而这种时间意识又反过来使得“属人的世界”得以展开。应该说，在对时间的理解上，马克思同康德有相近之处。如果说康德是从人的意识活动出发来理解时间的话，那么，马克思则是从人的感性实践活动出发来理解时间的。共同之处在于，他们打破了以往人们根深蒂固的流俗时间观念，把时间同人的生命活动联系起来；不同在于，康德同后来的胡塞尔及海德格尔一样都是在意识哲学的视域内来理解时间的，而马克思则出离了意识哲学的窠臼，立足于人的感性生活来考察时间的真实内涵。就此而言，在哲学史上，只有马克思才真正强调了时间对人的存在的价值，彻底把自然性的物理时间观转变为人的生命时间。

在《1857—1858年经济学手稿》中，马克思首次明确提出“时间是人的生命尺度”的著名命题。此后，也就是在《1861—1863年经济学手稿》中，马克思对这一命题做了进一步的引申和发挥：“时间实际上是人的积极存在，它不仅是人的生命的尺度，而且是人的发展的空间。”[②] 就是说，人的生命只有在时间的维度上才能展开，同时，人能够根据自己的生命本性伸缩自己的活动时间，从而使得时间具有弹性和厚度，成为一种空间。这表明，只有在时间的维度中，人才能真正释放自己生命的丰富内

① 《马克思恩格斯全集》第1卷，北京：人民出版社1995年版，第53页。
② 《马克思恩格斯全集》第47卷，北京：人民出版社1979年版，第532页。

涵，实现对自己本质的全面占有。

然而，在资本主义条件下，由劳动所创造的时间只能以“社会必要劳动时间”的抽象形态表现出来。这是因为，在商品交换已经实现普遍化的资本主义社会中，商品的交换价值是通过社会必要劳动时间来衡量的，这就导致，社会必要劳动时间就成为确立商品价值的标准和尺度，也成为指引人们日常生活的唯一时间意识。马克思说：“只是社会必要劳动量，或生产使用价值的必要劳动时间，决定该使用价值的价值量。”① 其实，在资本主义社会中，社会必要劳动时间不仅仅是衡量商品价值的尺度，同时也是衡量人的存在价值的基本尺度，因为在异化的前提下，人的劳动乃至人的存在本身就是一种可以自由买卖的商品。我们看到，工人存在的意义只能体现在社会正常的生产条件下制造产品的劳动时间上，资本家也正是以社会必要劳动时间来衡量工人的价值并支付工人工资的。这样一来，作为在特定的社会历史条件下生成并且不以个人的主观意愿为转移的社会必要劳动时间，就彻底抹平了人们的个性和差异，使得所有的人都被扭曲为同质性的机械之物。我们看到，社会必要劳动时间恰恰是人的生命异化的社会表征。因此，要重新拯救人的生命的全幅内涵，就要反思社会必要劳动时间，并批判其背后的资本逻辑。可以说，对社会必要劳动时间的哲学反思，绝不是一个无关痛痒的理论问题，它本身就是对资本主义深层症结的间接批判。

三、自由劳动时间与生命的解放

人的自由是以人可以自由支配的时间为基础的。如果人们没有可自由支配的时间，始终处于操劳和忙碌之中，那也就意味着人们毫无自由可言。正是在这个意义上，马克思始终把时间理解为人的自由得以展开的视界，认为“时间实际上是人的积极存在，它不仅是人的生命的尺度，而且是人的发展的空间。”纵观人类的整个历史，几乎所有的伟大创造，包括文学、艺术和科学等，都是在社会的自由时间中完成的，因为“从整个社会来说，创造可以自由支配的时间，也就是创造产生科学、艺术等等的时间”②。

然而，在资本主义私有制的前提下，由工人的剩余劳动所生产的全部自由时间都被资本家所占有和挥霍。马克思说：“剩余产品把时间游离出

① 《马克思恩格斯全集》第23卷，北京：人民出版社1972年版，第52页。
② 《马克思恩格斯全集》第46卷上，北京：人民出版社1979年版，第381页。

来，给不劳动阶级提供了发展其他能力的自由支配的时间。因此，在一方产生剩余劳动时间，同时在另一方产生自由时间。整个人类的发展，就其超出对人的自然存在直接需要的发展来说，无非是对这种自由时间的运用，并且整个人类发展的前提就是把这种自由时间的运用作为必要的基础。"[①] 马克思由此一针见血地指出，"现今财富的基础是盗窃他人的劳动时间"[②]。在传统社会中，封建主尽管也总会去追加超额的徭役劳动，但由于在那时，任何的劳动都是以追求使用价值为目标的，所以剩余劳动始终不会超出封建主需求的范围。相反，在资本主义社会中，资本家为了积累财富，总会最大限度地延长劳动时间。只要不超出工人的身体界限和道德界限，资本家就会尽可能地延长工作日，以谋取更多的剩余价值。这就导致工人毫无自由时间可言。

马克思深刻地看到了这一点，所以在《资本论》中，他积极号召工人为缩短工作日而斗争。马克思说："在这个必然王国的彼岸，作为目的本身的人类能力的发展，真正的自由王国，就开始了。但是，这个自由王国只有建立在必然王国的基础上，才能繁荣起来。工作日的缩短是根本条件。"[③] 所谓缩短工作日，就是缩短工人的劳动时间，很明显，"节约劳动时间等于增加自由时间，即增加使个人得到充分发展的时间……"[④]。可以说，自《资本论》诞生以来，广大工人阶级以《资本论》为"圣经"，自觉反抗资本家对工作日的无限延长，不停地游行罢工。经过几个世纪的持续斗争之后，政府终于出台了一系列劳动法来调和工人同资本家之间的矛盾，工人的工作日长度最终以法律的形式确定了下来。工作日的法制化使得工人的权利得到一定程度的保障，但它同时也表明，工人还无法抗衡资本的逻辑，因为缩短工作日迄今为止还并不是为了让工人拥有自己的自由时间，而是为了让工人更快地恢复体力，从而在有限时间内创造更多的剩余价值。另外，为了弥补缩短工作日所带来的损失，资本家总是想方设法地增加工人的劳动强度，并尽可能地提高劳动生产力以压缩社会必要劳动时间。《资本论》之所以在分析相对剩余价值的生产时着重论述了机器和分工等因素，就是因为这些因素能够提高劳动生产力，进而缩短社会必要劳动时间。

劳动生产力的提高和社会必要劳动时间的缩短，其初衷固然是为了保

---

① 《马克思恩格斯全集》第 47 卷，北京：人民出版社 1979 年版，第 287 页。
② 《马克思恩格斯全集》第 46 卷下，北京：人民出版社 1980 年版，第 218 页。
③ 《马克思恩格斯全集》第 25 卷，北京：人民出版社 1974 年版，第 927 页。
④ 《马克思恩格斯全集》第 46 卷下，北京：人民出版社 1980 年版，第 225 页。

证资本的持续增殖，但它同时却也为工人在劳动时间以外的自由时间的增加提供了可能。而这一点恰恰是人的全面发展得以实现的前提。换言之，在资本主义社会中，一方面，工人的发展完全牺牲在迫于生计而进行的必要劳动时间内，另一方面，随着生产力的提高，资本在不断增加剩余劳动时间而缩短必要劳动时间，这就使得工人自由时间的增加从可能向现实转变。当然，缩短社会必要劳动时间同工人自由时间的增加之间并没有直接性的必然联系，这当中仍然充斥着诸多的矛盾。历史表明，现代机器的不停息运转不但没有给依附于机器的工人带来更多自由时间，反而使得工人一天二十四小时无缝隙地轮流倒班。这就足以表明，现代社会的机器大工业并没有实现工人的全面发展，反而使得工人自身变得机械化和片面化，变得更加愚笨和刻板。

不过，尽管现代科学技术导致了人的种种异化（海德格尔对此有着十分精辟的分析），但人类依然有理由相信，随着科学的发展和劳动时间的缩短，特别是人工智能对劳动的取代，人的自由具备了越来越充足的客观条件。可以设想，随着科学技术的突飞猛进，特别是数字资本主义时代的来临，人们的劳动时间会日趋缩短，而自由时间则在不断延长，自由时间最终可能压倒劳动时间而成为主导性的时间，到那时，科技的发展以及社会必要劳动时间的缩短同工人自由时间增加就会呈现出一种必然的联系，人类以往历史中的劳动时间和自由时间的关系就极有可能被颠倒过来。

马尔库塞已经深刻地意识到了这一点。马尔库塞曾把人们的日常时间区分为劳动时间和自由时间。顾名思义，劳动时间是人们劳动时所应付出的时间，而自由时间则是人们劳动之外可自由支配的时间。很显然，人的自由实现的过程，实质上就是不断缩短劳动时间而扩展自由时间的过程。马尔库塞说："自由的第一个的前提就是缩短劳动时间，使得纯粹的劳动时间量不再阻止人类的发展。"① 可以设想，如果一旦当自由时间而非劳动时间成为财富增长的主导因素进而成为衡量财富的尺度的时候，人类的全面自由就极有可能实现。马尔库塞说："在摆脱了统治的要求之后，劳动时间和劳动能量在量上的减少将使人的生存发生质的变化：决定人的生存内容的，不是劳动时间，而是自由时间。"② 马尔库塞关于未来社会的这一论断应当说是符合马克思的本意的。在论述共产主义时，马克思也指

---

① 转引自俞吾金：《物、价值、时间和自由》，《哲学研究》，2004 年第 11 期。

② 转引自俞吾金：《物、价值、时间和自由》，《哲学研究》，2004 年第 11 期。

出："那时，财富的尺度决不再是劳动时间，而是可以自由支配的时间。"① 在马克思看来，尽管缩短社会必要劳动时间并不必然导致工人自由时间的增加，但它却能够促进资本的增殖逻辑不断达到自己的增长极限，进而促使无产阶级日益清楚地认识到自身的历史地位和历史使命。到那时，也就是随着资本的运动不断触及自己的极限，社会的结构和性质就会发生本质性的扭转，人的自由时间就会成为一切精神财富和物质财富创造的源泉。马克思说："增加自由时间，即增加使个人得到充分发展的时间，而个人的充分发展又作为最大的生产力反作用于劳动生产力。从直接生产过程的角度来看，节约劳动时间可以看作生产固定资本，这种固定资本就是人本身。"②

总之，马克思人的解放的价值理想只有在由劳动所创造的时间的平面中才能获得真正的理解。以往人们对马克思的共产主义理想的种种曲解，都是与对马克思特有的时间观的曲解联系在一起的。《资本论》表明，在马克思那里，人的解放是在时间的视域中考量的，这也就是作为"改变世界"的"新世界观"同以往"解释世界"的旧哲学的根本区别。

① 《马克思恩格斯全集》第46卷下，北京：人民出版社1980年版，第222页。
② 《马克思恩格斯全集》第46卷下，北京：人民出版社1980年版，第225页。

下篇

《资本论》与现时代的境况

第四章 《资本论》与时代的精神困境

价值个体主义与价值虚无主义是现代社会的两大精神症结，这两大问题不仅牵涉到伦理学和哲学的一些基础性的重大理论问题，而且也与人们的社会生活密切相关。《资本论》在应对这两大精神症结上的独特理论优势就在于，它不再仅仅囿于形而上学和价值论的视域，而是从人的存在的历史形态出发，通过破解现代人"以物的依赖性为基础的人的独立性"的生存样式，来为克服现代性的精神症结寻求出路。在本章中，笔者将具体阐述《资本论》对现代性的这两大精神症结的揭示及应对。

第一节 《资本论》与价值个体主义的克服

现代人的道德生活所面临的最大危险可能是价值个体主义的无限度膨胀。所谓价值个体主义，是指现代社会基于对个人自由的尊重而诱发的对个体价值的极端崇拜。价值个体主义的兴起，一方面固然有利于个体尊严和理性的觉醒，但另一方面也造成了人类"价值共识"的难题。很明显，建立在个体价值之上的任何"价值认同"都暗含着价值相对主义和虚无主义的潜能。阿佩尔在《哲学的改造》一书中指出："一方面，对某种普遍伦理学的需要，也即对某种能约束整个人类社会的伦理学的需要，从来没有像现在……那么迫切。另一方面，为普遍伦理学奠定合理性基础这一哲学任务，似乎也从未像在我们这个科学时代那样困难重重。"① 尽管不少哲学家和伦理学家都已经意识到了解决价值个体主义的重要性和紧迫性，但由于仅仅囿于思辨哲学和伦理学的视域，始终并没有实质性地推动这一问题的深入讨论。价值个体主义显然不仅仅是一个哲学抑或伦理学的问题，从《资本论》所澄明的"现实的历史"的立场看，它是传统社会结构现代转型的必然产物，因而必须要诉诸社会结构的变迁来揭示价值个体主义产生的现实背景及其实质。

---

① 卡尔－奥托·阿佩尔：《哲学的改造》，孙周兴等译，上海：上海译文出版社 1997 年版，第 257 页。

一、现代社会的价值个体主义困境

人是世界上最奇异的存在——超越性存在。这种超越性首先表现为对现存状况的不甘和对未来抑制不住的向往。尽管现实的个人永远只能存在于当下，但当下的生活却总已经被未来的理想所塑造和引导，并由此而不断开启着人类面向未来的新生活。在《存在与时间》中，海德格尔为了如此这般地描述人的这一基本存在特征，专门把“时间性”规定为个体生命得以展开的基本视域。在这里，“时间性”并不是均质化的流俗时间，而是与人的生命存在休戚与共的源始的时间。与日常的流俗时间不同，源始的时间是有限的。按照海德格尔的看法，正是源始时间的这种有限性，才在不断催逼着个体生命发出“青春不再、光阴荏苒”的人生感叹。不过，源始时间的“有限性”也自有它的积极症候，就是说，一旦当个体生命意识到自身存在的有限性时，他就会即刻不甘于这种有限性，并自觉去探寻超越有限性的路径和可能，以期为个体有限的生命奠定坚实的安身立命之本。

总之，源始时间的“有限性”总已经在催促个体生命去探索超越性的问题、人生意义的永恒性问题，如此等等。从历史上看，这种有限生命对无限性的追求构成了每个个体生命永远无法抑制的精神冲动。而哲学、艺术和宗教作为人类把握世界的基本方式，尽管在形式上是千姿百态的，但却都体现出个体生命试图超越生命的有限性，进而探索永恒性价值和意义的理想主义情怀。不过，个体生命对自我超越的探寻，不仅表现为哲学、宗教和艺术等较为系统性和理论性的社会意识，而且还更为具体地表现为个体基于自身独特的生命领会而形成的个体意识。显然，对于普通人来说，他们很难通过哲学、宗教和艺术等文化形式来表达自己的生命理想，但这绝不意味着他们没有自己的生活理想，而只能说明他们的生活理想还不够系统化和理论化罢了。在我们看来，正是这种基于个体独特生命领会所形成的个体意识，才真正体现了区别于价值整体的价值个体的特殊性。

价值个体具有两个鲜明的特征。首先，价值个体是私人性的，它所表达的是个体所特有的意欲和理想。如前所述，在现实生活中，每个个体总会自觉不自觉地追问“人为什么活着”的问题，并力求为此问题寻求一种确定的答案。一般来说，人们会在两个方向上寻求答案并由此形成两种不同的人生观。一种是从生活经验中获取人生感悟并自觉地把这种人生感悟提升为自己必须给予服从的价值理想；另一种则是从既有的人类文明史中汲取思想精华和精神养料，以此来滋养自己的灵魂。这些思想精华和精神养料既包括那些永远值得重头再读的经典文献，比如儒家、道家、柏拉图、亚里士多德等思想家的文献，也包括那些代代相传的杰出人物的感人事迹和民间传说，当然还包括世界各大文明的宗教传统，如佛教、基督教和道教等。作为人类文明活的灵魂，这些思想精华和精神养料总是在不断丰富着个体的精神生活，并最终促成个体生命独特的价值观和人生观。本质上讲，每个个体的人生道路之所以是别样的和与众不同的，就在于他坚守了一个区别于任何人的生活理想和价值信念。这一私人性的生活理想和价值信念，很好地安顿了个体的灵魂，使个体规避了价值虚无主义的干扰。几乎不需要太多聪明就可以看出，价值个体同个体生命私人化的生活信念是一致的，它的目的就是为了个体生命本身，而不是个体生命以外的存在。这就是价值个体的私人性特征。

其次，价值个体具有多元性的特征，这一特征直接源于价值个体的私人性。显然，如果我们承认价值个体只能是私人性的，那么，我们就会同时承认，它必然是差异化的和多元的。价值个体的私人性已经先行决定了其存在形态上的多元性。毋庸置疑，在现实生活中，每个人的生命历程和人生道路都是不可复制的，人世间没有两个完全同质化的生命个体，就像世界上不存在两片完全相同的树叶一样。人们的人生道路之所以会是别样的，归根到底，是因为他们的人生信念和人生理想是多元的。在生活中，每个人都会有这样的体会，即，特定的价值信念对他人来说是自足的和必要的，但对自己来说则往往是无关紧要和外在的。不同的个体之间往往恪守不同甚至截然相反的价值信念，这就必然会导致价值个体的多元性和多样性形态。

从根本上讲，价值个体的私人性和多元性特征直接导源于它自身同个人生命的内在共生关系。很显然，对于个人来说，价值个体是与他的生命内在地勾连在一起的，或者说，价值个体构成了他的个体生命的内在灵魂。每个人都会有不同的生命历程，他们在面对生活的苦恼和人生的挑战时，也总会有不同的回应方式。这种不同的回应方式，编织了不同的生命意义世界，形成了差异化的价值个体。正是以这种独特的生命历程所铸就的价值个体为支撑，一个个活生生的个体生命才跨越了生活中的诸多艰险和挑战，成就了自己独一无二的生命品格。价值个体的私人性和多元性源于一个个特殊生命的灵魂，也正因为如此，它很好地安顿了每个特殊生命的灵魂，促使个体生命不断去追问超越有限生命的无限意义问题。

近代以来，人们不断以价值个体的名义来拒斥价值整体，最终促使价值个体扭曲为现代性的价值个体主义。所谓价值个体主义，是指现代社会基于对个人自由的尊重而诱发的对个体价值的盲目崇拜。从哲学史上看，价值个体主义表现为传统社会“目的论的世界观”瓦解之后的产物。“目的论世界观”是传统社会的道德根基，按照这种世界观，世界本身是一个充满价值和意义的有机整体，世界内的任何事物由于都是这个有机整体的各个环节而同样充满意义。在这种“目的论的世界观”之中，万物存在的“事实”与其存在的“价值”是内在地统一的，即世界内任何事物的“存在”，本身就已经暗含了其存在的使命和目的。人作为万物之灵长，其存在的事实同样也已经暗含了其存在的目的，他的目的就是体认世界的有机秩序，使得自己的“小目的”自觉地勾连于世界“大目的”的运行之中，从而实现“小目的”和宇宙“大目的”的统一。显然，与“目的论的世界观”相适应的价值形式只能是价值整体主义，而不可能是价值个体主义。世界的整体价值赋予了每个个人一个鲜明的角色：上帝的奴仆、公民、哲学家、家庭成员。如果个人在实践中能够扮演好自己的应当角色，能够在共同体的生活中按照各个角色的内在要求来行事，那么这就意味着，他的行为符合共同体的目的，因而是道德的，反之则是不道德的、有罪的。可以说，在前现代社会里，价值整体主义占据着主导的地位，它是评判个人的道德生活是否“值得一过”的唯一标准和尺度。

然而，现代性的来临，却彻底击碎了传统社会的“目的论世界观”，也连带毁坏了以“目的论世界观”为根基的传统道德生活，致使传统社会的整个道德根基和道德秩序完全坍塌了。现代的诸多社会理论家一再告诉我们，现代社会较之传统社会的本质区别就在于它的“理性化”，即一切事物都以理性算计和效率为唯一的评价尺度。不管是政治制度、经济组织还是思维的创造，只要能够最大限度地发挥理性的功利性和效率性，那它就是好的、善的，反之，则是坏的、恶的。现代社会所崇尚的工具理性，彻底抹去了整个世界原有的绝对目的和神圣光环，把充满意义和价值的世界“祛魅”为一个完全由机械的因果关系所勾连在一起的“僵死机器”。人们面对世界，不再能够感受到神圣和崇高，不再对世界怀有任何的敬畏之心，而只是把它看作是根据自己内在尺度进行改造的“对象”和“客体”，这就导致了价值个体主义的兴起。

价值个体主义的兴起，对人类的价值生活和价值生态产生了极为深远的影响。一方面，价值个体主义意味着价值决断完全成为私人领域之内的事情，它不再受制于世界的整体目的，不再受到任何外部力量的干涉。而一旦当个体价值取代传统形而上学的“最高价值”，本身被无限地放大为

"绝对"时，个体就会变得肆无忌惮和为所欲为，处处都会把竞争、算计和自私自利发挥到极致。这正是现代性的一个本质特征。另一方面，价值个体主义同时也意味着人们公共生活的理智化，即公共生活开始片面倾向于功利主义和实用主义。很显然，当价值道德被彻底清除出公共领域而完全成为私人的事情之后，人们只会按照工具理性的效率原则来组织和安排公共生活，在此起作用的只能是各种强制性的法律、规章和制度，而不可能是道德伦理的内在约束力。法律、规章和制度作为人们共同的约定，完全与道德无涉，它旨在调和个人利益之间的冲突，最大限度地避免由个人的利益冲突所导致的对个人利益的伤害。而价值、目的等在对公共领域的思考上，由于不具有公共理性的意义而彻底退场了。这是现代性的另一个本质特征。显然，现代性的两个基本特征都与价值个体主义密切相关。

必须承认，现代性的价值个体主义不能全盘抹杀，它对传统社会的价值秩序的挑战和变革，具有十分重大的历史进步意义。在价值整体主义占据主导地位的传统社会中，个人不仅在现实生活中紧紧地依附于他所生活的庞大的共同体，而且在精神生活中也完全依赖于传统形而上学所塑造的"神圣形象"和"最高价值"，因而他无论是在生活中还是在精神上，都是不自由的。传统社会所谓的"价值共识"固然是牢固的和不容置疑的，但这种所谓的"价值共识"，并不是通过个体的良知决断和自主抉择而形成的，而是依托某种外在性的政治权威给予维护的。在只存在普遍性的价值规范而不存在个体性的价值抉择的传统社会里，外在的价值共识彻底淹没了个人的人格自立和自主的精神生活，每个活生生的个体都深陷"生命中不能承受之重"的痛苦之中。与传统社会不同，现代性的价值个体主义使得个体完全从不能承受之重的"集体意识"的阴影中走了出来，或者说把个体从其所依附的狭隘共同体中彻底解放出来，最大限度地保障了个体的自由，解放了个体的自主性，尤其是使得个体获得了自主性的精神空间。它意味着，传统的价值秩序不再能够抑制个人的自由和独立性，个人开始获得进行自主抉择的道德空间和独立的人格尊严。这就为社会生活诸领域的发展注入了活力，也为培育每个个体的尊严和独立人格提供了基础性的前提条件，更为每个个体的自主发展提供了广阔的空间。一定意义上讲，现代社会之所以能够真正做到对世俗价值的承认，不再强调个人必须要压抑感性私欲而献身于神圣价值，就要归功于价值个体主义这一全新的价值样式。现代性的价值个体主义表明，个体完全享有"照我们自己的道路去追求我们自己的好处的自由”①。

然而，不得不承认，这种现代性的价值个体主义，尽管在彰显个人自由方面具有无可比拟的积极作用，但它同时也冲击到人类共有的道德根基，造成人类“价值认同”的瓦解，特别是致使人类的道德生活开始滑向价值主观主义、价值相对主义和价值虚无主义的泥潭。按照现代性的价值“公私分离”以及价值个体主义的原则，在私人领域中，价值信念的确立完全依托于个体的良知决断，但这里所谓的个体实质上是一个完全没有任何社会性内涵的抽象“自我”，因此，从这种原子式的封闭“自我”出发，价值判断的标准只能是个体的主观偏好，任何的价值判断都只能是个体意志的体现。也就是说，一个人推崇抑或排斥某种价值信念，其根据完全是私人性的，而一旦当主观的“自我”脱颖而出成为价值的绝对确定者和评判者，成为摆脱了价值整体的限制的价值基点时，那么，一切具有普遍性效用的道德权威都会被看作是与价值个体相敌对的“宏大叙事”而失去存在的合法性，甚至任何超越个体的价值共识就失去了可能性和现实性。此时，任何的价值形态都必然会完全陷入任由个体的主观任意来评判的价值主观主义。价值主观主义不仅意味着人们的价值观念完全失去了统一的评判标准，开始陷入无休止的争论之中，而且还意味着人们的价值感和价值信念开始逐渐松弛，甚至放弃道德责任，其最终的后果就是背离尊重个体价值的初衷。

由价值个体主义所造成的价值悖论和价值困境，既表现在人与自然的关系中，也表现在人与人的关系中。就人与自然的关系来说，二者的关系不再是“母亲”和“子女”的关系，不再休戚与共，而是开始充满敌对和矛盾，成为纯粹的主体和客体的关系。自然的“祛魅”，不仅使得人与自然之间那种温情脉脉的亲昵感消失了，而且也给整个现代社会带来了严重的环境问题。就人与人的关系来说，人们之间牢固的伦理关系变得松散了，似乎除了赤裸裸的经济利益之外，现代人没有任何别的社会关系可言了。在此背景下，功利主义开始抬头，并快速弥漫到社会的方方面面。有学者指出，功利主义“代表着最为典型的现代性伦理——如果现代性有伦理的话”②。显而易见，不管是人与自然之间的敌对关系，还是人与人之间的紧张关系，都是价值个体主义所造成的后果。可以说，价值个体主义是构成现代性深层的精神症结。

---

① 约翰·密尔：《论自由》，许宝骙译，北京：商务印书馆2009年版，第14页。

② 包利民：《现代性价值辩证论》，上海：学林出版社2000年版，第60页。

更通俗地说，在现实生活中，任何人在与他人的交往过程中都不可能轻而易举地放弃自己特有的价值信念，这就极有可能引发价值信念的碰撞。如果这种价值信念的碰撞控制在可以相互理解的范围内，那么价值个体的差异性并不会导致个体之间的价值分歧和冲突，但是，一旦当这种价值信念的碰撞超出相互理解的程度和范围，一旦当价值个体受到人们盲目崇拜的时候，也就是当价值个体上升到“主义”进而形成价值个体主义的时候，价值个体内在的“私人性”和“多样性”特征就会导致完全相反的结果。马克斯·韦伯曾用“诸神的斗争”来生动地刻画价值个体主义所诱发的价值分歧和冲突。他认为，如果每个人只信奉自己的生活理想，那么就会形成把不同的生活理想当作异端来加以拒斥的局面。韦伯说：“对于每一个人来说，根据他的终极立场，一方是恶魔，另一方是上帝，个人必须决定，在他看来，哪一方是上帝，哪一方是恶魔。”① 罗尔斯也一直在强调，现代社会的一个基本事实是，人们在宗教、价值和哲学等方面存在着不可调和的冲突。他说：“现代民主社会不仅具有一种完备性宗教、哲学学说和道德学说之多元性特征，而且具有一种互不相容然而却又合乎理性的诸完备性学说之多元化特征。”② 其实，这一切归根到底也就是宾克莱所描述的“理想的冲突”。毋庸置疑，由价值个体主义所致使的“理想的冲突”已然成为现代社会不争的事实，甚至已经构成了现代性最深层的精神症结。正因为如此，诸多思想家指出，现代人的道德生活所面临的最大危险可能是“价值个体主义”的无限度膨胀。

总而言之，伴随着现代社会而来的价值个体主义产生了双重的后果。一方面，它把人们从强制性的、外在的道德权威中解救出来，彰显了价值个体的存在意义；但另一方面，它也使得人类深陷道德共识的危机之中，消解了道德准则的普遍性和客观性，从而使人类处于无所适从的道德窘境之中。前一点是价值个体主义的积极后果，而后一点则是其消极后果。总的来看，随着现代社会的发展，价值个体主义的积极后果正在消失，而它的消极后果正在凸显。

对于价值个体主义的消极后果，尤其是它对现代人的道德生活所带来的挑战，阿佩尔明确指出，“一方面，对某种普遍伦理学的需要，从来没有像现在——我们这个时代乃是以科学所获致的技术成果所造就的全球性一体化文明为其特征的——那么迫切；另一方面，为普遍伦理学奠定合理

① 马克斯·韦伯：《学术与政治》，北京：三联书店 1998 年版，第 40 页。

② 约翰·罗尔斯：《政治自由主义》，南京：译林出版社 2000 年版，第 4 页。

性基础这一哲学任务，似乎也从未像在我们这个科学时代那样困难重重。"① 正是因为价值个体主义不仅迅速瓦解了人们共有的道德信念和道德根基，而且还彻底堵塞了人类重构道德认同的任何角度和思路，所以对它的反思和批判，一开始就构成现当代思想家们所极为关切的思想主题。我们看到，哲学史上任何一个关切现代人精神命运的哲学家都会或多或少地牵涉到这一重大课题。不管是社会学家韦伯对世界"祛魅"的反思，还是哲学家海德格尔对"人总已经在世界之中"的现象学澄明，实质上都是意在克服作为现代性后果的价值个体主义。他们都意识到，建立在个体价值之上的任何价值认同都暗含着价值相对主义和虚无主义的潜能，甚至隐含着消解人类一切价值的可能和危险。应该说，超越价值个体主义的消极后果，捍卫人类道德的合理性根基，进而规避道德生活的相对化和虚无化，是当代人类所面临的一项紧迫而重大的理论任务。

面对现代性的价值个体主义的深层困境，自由主义和保守主义都开出了不同的药方。在自由主义者看来，既然任何的道德共识实质上都是损害个人自由的虚假偶像，因而都应当受到拒斥，那么，现代人就应该坚守价值个体主义的立场和原则，接受基于价值个体主义的价值多元主义。"你侍奉这个神，如果你决定赞成这一立场，你必得罪所有其他的神"②，价值世界本来就是一个多神的世界，个人应该心甘情愿地接受这一点，放弃寻求价值共相的愿望。自由主义的症结在于，它没有看到人们在现实生活中仅仅有个人自由是不够的，作为社会性的存在物，人们同样需要某种合理而确定的价值秩序和价值规范。与自由主义者不同，保守主义者看到了价值个体主义对正当的价值秩序的瓦解，从而对整个现代世界所造成的精神紊乱，所以它着力于以"社团""社群"和"宗教"的中介来抑制价值个人主义的过度膨胀。然而，尽管保守主义者看到了价值个体主义所潜在暗含的困境和弊端，但他们所倡导的社群主义、宗教共同体是否能够真正超越价值个体主义呢？对于如何在超越价值个体主义的同时而又不退回到前现代社会的价值整体主义的思考上，保守主义者的回答始终是含糊不清的。在考量了自由主义和保守主义的解决思路之后，让我们回到《资本论》的理论视域上来。

二、《资本论》克服价值个体主义的路径

作为现代社会杰出的反思者和批判者，马克思早已经敏锐地意识到了

① 阿佩尔：《哲学的改造》，上海：上海译文出版社 1997 年版，第 257 页。
② 马克斯·韦伯：《学术与政治》，北京：三联书店 1998 年版，第 40—41 页。

现代性的价值个体主义困境，但他却从来都没有把这一课题仅仅看作是一个纯粹的理论问题，而认为它实质上是一个实践问题。在马克思看来，价值个体主义的克服以及人类“价值认同”的重建，只能诉诸对现实历史的政治经济学批判，而不能只停留在形而上学的思辨王国中。

任何重大的理论问题都蕴藏着重大的现实问题，任何重大的现实问题都以重大的理论问题展现出来。从唯物史观的立场看，价值个体主义的问题，绝不仅仅是一个纯粹的理论问题或哲学问题，而是与现实社会结构的分裂密切相关，是特定社会历史条件的必然产物，因而克服价值个体主义进而建构道德共识，也绝不是一个抽象的理论问题，必须回归到与价值个体主义的相适应的社会条件的批判上来。也就是说，人们应该从对现实历史的批判出发，进而培育克服价值个体主义的现实条件，才能使价值个体主义随着现实历史的变革而逐步烟消云散。马克思之所以在其学术进展中，很快从对黑格尔和费尔巴哈的哲学批判转向唯物史观的自觉创立，并最终走向“政治经济学批判”，其原因就在这里。

从社会结构的发展变迁来看，价值个体主义是现代社会所独有的现象，它是传统社会结构瓦解之后的必然产物。经典社会理论共同表明，“同质化”是传统社会结构的基本特征。在传统社会中，社会分工并不发达，人们的生产生活缺乏必要的相互补充，社会生活的方方面面处于毫无自主性和差别性的机械统一之中，社会的整合完全依靠从上而下的政治权威来实现。因此，在社会领域方面，不管是经济领域还是文化领域，都紧紧地依附于充满强制性色彩的政治领域，正是在政治领域的主导下，整个社会形成了一个机械的关联体。在如此这般“同质化”的社会架构中，“价值共识”作为整个社会的有机组成要素，构成了调节人们的行为和关系、进而维系整体社会秩序的纽带，它鲜明地具有一致性、唯一性和强制性等特点。首先，同质性的社会结构在客观上需要统一性的精神力量来整合整个社会秩序和实现对社会成员的内在凝聚，因而在传统社会中，“价值共识”必然具有一致性的特质；其次，“价值共识”为了承担整合整个社会的使命，只能以单一性的样态存在，而决不允许其他的道德存在对它提出挑战，也就是说，在现实生活中，人们必须遵守一种唯一合法的价值规范，这就是“价值共识”的唯一性特征；最后，政治权力必须要借助自己的权威来强制性地保障价值规范的普遍遵守，坚决严惩任何形式的僭越行为，这就使得“价值共识”具有鲜明的强制性色彩。几乎不需要太多聪明就能想到，在传统社会中，所谓的价值个体主义的困境是绝对不会存在的，因为作为一致的、唯一的和强制的“价值共识”，彻底淹没了个人的价值和尊严，使得个人的私人生活没有任何的存在空间。

只有到了现代社会，伴随着传统的“价值共识”的瓦解，价值个体主义才成为一个困境显露了出来。与“同质化”的传统社会结构相比，现代社会的结构是高度分化的。就社会领域而言，政治领域不再居于绝对的核心地位，不管是经济领域还是文化领域都获得了一定的自主性和独立性，传统社会的“领域统一”开始转向现代社会的“领域分化”。这就意味着，整个社会的整合必须要诉诸各个已经分化了的领域在功能上的互补来实现，而不可能像传统社会那样完全依托于权威性的政治权力。在道德生活中，由于各个领域有着不同的目标和追求，因而人们不再可能接受某种一致性的、唯一性的和强制性的道德权威，而只会主动内生出与自己所从属的领域相适应的道德准则。

伴随着传统“价值共识”在现代社会的分化，个体的私人生活不再受到集体性的公共生活的绝对支配，开始获得了相对独立的存在空间，并迅速演化为一个在思想和行为上都不再受到公共权威所干扰的自由领域。很明显，当道德信念的存在样式一旦失去了传统社会的统一性，而只能是局部的和原子式的，那么，人们就会把有关人生意义和人生价值的问题彻底归属于私人的领域，归属于个人的良知决断。现代社会所实现的“公共生活”和“私人生活”的分离，使得任何形态的终极价值都失落和分化了，个体的自由和尊严获得了前所未有的承认。现代人坚信，个人作为国家公共生活中的公民固然要服从法律和道德伦理的约束，特别是不得损害他人的利益，但在纯粹的私人生活中，个人的道德信念和道德追求纯属私人事务，在这里，个人应当拥有绝对的“自治权”，他人和社会不得以任何理由和方式干涉。这就是价值个体主义的诞生。

可以说，从《资本论》的价值观点看，现代性的生成，实质上就是一个“价值个体主义”逐渐取代“价值整体主义”的过程。在传统社会中，人们优先崇尚自然的价值，把自然隐喻为滋养和孕育万物的“母亲”，“她是一位仁慈、善良的女性，在一个设计好了的有序宇宙中提供人类所需的一切”①。与此同时，人们也把自己所生活的共同体的价值摆在了优先的地位，认为个人的价值只有自觉寄托于共同体的价值时才会获得真实的意义。然而，在科学革命的助推下，传统价值秩序作为一种支配整个社会生活的整全式价值就很快分解了，不再能够起到支配人们的生活的作用，价值个体主义逐渐取代了昔日的价值整体主义而成为现代社会主

① 麦茜特：《自然之死》，长春：吉林人民出版社 1999 年版，第 2 页。

导的价值形式。现代性的价值个体主义的兴起，不仅抹去了自然的神秘面纱，把自然仅仅看作是实现人类自身价值的“客体”和“对象”，而且也把人类所共同生活的共同体的价值彻底“祛魅”了，把共同体仅仅看作是完全由孤立的个体基于某种既定的目的而形成的聚集体。

在《资本论》及其手稿中，马克思具体诉诸人的存在的历史形态揭示了价值个体主义的社会历史根源，从而为真正克服价值个体主义指明了现实的道路。马克思说：“人的依赖关系（起初完全是自然发生的），是最初的社会形态，在这种形态下，人的生产能力只是在狭窄的范围内和孤立的地点上发展着。以物的依赖性为基础的人的独立性，是第二大形态，在这种形态下，才形成普遍的社会物质变换，全面的关系，多方面的需求以及全面的能力的体系。建立在个人全面发展和他们共同的社会生产能力成为他们的社会财富这一基础上的自由个性，是第三个阶段。第二个阶段为第三个阶段创造条件。因此，家长制的、古代的（以及封建的）状态随着商业、奢侈、货币、交换价值的发展而没落下去，现代社会则随着这些东西一道发展起来。”[①] 在这里，马克思明确把人的存在的历史形态概括为“人的依赖关系”“以物的依赖性为基础的人的独立性”，以及“自由个性”。如果诉诸人的存在的历史性形态这一参照系的话，就会发现，价值个体主义是“人的依赖关系”向“以物的依赖性为基础的人的独立性”过渡的必然产物，而对价值个体主义的克服则意味着，人类历史必须要超越“以物的依赖性为基础的人的独立性”而达及“自由个性”。

“人的依赖关系”是人的最初的存在方式，此时，人的自然联系占据主导地位，个体始终依附于一个更大的共同体。在这里，共同体被看作是真实的和自足的，个人则是微不足道的，他的意义和价值只有通过分享共同体所分配的角色才能获得。马克思说：“我们越往前追溯历史，个人，从而也是进行生产的个人，就越表现为不独立，从属于一个较大的整体。”[②] 作为“狭隘人群的附属物”，个体毫无独立性和自由可言，他只能在归属于共同体的意义上才会被称之为“人”。

共同体对个人的绝对支配，同时也使得个人始终把共同体当成抽象的东西同自己对立起来。马克思正是在这种意义上也把传统社会的共同体称之为“虚幻的共同体”。实际上，共同体同个人的分裂，也就是个人与个人之间的分裂，因为共同体的虚幻性只不过在于它仅仅体现了占统治地位

① 《马克思恩格斯全集》第46卷上，北京：人民出版社1979年版，第104页。
② 《马克思恩格斯文集》第8卷，北京：人民出版社2009年版，第6页。

的特殊利益集团所宣称的普遍性，而并不是全体成员的普遍意志的表达，“由于特殊利益和共同利益之间的这种矛盾，共同利益才采取国家这种与实际的单个利益和全体利益相脱离的独立形式，同时采取虚幻的共同体的形式。”① 这表明，占统治地位的特殊利益集团，总是以共同利益的代表自居，“以便把自己的利益说成是普遍的利益”，这就使得他们对非统治阶级的“实际的干涉和约束成为必要”。

从本质上讲，共同体同个人的对立和分裂，恰恰是共同体中一部分人对另一部分人的宰制并由此形成的对立。与此同时，作为共同体内在灵魂的价值整体，也只是表达统治集团特殊利益的意识形态而已，它没有也不可能满足共同体全部成员的精神需求。也正因为如此，由统治阶级所塑造的价值整体只能通过强制性的政治权力来维系，否则它就有随时被瓦解的危险。马克思的《德意志意识形态》讲的正是这个道理。

无疑，在这种背景下，人们是不可能形成以独立人格为根基的共同体的，而只能借助于某种共有的道德认同来凝合整个社会。在这里，个人的价值追求，亦即价值个体，受到了极端的压抑，而所谓的价值个体主义，在那里也根本不可能出现。诚如社会学家迪尔凯姆所言，传统社会为了实现其自身的“机械团结”，需要全体社会成员共同信仰于某种一致性的“集体意识”。这种“集体意识”其实也就是人们共有的道德意识。这表明，与“人的依赖关系”相适应的价值形态，只能是价值整体主义，而没有别的可能。这种价值整体主义具有三个特征，即一致性、一元性和强制性。②

随着资产阶级登上历史的舞台，人的狭隘的自然联系逐渐被打破了，“人的依赖关系”被“以物的依赖性为基础的人的独立性”所取代。“以物的依赖性为基础的人的独立性”意味着，尽管前现代社会的封建主义等级制已经不再对人的独立性和自由起主导的限制作用了，现代人已经摆脱了对传统共同体的绝对依附，甚至以彰显价值个体的名义彻底瓦解了价值整体，但这种所谓的价值个体的实现，却并不完全，因为它依然要以对资本的依赖为条件，人们开始转向依附于自己亲手所创造的劳动产品。换句话说，资本权力取代政治权力成为新的支配社会历史发展的“抽象力量”。马克思说：“个人现在受抽象统治，而他们以前是互相依赖的。但

① 《马克思恩格斯选集》第1卷，北京：人民出版社1995年版，第84页。
② 贺来：《价值个体主义与道德合理性基础的重构》，《吉林大学社会科学学报》，2005年第2期。

是，抽象或观念，无非是那些统治个人的物质关系的理论表现。”① 资本作为实实在在的统治个人的“物质关系”，也使得其他一切丰富的社会关系都从属于自己。正是在资本逻辑这一“抽象力量”的支配下，人的生命的丰富内涵、社会生活的实体性内容，都被扭曲为抽象的交换价值。资本逻辑就像神话传说中的巫师一样，把“一切人的和自然的特性变成了它们的对立物”。

资本家作为资本在现实生活中的人格化代表，极力维护资本逻辑的运作机制，赋予资本逻辑以先验的合理性。正如马克思所言：“你们的利己观念使你们把自己的生产关系和所有制关系从历史的、在生产过程中是暂时的关系变成永恒的自然规律和理性规律。”② 很显然，统治现代社会的资本逻辑，造成了人与人之间赤裸裸的利益厮杀。这就导致，“自由这一人权不是建立在人与人相结合的基础上，而是相反，建立在人与人相分隔的基础上。这一权利就是这种分隔的权利，是狭隘的、局限于自身的个人的权利”③。一旦当个体的自由是建立在对资本的依赖性之上，而不是与他人合作的基础之上，那么，那种盲目崇拜自我价值的价值个体主义就不可避免地出现了，并会迅速演变为支配整个现代社会的主流价值观。这就是现代性的价值个体主义的崛起。

在资本主义社会，个人史无前例地成为自主自由的“独立主体”，任何以共同体的名义为根基的外在道德权威都不再能够真正约束他的行为；相反，价值道德只有通过“主体”的理性审判才算合法的，才能生效，否则就是非法和无效的。在这种情景下，价值整体主义就变得不合时宜了。与“以物的依赖性为基础的人的独立性”相适应的价值形式只能是价值个体主义。如果说传统社会的价值整体主义所强调的是道德的一致性和强制性，那么，现代社会的价值个体主义则更加强调道德的自律性和差异性。

由此可见，价值个体主义是一个典型的现代性问题，它源于现代人“以物的依赖性为基础的人的独立性”的存在样式。马克思说：“当基督教思想在十八世纪被启蒙思想击败的时候，封建社会正在同当时革命的资产阶级进行殊死的斗争。信仰自由和宗教自由的思想，不过表明自由竞争在信仰的领域占统治地位罢了。”④ 这表明，现实历史中的自由竞争在价

---

① 《马克思恩格斯全集》第46卷上，北京：人民出版社1979年版，第111页。
② 《马克思恩格斯选集》第1卷，北京：人民出版社1995年版，第289页。
③ 《马克思恩格斯文集》第1卷，北京：人民出版社2009年版，第40页。
④ 《马克思恩格斯选集》第1卷，北京：人民出版社1995年版，第292页。

值领域中必然要求价值个体主义这一价值形态，或者反过来说，价值个体主义只是现实的资本主义的自由竞争在价值领域中的映现而已。自由主义和保守主义显然没有认识到这一点，因而它们抛开对现实历史亦即资本主义的内在批判，而仅仅囿于价值论的视域中来争论克服价值个体主义的问题。

马克思之所以在同青年黑格尔派的思想较量中逐渐绕开了形而上学的问题，而转向对现实历史的政治经济学批判，其根本原因也就在于他深刻地意识到了现代人“以物的依赖性为基础的人的独立性”的存在样式。在马克思看来，所谓价值的合理性问题，本质上讲，并不是一个形而上学和价值论的问题，而是一个变革现实历史的“实践”问题，只有拨开价值层面诸多争论的迷雾，触碰到现实的人的历史性的生存方式，才算真正抓住了价值问题的实质要害。

总体上看，马克思在对价值个体主义的处理上，遵循了实践性、历史性和辩证性三大基本原则。首先，所谓实践性原则，是指马克思不再仅仅囿于价值论和形而上学的视域来考量价值个体主义的克服问题，而是从人的感性实践活动的存在方式出发来理解人的全部价值困境，这种理解视角的转化在哲学史上看是革命性的，它真实地反映了马克思对“解释世界”的传统哲学的批判和对“改变世界”的“新世界观”的内在诉求。其次，所谓历史性原则，是指马克思把人的价值追求纳入人类现实历史运动的过程中来考察，强调人的价值追求不是远在历史之外的抽象理想，而是深深地根植于人类现实历史的发展进程之中，因而它同样是历史性的。最后，所谓辩证性原则，是指马克思注重克服价值整体主义和价值个体主义各自的片面性，力求辩证地融合二者的合理因素，进而创生一种新型的价值形态。

通过澄清马克思克服价值个体主义的三大原则，我们能够更加清晰地感受到马克思主义较之自由主义者和保守主义者的理论优势。自由主义把价值个体主义看作是现代人无法逾越的宿命，这就把“个体本位”以及以“个人本位”为根基的资本主义永恒化了。立足于马克思的观点可以清楚地看到，那些宣称个人自由以及资本主义不可超越的理论主张只不过是资产阶级自我辩护的虚假意识形态而已。保守主义尽管意识到了价值个体主义以及以此为根基的资本主义的精神“病症”，但它在对这种精神“病症”的解决上却是软弱无力的。无论是在对资本主义的批判上还是在对未来理想社会的展望上，保守主义者始终都带有浓重的乌托邦色彩，归根到底，他们只能做到了“解释世界”，但却永远也无法做到“改变世界”。可以说，自由主义和保守主义完全囿于价值论的视域来考量克服价值个体主义的问题，这就使得它们始终在价值个体主义和价值整体主义之间摇摆不定。在马克思看来，人的感性实践活动及其所创生的现实历史在深层上决定着人类的价值形态，因而只有出离形而上学和价值论的视域，诉诸人的感性实践活动以及由人的感性实践活动所创造的现实历史，才能在根本上纠正已经被扭曲的价值形态，达到克服和解决现代性的价值个体主义的目的。这表明，人类的价值样式深深地根植于人的历史性的生存样式，道德生活在本质上也是“实践的”，因此，解决价值层面的问题，唯一的路径就是从改变“现实的人及其历史发展”的生存形态着手。

由于价值个体主义的课题涉及理想价值的未来重建，所以人们长期以来都是在形而上学和价值论的视域中来考量这一课题，而很少关注马克思在克服价值个体主义上的全新视域和角度。毫无疑问，马克思是一个人道主义者，但马克思主义却不是抽象的人道主义。除了在早期著作中出于批判青年黑格尔派及国民经济学的需要之外，马克思很少直接讨论道德伦理的问题，而更多的是在探讨资本的逻辑乃至人类历史运动规律的问题，但不得不承认，马克思的全部学说，都是在为“人的解放”这一最高的价值理想而服务的。在这个意义上又可以说，马克思终其一生都没有离开过价值论的课题。重思马克思的价值论批判，特别是他对现代性的价值个体主义的全新反思，对于当今人们道德生活中价值理想的重构来说，无疑具有重大的启发意义。

首先，马克思崇尚个体价值，甚至一生都在关注“现实的人及其历史发展”，但他却并没有同资产阶级理论家们一道走向对个体价值的盲目崇拜，而是在尊重个体价值的同时承诺了人类共有的普遍价值的存在。在马克思看来，启蒙思想家们所一再倡导的自由、平等和博爱只不过是古典形而上学所悬设的“最高价值”的现代翻版而已，它同样是抽象的、超历史的，是全知全能的神的价值，而不是现实的人的价值，尽管赋予了人的名义。如前文所述，当个人的价值本身一旦被幻化为毋庸置疑的“绝对”时，人类任何的价值认同和价值共识的根基就都被消解了，价值虚无主义必然顺势袭来。在哲学史上看，尼采最为推崇个人价值，把个人价值确证为权力意识的绝对价值，进而把传统形而上学所悬设的“最高价值”确证为无法实现的价值幻象，但正如海德格尔所指出的那样，尼采尽管揭示了传统形而上学的“最高价值”的虚无本质，但他却并没有超出价值虚无主义的范围，尼采是“虚无主义的完成”①。马克思同样拒斥西方传统形而上学所设定的“最高价值”和“神圣形象”，认为宗教是“还没有获得自身或已经再度丧失自身的人的自我意识和自我感觉”，它只是与传统社会的“人的依赖关系”相适应的价值形式，但马克思却并没有由此而放弃对最高理想的追求，而是在消解传统形而上学的实体性的最高理想的过程中保留了对价值理想的追求，这就在根本上规避了价值的相对主义和虚无主义。马克思认为，所谓的价值个体主义，只是人的社会性本质在现实历史中被异化之后所必然产生的价值形式，如果能够克服人的类本性或社会本性在现实历史中的异化，那么，人类本有的社会关系以及基于这种社会关系基础之上的价值认同就能重新建构起来。需要强调的是，马克思“人的解放”的价值诉求是一种调解性理想，而不是一种建构性理想，这一点同传统形而上学的抽象理想有着本质的区别。作为一种调解性的理想，马克思主义永远是我们反思和批判现实的有力的思想武器，它始终在督促和指引我们迈向更加美好的生活，而不至于躺在现实的安逸的温床上睡大觉。“共产主义对我们来说不是应当确立的状况，不是现实应当与之相适应的理想。我们所称为共产主义的是那种消灭现存状况的现实的运动。这个运动的条件是由现有的前提产生的。”② 如果把“人的解放”的价值理解抽象地放大为一种建构性理想，则必然混淆马克思主义和传统形而上学的本质区别，窒息它对现实生活的活生生的观照。

其次，《资本论》表明，克服现代性的价值个体主义，本质上说，就是要解除人对资本的依赖性，而不是要使得现实的个人更加依赖于资本。如前文所述，马克思始终强调，价值个体主义实质上并不是一个单纯的价值论的问题，而是一个存在论的问题，因而只有诉诸现实历史的层面，才能真正克服现代人的这一精神症结。关于现实的人的基本生存样态，马克思的一个基本判断是：“以物的依赖性为基础的人的独立性。”这里的“物”，并不是自然之物，而是社会之物，亦即资本。就是说，资本瓦解了传统社会的“人的依赖关系”，使得现代人获得了前所未有的自由和独立性，这也是价值个体主义之所以能够兴起的深层的现实原因，但现代人的这种自由和独立性是有条件的，而并不像资产阶级所宣称的那样是绝对的，这个条件就是，个人的自由只有奠基于资本才能兑现和实现。显然，在现代社会里，离开资本，人们将会寸步难行，更不用说是自由和独立性

---

① 海德格尔：《尼采》，北京：商务印书馆2002年版，第680页。

② 《马克思恩格斯文集》第1卷，北京：人民出版社2009年版，第539页。

了。资本作为社会之物，“是资产阶级社会的支配一切的经济权力”。正是由于资本的这种强大的社会威力，人们才会彼此敌对和相互算计。可以说，在现代社会中，为了最大限度地获取资本，每个人都把自己从而也把别人看作是孤立而封闭的原子，似乎人与人之间除了赤裸裸的利益交换之外，再没有别的关系可言了。价值个体主义只不过是理论地反映了人的社会关系由于资本而导致的扭曲和异化。很显然，如果人们在现实历史中处处都是不可调和的利益冲突，那么在观念领域中，人们拒斥承认任何的价值共识而只迷信价值个体主义也就不足为奇了。反过来说，要破解观念领域中的价值冲突，首先就必须要解决现实历史中人们的利益冲突，而解决利益冲突的根本途径就在于破解资本的运作逻辑。这就是马克思主义对于当今社会的最大启示。

三、《资本论》对价值个体主义的克服

《资本论》不仅是关于“资本”的“资本论”，而且是关于“现实的人及其历史发展”的存在论。作为一部“关于现实的人及其历史发展”的哲学巨著，《资本论》之所以能够超越国民经济学的理论局限，内在地澄清资本主义的经济运作机制，正是因为它切中了现代人真实的生存境遇：“以物的依赖性为基础的人的独立性”。现代社会依托资本这个“物”解构了传统的价值整体主义而强调个人自由，但由于它所理解的人仅仅是“孤立的个人”，所以它不仅没有使得个体获得应有的尊严和价值，反而促使个体由于失去“最高价值”的支撑而陷入价值虚无主义的深渊之中。这就是现代性的价值个体主义的深层困境。无疑，《资本论》不仅触及了现代性的价值个体主义课题，而且还进一步揭示了现代人这一价值困境的现实根源——资本。《资本论》中包含着应对价值个体主义的丰厚的理论资源，尽管这些理论资源直到现在依旧处于蔽而不彰的状态。发掘《资本论》中所蕴含的克服价值个体主义的理论资源，无论对于重新理解《资本论》来说，还是对于应对现代人的精神困境来说，都具有十分重大的意义。

在马克思之前，费尔巴哈曾试图通过对人的本质的形上追问，来构建人类共有的价值整体。费尔巴哈也把人类的价值整体和价值认同形象地称作“类”，所谓“类”，其实是“一种内在的、无声的、把许多个人自然地联系起来的普遍性”①。对此，马克思明确指出，费尔巴哈脱离人的丰

① 《马克思恩格斯文集》第1卷，北京：人民出版社2009年版，第501页。

富的社会关系来规定人的本质，因而他所说的“类”，只不过是一个没有任何实质性内涵的“抽象的普遍性”而已。马克思同样把人的本质规定为“类存在物”，认为现实的人绝不是一个个孤立的原子式的个体。不过，与费尔巴哈不同的是，马克思诉诸人类的感性实践活动重新理解了人类的“类”本性。这就为人类走出价值个体主义的困境、重建价值整体和价值认同开启了新的可能道路。

首先，在马克思那里，人的自由自觉的感性实践活动是对人的“类本质”的基本确证。马克思说：“通过实践创造对象世界，改造无机界，人证明自己是有意识的类存在物，就是说是这样一种存在物，它把类看作自己的本质，或者说把自身看作类存在物。”① 动物与世界之间是一种自然而然的统一关系，它与自己的生命活动是完全同一的，因而它仅仅是一种不断自我复制的“种生命”；人则以实践的方式存在，他总是不断把世界化为自己身体的一部分，从而形成以实践为中介的人与世界的否定性统一关系，因而人必然是一种超越“种生命”的类存在物。其实，人们在日常生活中“人类”和“物种”的说法已经十分形象地表达了人与动物的本质区分。它表明，人是实践性的存在，人总有一种追求自己别样生活方式的自由。费尔巴哈的“类”显然还没有触及人的实践本性，它只是对人的本质的另一种形而上学表达而已。

其次，人与自然的感性实践关系，同时要以人与人的社会关系为前提才能实现。这一点更为实质性地体现了人永远是合群的“类存在物”。马克思说得好：“只有在社会中，自然界才是人自己的人的存在的基础，才是人的现实的生活要素。”② 就是说，没有离开人的社会关系的纯粹的人与自然之间的关系，人与自然的实践关系总是以人与人之间的社会关系为前提的。遗憾的是，从“市民社会”出发的旧哲学，总是把现实的人想象为一个个自私自利的原子，总是脱离人与人的社会关系来思考人与世界的关系。于是，在它看来，“人绝对不是类存在物，相反，类生活本身，即社会，显现为诸个体的外部框架”③。也正因为如此，那些“解释世界”的“哲学家们”始终对鲁滨逊式的英雄人物坚信不疑，似乎个人完全可以脱离与他人的关系而独立地改造世界。马克思说，对于“哲学家们”来说，把人们“连接起来的唯一纽带是自然的必然性，是需要和私人利

---

① 《马克思恩格斯文集》第1卷，北京：人民出版社2009年版，第162页。
② 《马克思恩格斯全集》第3卷，北京：人民出版社1982年版，第301页。
③ 《马克思恩格斯全集》第1卷，北京：人民出版社1956年版，第439页。

益，是对他们的财产和他们的利己的人身的保护”[①]。与此不同，马克思所创立的“新世界观”则从社会化的人类或人类社会出发，强调个人的自由只有在人们的社会关系中才能实现。因此，他人不是自我自由实现的约束，恰恰是自我自由得以实现的前提。

正是受惠于对费尔巴哈“类哲学”的批判性反思，马克思很早就发现，现实的人从来都不像那些“哲学家们”所宣称的那样是一个个原子式的“孤立个体”，而是社会性的存在物。“人的本质不是单个人所固有的抽象物，在其现实性上，它是一切社会关系的总和”[②]。从历史上看，在土地所有制占支配地位的封建社会中，封建领主对待在其领地上干活的农奴的态度就是“直接政治的”。一方面，土地领主心安理得地让农奴和租地农场主去开辟财源，另一方面，农奴和租地农场主则对土地领主保持着尊敬、忠顺和纳贡的关系。只有到了近代，随着资产阶级登上历史的舞台，这种“人的依赖性关系”才被实质性地打破，个人才不再依附于一个更大的整体，而是逐渐从其所依附的共同体中摆脱出来并获得清晰的主体意识。马克思说，到了18世纪，在较为成熟的市民社会中，“社会联系的各种形式，对个人说来，才表现为只是达到他私人目的的手段，才表现为外在的必然性”[③]。然而，在愈加凸显个人自由的现代社会里，人们的社会交往和社会联系反而更加紧密。马克思说：“产生这种孤立个人的观点的时代，正是具有迄今为止最发达的社会关系（从这种观点看来是一般关系）的时代。”[④] 这表明，个人在现代社会尽管获得了充足的自由和独立性，但他并不像资产阶级所宣称的那样，是孤立的原子，而是始终从属于既定的社会形式的，“孤立的一个人在社会之外进行生产——这是罕见的事，在已经内在地具有社会力量的文明人偶然落到荒野时，可能会发生这种事情——就像许多个人不在一起生活和彼此交谈而竟有语言发展一样，是不可思议的”[⑤]。这就是马克思在《1857—1858年经济学手稿》中对资产阶级思想家的“孤立的个人”的幻想的反驳，这一反驳也为内在地瓦解现代性的价值个体主义奠定了理论基础。

在马克思看来，现代资产阶级所实现的政治解放并不直接就等于人的解放。资产阶级尽管革命性地瓦解了传统社会的“人的依赖关系”，但却

① 《马克思恩格斯全集》第1卷，北京：人民出版社1956年版，第439页。
② 《马克思恩格斯文集》第1卷，北京：人民出版社2009年版，第501页。
③ 《马克思恩格斯文集》第8卷，北京：人民出版社2009年版，第6页。
④ 《马克思恩格斯文集》第8卷，北京：人民出版社2009年版，第6页。
⑤ 《马克思恩格斯文集》第8卷，北京：人民出版社2009年版，第6页。

并没有使得现实的个人获得真正的自由和解放，因为人的自由和解放依然要依赖于资本这个“物”，离开资本，所谓的自由和解放都是泡影。这就是现代人“以物的依赖性为基础的人的独立性”的存在方式。人对物的依赖性意味着，前现代社会的封建主义等级制已经不再对人的独立性和自由起主导的限制作用了，人们开始转向依附于自己亲手所创造的劳动产品。这一转折的重大后果是，个人史无前例地成为自主自由的“独立主体”，任何以共同体的名义为根基的外在道德权威都不再能够真正约束他的行为；相反，价值道德只有通过“主体”的理性审判才算是合法的，才能生效，否则就是非法和无效的。在更加强调价值的自律性和差异性的背景下，传统社会的价值权威和价值认同受到了前所未有的挑战和质疑。

资产阶级对传统社会结构的现代转型显然是视而不见的，他们只看到近代以来兴起的资本逻辑对传统社会中“人的依赖关系”以及抽象的道德权威的瓦解，却看不到现代人已然由于受到资本逻辑的支配而生活在异化之中。在资产阶级看来，受资本逻辑支配的“原子式的个人”不是从社会历史中产生的，而是天然合理的，似乎人的天性就是自私自利，而这一点已经被现代社会无限度地满足了。国民经济学家作为资产阶级的学术代言人，极力为资产阶级所倡导的这种抽象的个人自由观辩护，他们甚至直接把资产阶级所规定的这种原子式的个人当作自己学术研究的理论前提。对于国民经济学家来说，价值个体主义是人类必须承担的宿命，因为在现实的经济生活中个人永远是原子式的和自私自利的，他们之间不可能形成任何真正的价值认同，所有的价值准则和道德说教最后都只会沦为掩盖利益斗争的虚伪外衣而已。

马克思在具体考量国民经济学家所宣称的这种原子式的个人自由时，深刻地体认到了人的异化以及现代性的价值个体主义困境。在马克思看来，国民经济学家所谓的这种“原子式的个人”并不是人的天然存在样式，它只是社会历史发展到一定阶段的必然产物而已。马克思具体地说：“这种18世纪的个人，一方面是封建社会形式解体的产物，另一方面是16世纪以来新兴生产力的产物。”① 实际上，现实的人并不是原子式的封闭存在物，他永远负载着社会文化的内涵，因而是一切社会关系的总和。正因为如此，个人的自由只能在社会中实现，社会关系并不是阻止个人自由实现的障碍，相反，它恰恰是个人自由得以实现的前提和基础。就此而言，价值个体主义显然不具有天然的合理性，它只是被资本主义社会所异

① 《马克思恩格斯文集》第5卷，北京：人民出版社2009年版，第5页。

化了的个人在道德伦理领域的典型反映而已。

在漫漫的历史长河中，尤其是在现代社会中，现实的人始终不被理解为“类”，而被想象为一个个孤立的原子。在马克思看来，这是因为，迄今为止的人类历史中始终存在着某种“抽象力量”把人与人之间的社会关系割裂开来，从而造成“原子式的个人”这一错觉，以及个人与个人之间的对立和紧张。这种“抽象力量”，具体来说，在前现代社会表现为“政治权力”，它导致前现代社会“人的依赖关系”；在现代社会，这种“抽象力量”已经转变为“资本权力”，因而现代社会的根本特征是“以物的依赖性为基础的人的独立性”。如果说在前现代社会中价值个体由于受到政治权力的强制而始终受制于价值整体的话，那么，现代社会的一大历史性进步就在于它彻底打破了价值整体对价值个体的压抑，只不过，价值个体在现代性的历程中不断自我膨胀，走向了另一个极端，异化为价值个体主义了。

人是“类存在物”，同时也表明特殊的个人存在与普遍的类存在、特殊的价值个体与普遍的价值整体之间不是一种对立关系，而是内在统一的。具体言之，作为个人意义表达的“价值个体”，只能在作为群体意义表达的“价值整体”中实现；同样，作为群体意义表达的“价值整体”，其维系也要以保障作为个人意义表达的“价值个体”为前提。马克思关于价值整体和价值个体的辩证法有力地撬动了资本主义“原子式的个人”这一幻象，为真正克服现代性的价值个体主义指明了方向。

从哲学史上看，现代性的价值个体主义所导致的价值困境最为集中地体现在尼采的哲学思考之中。尼采把传统柏拉图主义所不断塑造的、凌驾于现实世界之上的“最高价值”看作是虚假的价值幻想而加以拒斥，认为只有以“权力意志”的绝对价值来代替传统形而上学的“最高价值”，人的生命才能获得充足的意义和尊严，但尼采没有意识到的是，当凌驾于个人价值之上的“最高价值”一旦趋于崩溃时，“权力意志”本身也就会由于失去价值的源泉而陷入无家可归的精神窘境之中，这就是尼采哲学的深层悖论，也是海德格尔后来对尼采的主要批评。显然，尼采哲学的深层悖论不仅是一个难解的“理论”问题，同时也是以理论的方式表征着人类现代文明的深刻危机。从一定意义上讲，世纪之交的尼采哲学之所以会具有划时代的意义，正是因为它深刻反映了人们在一路高呼个性的自由和解放之后，面对现代性的价值个体主义时的焦虑和失落的心态。

我们知道，马克思同样把西方传统柏拉图主义所设定的“最高价值”看作是人的异化形式而加以拒斥，而一味专注于关注“现实的人及其历史发展”，但他却并没有由此而走向对个人自由的盲目崇拜，而是很早就开始反思资产阶级的个人自由观以及基于这种自由观之上的价值个体主义。尽管《资本论》的主题并不是直接处理现代性的价值个体主义问题，但它在面对国民经济学家“孤立的个人”的理论出发点时，遭遇了这一重大的现代性课题。

马克思不仅把价值个体主义指证为异化了的个人在道德领域中的典型反映，而且还进一步超越抽象的人性论预设，立足“现实的人及其历史发展”来探索人类价值秩序重构的可能性。对于马克思来说，人类的价值困境并不是孤立于社会生活之外的理论问题，而本身就是社会现实的有机组成部分。这也就意味着，资本主义的价值困境就蕴含在资本主义的生产方式之中，它随着资本逻辑的自我发展而不断显现出来。正因为如此，《资本论》始终把资本批判同道德批判结合起来考察，力求立足于资本与道德的辩证关系来考量克服价值个体主义的可能路径。应该说，在《资本论》中，资本批判本身就蕴含着深层的道德批判，或者反过来说，道德批判就是以资本批判的形式展开的。

在《资本论》中，马克思真正实现了对价值个体主义这一现代性的价值形式的内在克服，从而也为人的解放指明了现实的出路。马克思认为，资本是人们的社会关系得以异化的魁首，是现代社会中一切人同一切人斗争的真实根源。正是在资本逻辑的运作下，人们似乎除了外在的自然需要和利益之外，再也没有任何别的关系可言了，因而只会把“孤立的个人”看作是人的合乎自然的存在方式。国民经济学家所宣称的“孤立的个人”的观点，只是理论地表征了现代人的社会本性的“异化”。既然正是由于资本的缘故，现代人才被蒸馏为一个个孤立而封闭的原子，从而也使得价值个体主义成为现代社会主导的价值形式，那么，对现代性的这一价值困境的克服，就不能仅仅囿于形而上学和价值论的层面，而必须要诉诸对现实生活中的资本的批判。必须承认，《资本论》尽管没有像尼采、海德格尔的著作那样诉诸思想史的谱系来考量现代性的价值个体主义，但它却自觉以商品、货币、资本等经济范畴触及了现代人的这一深层的精神症结。

关于《资本论》的方法论，马克思指出：“从实在和具体开始，从现实的前提开始，因而，例如在经济学上从作为全部社会生产行为的基础和主体的人口开始，似乎是正确的。但是，更仔细地考察起来，这是错误的。如果我，例如，抛开构成人口的阶级，人口就是一个抽象。如果我不知道这些阶级所依据的因素，如雇佣劳动、资本等等，阶级又是一句空话。而这些因素是以交换、分工、价格等等为前提的。比如资本，如果没有雇佣劳动、价值、货币、价格等等，它就什么也不是。因此，如果我从人口着手，那么，这就是关于整体的一个混沌的表象，并且通过更切近的规定我就会在分析中达到越来越简单的概念；从表象中的具体达到越来越稀薄的抽象，直到我达到一些最简单的规定。于是行程又得从那里回过头来，直到我最后又回到人口，但是这回人口已不是关于整体的一个混沌的表象，而是一个具有许多规定和关系的丰富的总体了。"① 这就是说，人们现实的社会关系是通过经济范畴而得到规定的，所以只有从作为人的社会关系的经济规定出发，才能真正形成关于人的现实理解；相反，如果直接从人口出发来理解人的社会关系，则只能形成关于人的抽象理解。显然，尽管《资本论》在表面上看是由一系列的经济范畴组成的，但它的深层旨趣上则不仅仅在于描述资本主义的经济事实，而在于揭露物与物的关系所掩盖的人的社会关系。我们必须看到，作为"政治经济学批判"，《资本论》同流俗的政治经济学有着本质的区别，它在一开始就超越了国民经济学家的"孤立的个人"的理论出发点，自觉从人们现实的社会关系着手，来寻求人的解放的现实道路。

众所周知，《资本论》的出发点是商品这个经济范畴。但在这里，商品并不像在自然唯物主义者和一切旧唯物主义者那里一样，是可以用我们的感官所直接感知到的普通物品，而是现代人既定的社会关系的理论规定。马克思说："商品一旦作为商品出现，就转化为一个可感觉而又超感觉的物。它不仅用它的脚站在地上，而且在对其他一切商品的关系上用头倒立着，从它的木脑袋里生出比它自动跳舞还奇怪得多的狂想。"② 商品之所以"可以感觉而又超于感觉"，根本上说，就是因为它以物的形式展现了资本主义社会所无法直接呈现的社会关系，"商品形式的奥妙不过在于：商品形式在人们面前把人们本身劳动的社会性质反映成劳动产品本身的物的性质，反映成这些物的天然的社会属性，从而把生产者同总劳动的社会关系反映成存在于生产者之外的物与物之间的社会关系。由于这种转换，劳动产品成了商品，成了可感觉而又超感觉的物或社会的物。"③《资本论》开篇就分析了商品的使用价值和交换价值的二重性，并强调商品的使用价值从属于其交换价值，意在表明，人的自然性始终从属于人的社

① 《马克思恩格斯文集》第 8 卷，北京：人民出版社 2009 年版，第 24 页。
② 《马克思恩格斯文集》第 5 卷，北京：人民出版社 2009 年版，第 88 页。
③ 《马克思恩格斯文集》第 5 卷，北京：人民出版社 2009 年版，第 89 页。

会性，这就是商品概念的存在论意蕴。《资本论》把“商品”范畴作为自己的逻辑出发点，也意味着它在一开始就触及了由人的社会性所展开的社会历史的层面。

我们知道，商品的生产，是专门为它的交换服务的，商品必须要通过市场交换的中介才能实现自己的价值。这也就是说，一切的商品在商品经济中都必然会转化为货币，要通过货币来衡量。但问题在于，一旦当货币成为衡量商品的价值形式，货币本身就成为独立自主的“主体”，获得了一种凌驾于个人之上并支配个人的“权力”。这就是马克思所揭示的货币拜物教。如果说“商品”还残留有人的社会交往关系的痕迹，那么，货币则彻底遮蔽了人的社会本性。人们在货币中只能看到它所蕴藏的巨大能量，却看不到它仅仅是个人社会交换的中介而已。马克思说：“每个个人行使支配别人的活动或支配社会财富的权力，就在于他是交换价值或货币的所有者。他在衣袋里装着自己的社会权力和自己同社会的联系。”[①] 现代人之所以不再对传统形而上学所悬设的“最高价值”充满敬畏，而只对货币趋之若鹜，正是因为在资本主义社会中，一个人的自我确证能力仅仅在于人们手中持有的货币，而完全不在于人自身的生命的深度和厚度。

其实，货币的真正威力还不仅仅在于它能够购买一切，更在于它是“能生钱的钱”，也就是说，它可以转化为资本。马克思发现，在以货币为起点和终点的流通过程中，货币的量发生了变化，它增殖了，转化成了资本。而资本的增殖是无限度的，它始终处于以加速度的方式进行自我扩张和膨胀，一刻也不可能停顿下来。这就意味着人们的现实生活始终处于异化的状态，人们真实的社会关系完全被资本所裹挟。

《资本论》中的“资本”，既不是单纯的经济学概念，也不是单纯的道德哲学概念，而是表征人的基本生存的存在论概念。作为决定现代生产关系以及由此构成的人的全部社会关系的“普照的光”和“特殊的以太”，资本同样是现代性的价值个体主义困境的深层动因。要克服价值个体主义，根本上说，就是要破解现代人在资本中的异化，也就是要破解“以物的依赖性为基础的人的独立性”这一现代人的存在方式。《资本论》着力于揭示和批判以“物与物的关系”所掩盖的人的社会关系，所以它也为真正克服价值个体主义指明了现实的出路。《资本论》中的“资本”，不是物，“而是一定的、社会的、属于一定历史社会形态的生产关系，它

① 《马克思恩格斯文集》第8卷，北京：人民出版社2009年版，第51页。

体现在一个物上，并赋予这个物以特有的社会性质”[①]。从根本上说，马克思之所以要探究“资本”，就是因为“资本是资产阶级社会的支配一切的经济权力”，[②] 它在深层上决定着资产阶级的生产关系以及由此而衍生的人的一切社会关系。

《资本论》诉诸对资本的政治经济学批判，表明资本的运动逻辑既是资本增殖的肯定性逻辑，又是资本自行瓦解的否定性逻辑，“自我异化的扬弃同自我异化走的是同一条道路”[③]。《资本论》令人信服地告诉我们，“资产阶级的生产关系是社会生产过程的最后一个对抗形式”，随着资产阶级生产关系的瓦解，“以物的依赖性为基础的人的独立性”的生存方式也必然走向终结，“代替那存在着阶级和阶级对立的资产阶级旧社会的，将是这样一个联合体，在那里，每个人的自由发展是一切人的自由发展的条件”[④]。“自由人联系体”意味着，现实的人既不是某个庞大的共同体的附属物，也不是相互斗争的孤立原子，而是以人格独立为基础从而结成自由的联盟。这种联合体与前资本主义社会的共同体有着本质的不同，因为在前资本主义的共同体中，个人是没有独立性的；相反，在“自由人联合体”中，联合体的根据正是在于个人独立的人格，但是，尽管这种联合体以个体独立的人格为基础，它却并没有导致资本主义社会中的人与人之间的相互割裂和斗争。在“自由人联合体”中，现实的人既是一个个体，同时又能够意识到自己是普遍物，是个体和普遍物的辩证统一。它表明，“人是类存在物，不仅因为人在实践上和理论上都把类——自身的类以及其他物的类——当作自己的类；而且因为——这只是同一件事情的另一种说法——人把自身当作现有的、有生命的类来对待，当作普遍的因而也是自由的存在物来对待”[⑤]。

《资本论》的政治经济学批判理论表明，资本主义的最终发展，必然会导致这一生产方式和生活方式的自我瓦解，而这也就为一种新的生产方式和生活方式以及以之为基础的新的道德形态的建立提供了可能。换句话说，随着人的存在方式的历史性变革，人类的价值形态也会发生根本性的转变。这种新型的价值形态既超越了前资本主义社会的价值整体主义，又超越了资本主义社会的价值个体主义，在积极扬弃这两种价值形态的基础

---

① 《马克思恩格斯选集》第 2 卷，北京：人民出版社 1995 年版，第 577 页。
② 《马克思恩格斯选集》第 2 卷，北京：人民出版社 1995 年版，第 25 页。
③ 《马克思恩格斯文集》第 1 卷，北京：人民出版社 2009 年版，第 182 页。
④ 《马克思恩格斯选集》第 1 卷，北京：人民出版社 1995 年版，第 294 页。
⑤ 《马克思恩格斯全集》第 42 卷，北京：人民出版社 1980 年版，第 95 页。

上塑造了全新的价值形态，在这里，价值个体与价值整体实现了辩证的融合。马克思在青年时期就曾对此进行了如此这般的描述：“它是人与自然之间、人与人之间的矛盾的真正解决，是存在和本质、对象化和自我确证、自然和必然、个体和类之间的斗争的真正解决。”①

四、《资本论》克服价值个体主义的现实启示

价值个体主义是现代社会的深层症结，因而任何一个关切现代人精神命运的思想家都会或多或少地牵涉到这一重大课题。不管是尼采对“欧洲虚无主义”的考量，还是海德格尔对传统形而上学的“遗忘存在”的诊断，深层上说，其实都是意在回应现代性的价值个体主义所导致的种种道德困境。价值虚无主义是对以往价值进行评估的“必然后果”。价值个体主义固然使得个人不再盲目地把自己的生命价值完全寄托于传统形而上学所设定的“最高价值”，而是把柏拉图主义的最高价值看作是人的价值的异化形式而已。世纪之交的尼采之所以历来被人们看作是哲学史上的一个转折点，就是因为他把价值个体主义发挥到了极致，从而也把人类深层矛盾彻底暴露了出来。尼采“上帝之死”的思想效应是双向的，它既反映了现代人对自由的呼声，也是原子式的个性自由肆虐之后的失落和忧虑，特别是反映了现代“哲学家们”在面对价值个体主义时的无助和无力。价值个体主义自20世纪80年代以来也成为中国人文社会科学界所关注的核心主题，这主要体现在人们对“主体性”这一概念的热衷讨论上。人们对“主体性原则”的自觉，打破了教科书哲学以物质本体论为核心的马克思主义哲学体系，开始从“主体的方面”来理解世界的存在，一举把教科书哲学从传统哲学提升到现代哲学的水平。但主体性原则的哲学讨论，又不仅仅是一个纯粹的学术问题。立足于中国的实情，它深刻地表达的是，随着价值个体主义的崛起，人们不断尖锐化的价值冲突和利益争执。

或许正是因为价值个体主义的课题涉及理想价值的未来重建，所以人们一般都是在形而上学和价值论的视域中来考量这一课题，而很少关注马克思在克服价值个体主义上的全新视域和角度。毫无疑问，马克思是一个人道主义者，但马克思主义却不是抽象的人道主义。除了在早期著作中出于批判青年黑格尔派及国民经济学的需要之外，马克思很少直接讨论道德伦理的问题，而更多的是在探讨资本的逻辑乃至人类历史运动规律的问

① 《马克思恩格斯全集》第42卷，北京：人民出版社1980年版，第120页。

题，但不得不承认，马克思的全部学说，都是在为“人的解放”这一最高的价值理想而服务的。在这个意义上又可以说，马克思终其一生都没有离开过价值论的课题。重思马克思的价值论批判，特别是他对现代性的价值个体主义的全新反思，对于当今人们道德生活中价值理想的重构来说，无疑具有重大的启发意义。目前，学界有关价值个体主义的克服以及“价值共识”的当代重建，存在着三种较具代表性的思路，即社会学的、哲学的和宗教的。比照这三种思路，我们能够更加清楚地体认到唯物史观在此课题上的独特性和精辟性。

社会学的思路试图通过对社会共同体的权威的恢复，来超越由价值个体主义所造成的道德分化，并最终完成当代“价值认同”的重建。应该说，社会学的思路已经深刻地洞察到，道德观念与人们的社会生活背景密切关联，它绝不是抽象的存在。按照麦金太尔的说法，“任何一种道德哲学都以某种社会学为前提”①。既然社会生活的转型是现代性的价值个体主义的真正根由，那么，重建人类应有的“价值认同”，就必须从切实地变革现代社会结构“四分五裂”的状态出发，而不能仅仅囿于抽象的哲学观念的探讨上。首先，麦金太尔等思想家在存在论的意义上揭露了价值个体的虚假性，认为所谓的价值个体只是伴随着现代社会结构分化而来的人性预设，并不具有天然的合理性，实际上，整体性的社会共同体较之孤立的个体具有更大的真实性。其次，他们基于这样的存在论立场，在价值论的意义上批判了现代社会对价值个体的过度夸大，亦即价值个体主义。在他们看来，克服价值个体主义，根本上说，就是要回归社群而重建人类的“价值认同”。个人总已经生活在社群之中，此在是在世的存在，因此，个人理所应当追求社群共同的善抑或美德，而不应该仅仅以自我作为价值评判的绝对标准，把价值完全私人化。为此，麦金太尔等始终以一种可敬的浪漫主义情怀来重建人类传统的社会制度，试图以此来超越现代社会结构的分化以及由此而产生的价值个体主义。

哲学的思路试图在形而上学的层面上来发掘人们交往得以可能的基础和前提。哈贝马斯指出，修补已经撕裂了的人们的社会生活是当代哲学的基本理论任务。为此目标，现代哲学就必须进行自我革命，特别是要来一场彻底的范式转换，从昔日的“主体哲学”转向“主体间哲学”。就是说，以往的主体哲学遮蔽了主体间性的维度，仅仅从自我出发，把自我看作是唯一的绝对，但这种只有独白而没有对话的哲学，一开始就阻碍了价

① 麦金太尔：《德性之后》，龚群等译，北京：中国社会科学出版社 1995 年版，第 31 页。

值共识形成的任何可能，从而也遮蔽了人们之间本有的社会交往关系。在哈贝马斯看来，只有摆脱独白式的主体哲学，而建构内蕴对话的“主体间哲学”，人类才有形成一致性理解的可能，才有建构共有的“价值认同”的可能。哈贝马斯为此提出一种所谓的“理想的交往情境”，认为在此情境中，人们基于理性、平等和自由的对话，就能达成共识，进而规避价值个体主义的过度膨胀，走出道德分化的困境。哈贝马斯坚信，“理想的对话情境”是人类现实生活不可或缺的理想，尽管它在现实中很难实现，但它却是照亮人类未来的灯塔，值得人类为此努力。这表明，任何的信念和私人知识都不是以个人主观性的“我思”为前提的，而恰恰是社会性的“共识”的产物，共识而非独白才是一切知识的来源。

宗教的思路试图重新激活世界各大宗教潜在的理论资源，以期从中凝练出人类可以普遍认可的道德规范，进而把由现代性的价值个体主义所造成的道德分裂和道德冲突纳入这一规范中，最终重建一种符合现时代的道德认同和道德秩序。在《全球伦理》中，孔汉思和库舍尔指出，尽管价值个体主义对“良心和宗教自由的保障是必须的，但是，那些保障不能取代一些有约束力的价值观、信念和规范，即对于无论是什么社会出身、性别、肤色、语言或宗教的所有人类都有效的这样一些价值、信念和规范”[①]。孔汉思等认真梳理了世界各大宗教的宗教传统，从中提取了“不要撒谎”“不要杀人”“不要奸淫”和“不要偷盗”等四种所谓人类“共同拥有并共同肯定”的道德准则。在他们看来，世界各大宗教或许在其他伦理观念上存在差异，但这四项道德准则“是所有宗教都肯定的、得到信徒和非信徒支持的一种最低限度的共同的价值、标准和态度”[②]，因此，人类可在这四项最低限度上达成伦理上的共识。

毋庸置疑，上述三种不同的思路和立场对于克服价值个体主义、重建人类共有的价值认同是积极的和有益的，但它们也分别存在着不足和缺陷。社会学的思路尽管深刻地看到了价值与社会共同体生活的内在关联，认为价值个体主义正是源于人们社会生活的分化，但却对价值个体主义的积极意义评估不足，因而不合时宜地试图通过重新恢复已经失落了的传统社会结构来走出价值个体主义的困境，这显然太过理想化了。哲学的和宗教的思路发现了人类社会生活公共性的“交往”维度，因而力求为超越价值个体主义提供一个规范性的先验基础，这无疑是深刻的，但他们却过

① 孔汉思、库舍尔：《全球伦理》，何光沪译，成都：四川人民出版社 1997 年版，第 11 页。
② 孔汉思、库舍尔：《全球伦理》，何光沪译，成都：四川人民出版社 1997 年版，第 171 页。

度重视形上性、先验性的维度，而轻视现实性、经验性一维，这就导致他们始终没有认真对待价值个体主义在社会生活中到底是如何被超越的问题。总体上看，哲学的和宗教的思路从来都没有使自己的理论落地生根。

与以上三种思路不同，马克思一方面立足于“社会化的人类或人类社会”揭示了资产阶级所鼓吹的个人自由的虚假性，坚信“人的本质不是单个人所固有的抽象物，在其现实性上，它是一切社会关系的总和”①，而资产阶级所谓的原子式的个人恰恰是对人的扭曲和异化；另一方面，马克思又具体深入到了现实历史的本质性一度之中挖掘了现实的人得以异化的真正根由——资本，并把对资本逻辑的瓦解看作是超越价值个体主义的唯一出路。前一方面较社会学的思路增加了先验性、形上性的维度，而后一方面较哲学的和宗教的思路增加了现实性、历史性的维度，这种辩证的态度最终为人类真正超越价值个体主义和当代价值认同的重建带来了曙光。

在马克思看来，要走出现代性的价值个体主义困境，唯一的出路就是重建人类已经失落了的价值整体抑或价值认同，以此限制过度膨胀了的价值个体。由于价值整体的承载主体不是“小写的个人”，而是作为“大写的人”，所以无论在形成路径还是在存在功能上，它都与价值个体存在着深刻的差别。

首先，价值整体不像价值个体那样是为了安顿个体的生命和灵魂，而是为了形成对全体成员都具有约束性的普遍精神力量。也就是说，它的首要目标是加强社会团结、凝聚社会力量，为社会共同体的全部成员建构一种公共的价值尺度和一致的奋斗目标。为此，价值整体就必须超越价值个体的私人性和特殊性，去建构对全体成员都具有约束和规范作为的价值认同。就此而言，如果说价值个体具有私人性特征的话，那么，价值整体则必然具有公共性的特征。

其次，与价值个体的多元性特征不同，价值整体具有统一性的特征。在任何形式的社会共同体中，社会成员的生存境遇和生存命运总是不可分割地交织在一起的，社会共同体的命运在根本上也影响着每个成员的未来。为了保证共同体整体的凝聚与发展，共同体必须要通过某种内在的纽带把不同的个人联系起来。价值整体正是扮演这样一种“内在纽带”的作用，它悬设了每个共同体成员都应服膺的共同理想，规避了个人可能由于价值个体的分歧所产生的离心力，从而最大限度地维护了共同体的稳定

① 《马克思恩格斯文集》第1卷，北京：人民出版社2009年版，第501页。

和团结。在《理想国》中，柏拉图指出："对于一个国家来说，还有什么比闹分裂化一为多更恶的吗？还有什么比讲团结化多为一更善的吗？"[①]价值整体就是柏拉图所苦苦追寻的"化多为一"而避免"化一为多"的纽带和路径，这实质上也就是价值整体超越差异而寻求普遍的统一性特征。很显然，作为整个共同体的精神支撑，价值整体对于维护社会共同体的稳定与团结来说至关重要。价值整体的统一性意味着，每个共同体成员都有义务和责任信仰并履行价值整体所蕴含的价值规范，因为只有当社会共同体的整体利益和公共事务得到有效的维护时，每个共同体成员的基本利益才能得到很好的保障。

价值整体的承载主体是共同体，而非个人，这不仅决定了它的基本特征与价值个体不同，而且直接决定了它的形成路径也与价值个体有别。共同体承载着全体成员的共同希望和共同梦想，因而它总已经具有一种超个人的神圣意义了。正因为如此，人类"价值认同"的重建，不能完全从个人理想出发，因为任何基于个人理想所建构的共同理想终究都会被个人理想所解构，最终沦为虚假的幻象。价值个体主义之所以成为现代社会最深层的精神症结，进而导致了不可避免的价值分歧和冲突，其中一个重要的原因就是，现代社会顽强地坚守着个人理想唯我独尊的绝对地位。

马克思很早就清醒地认识到，重建人类已经失落了的"价值认同"，不能从资产阶级所宣称的个人自由出发，因为原子式的个人自由本身就是现代资本主义意识形态所造成的幻觉而已。在马克思看来，现实的人不仅具有私人性的维度，他作为"类存在物"同时还具有社会性的维度，可以说，私人性的维度和社会性的维度共同构成人的本质的完整内涵。一方面，现实的人首先是个体性的存在，作为个体性的存在，他拥有专属于自己的私人空间，并在此私人空间的平面上开展出独特的价值个体或者个体自由；但另一方面，现实的人除了作为个体的形式存在外，还是"一切社会关系的总和"。就是说，人们总已经处于各种纷繁复杂的社会关系之中，总已经处于家庭、社会和国家等各种不同的社会共同体之中。对此，海德格尔同样指出，人总已经同他人"共在"，"独在"只是"共在"的一种残缺样式而已。正因为如此，现实的人总是潜藏着一种对超越价值个体的价值整体的精神需求和冲动，而决不像资产阶级所宣称的那样只是一个个自私自利的原子。理论上讲，价值整体同价值个体一样，也是源自人的本性的深层需要。

---

① 柏拉图：《理想国》，郭斌和、张竹明译，北京：商务印书馆1994年版，第197页。

然而，遗憾的是，现代人为了瓦解传统社会所塑造的价值整体对价值个体的压抑，片面地凸显价值个体至高无上的地位，以至于价值个体扭曲为现代性的价值个体主义。毋庸置疑，价值个体主义已经成为现代社会的基本特征，它使得共同体与个人彻底对立起来，也导致价值个体把价值整体作为虚幻的存在而加以拒斥。

共同体同个人之间的对立关系同时也必然会造成共同体与共同体之间的敌对关系。这是因为，统治阶级作为共同体的代表者，始终把共同体看作是满足自身特殊阶级利益的工具。因此，对统治阶级来说，凡是异于其所属共同体的其他共同体都与他们的特殊利益相悖，因而都会对他们的特殊利益造成威胁。为了不断扩大自身的特殊利益，统治阶级必然会不停地去征服其他共同体，这就致使战争在历史中不断重演。吉登斯说得好："资产阶级的出现只会通过其所掌握的已经建立起来的以国家机器为基础的统治权来进一步促进其经济目标。"① 资产阶级为了自身利益，完全垄断了国家的行政权，不断对外扩张，从而导致了民族共同体之间形形色色的对抗与冲突。可以说，现代社会所面临的最严峻挑战，就是如何克服异质和冲突，使有着不同生存境遇和价值诉求的个人达成某种基本的价值共识，从而实现对共同体成员普遍的价值约束。这实质上也就是如何应对现代性的价值个体主义课题的问题。在马克思看来，价值个体主义源于现代人"以物的依赖性为基础的人的独立性"这一存在样式，也就是源于现代人对资本的过度依赖，因而对价值个体主义的克服，只能诉诸对资本逻辑的批判。

马克思认为，劳动本应该是人的自由自觉的活动，是人的类生命的外在释放，但资本逻辑却把作为人的本质力量对象化的感性劳动扭曲为"抽象劳动"，劳动出离了人的生命而脱落为一种完全为资本增殖服务的工具，劳动与人的生命的内在关联蔽而不彰了。马克思说，在资本主义社会中，"劳动不属于他；他在劳动中也不属于他自己，而是属于别人"②。正是因为无产阶级的劳动不属于他自己，而是属于作为资本人格化的资本家，所以"每个人不是把他人看作自己自由的实现，而是看作自己自由的限制"。就这样，现实的人在实践活动中始终无法实现与他人的内在统一，始终把他人的存在看作是自己的对立物，所谓"他人是地狱"。在这种情况下，人的"类本质"所固有的开放性和自觉性就被彻底遮蔽了，

① 吉登斯：《民族－国家与暴力》，胡宗泽，赵力清译，北京：三联书店2010年版，第188页。
② 《马克思恩格斯选集》第1卷，北京：人民出版社1995年版，第44页。

现实的人变成了一个个孤立的、排他性的抽象存在物。应该说，这一点对于每一个现代人来说都会有着切实的体会。在马克思看来，要超越个人与个人之间，甚至包括共同体与共同体之间的割裂，必须要回到导致这一分裂的缘由上来，亦即回到对资本逻辑的批判上来。

《资本论》科学地表明，资本的运动逻辑是辩证的，它既是资本自我增殖的逻辑，又是资本自我走向瓦解的逻辑，“自我异化的扬弃同自我异化走的是同一条道路”①。随着无产阶级的壮大和资本的不断瓦解，人类的“史前时期”终将结束。到那时，每一个人都会意识到自己既是个体存在物，同时又是类存在物，是个体存在与类存在的辩证统一。与此相应，人类所恪守的价值形态也会发生根本性的转变，它既不是传统社会的价值整体主义的唯我独大，也不是现代社会的价值个体主义的过度肆虐，而是在扬弃价值整体主义和价值个体主义各自片面性的基础上所生成的新的价值形态。

如果我们跳出现行的学科分类而从马克思的“人的解放”的旨趣来理解和解读《资本论》，那么就会发现，作为“关于现实的人及其历史发展的科学”，《资本论》主要是通过探究资本主义经济的运行规律，来揭露资产阶级所宣称的个人自由的虚假本质，进而探寻“人的解放”的现实道路。在马克思看来，人们自己创造自己的历史，但人们并不能随心所欲地创造，因而“人的解放”是要以现实历史的发展为基础和条件的。马克思说：“无论哪一个社会形态，在它所能容纳的全部生产力发挥出来以前，是决不会灭亡的；而新的更高的生产关系，在它的物质存在条件在旧社会的胎胞里成熟以前，是决不会出现的。所以人类始终只提出自己能够解决的任务，因为只要仔细考察就可以发现，任务本身，只有在解决它的物质条件已经存在或者至少是在生成过程中的时候，才会产生。”② 正因为如此，马克思对资本主义的态度始终是辩证的，在他看来，资本主义的历史进步性在于，它打破了封建主义的“人的依赖关系”，使得现实的人获得了一定的独立性，而它的历史局限性则在于，现实的个人只是获得了自由的外观，而并没有获得真实的独立性和自由，这就是资产阶级所宣扬的价值个体主义的虚伪本质。在马克思看来，资产阶级登上历史的舞台并没有导致“历史的终结”，现代人的独立性和自由也绝不像资产阶级所宣称的那样是绝对的、无条件的，它是建立在对资本这个物的依赖性的基

① 《马克思恩格斯文集》第1卷，北京：人民出版社2009年版，第182页。
② 《马克思恩格斯文集》第2卷，北京：人民出版社2009年版，第592页。

础之上的。

马克思很早就意识到了资产阶级政治解放的局限性，所以他在《神圣家族》和《论犹太人问题》中一再强调政治解放不等于人的解放。在《1844年经济学哲学手稿》中，马克思已经初步揭露了资本主义社会中的货币拜物教问题，而通过《德意志意识形态》对现实历史的唯物史观呈现，最终在《资本论》中，马克思把资本确证为人的社会关系异化的现实根源。资本不是物，而是人的社会关系的体现，它体现的是资产阶级以资本为中介而对无产阶级的剥削和压迫。也正是在资本逻辑的运作下，传统形而上学所设定的“最高价值”彻底坍塌了，而基于个人自由的价值个体主义凸显了出来。现代性的价值个体主义既意味着个性自由和个性解放，同时也意味着人类陷入价值相对主义和虚无主义的困境中。马克思由此提出，如果说近代哲学的理论任务是揭露人在“神圣形象”中的异化，那么，现代哲学的理论任务则是揭示人在“非神圣形象”中的自我异化，进而重建人类失落了的精神家园。应该说，尽管马克思没有像反思现代性的其他思想家们那样完全在价值论的视域中来考量价值个体主义的问题，但他通过对作为宰制现代人的“非神圣形象”的资本的批判，为人类走出现代性的困境提供了现实的出路。《资本论》是真理论和价值论的统一。“马克思是真正的人道主义者，马克思主义并不是抽象的人道主义。”①

在当前的《资本论》研究中，存在着两种极为鲜明的倾向，一种是否定《资本论》的理论价值，认为资本不可被消灭，因而马克思的资本批判理论不适用于当今时代，《资本论》在今天已经过时了；另一种是为了肯定《资本论》的理论价值，刻意“制造”出一个“肯定资本的马克思”来。应该说，这两种《资本论》的解读路径尽管在表面上看呈水火不容之势，但在深层学理上却有着深刻的一致性，那就是，它们都看到了资本在短期内不可消灭，因而强调《资本论》消灭资本的理论主张在根本上可能就是行不通的。

固然，《资本论》的主题和归宿是资本批判，《资本论》的副标题“政治经济学批判”就暗示了这一点。但是，马克思所谓的资本批判，并不意味着彻底消灭资本，在这里，“批判”并不意味着“消灭”。我们知道，康德在哲学史上首次明确把“批判”当作一个哲学概念来使用，因而康德哲学也被称为“批判哲学”。但康德所谓的“批判”哲学，其初衷

① 孙正聿：《“现实的历史”：〈资本论〉的存在论》，《中国社会科学》，2010年第2期。

只是为了给理性的适用范围划定界限，而并不是为了彻底“消灭”理性。福柯在1978年发表的《什么是批判》的演讲中更为明确地指出了这一点。作为德国古典哲学的继承和发扬者，马克思所谓的“政治经济学批判”抑或资本“批判”，显然也不应该被独断而流俗地解释为一般意义上的“消灭资本”，在本源的意义上，它只是意味着给资本划界，即确定资本的适用范围，以防止资本的过度膨胀而导致的对人性的侵蚀。回顾马克思一生的思想历程，他从来都没有把资本当作是一个现成的对象给予质疑，而始终把它看作是一个历史性的生成过程。对于早期资本的作用，马克思给予了极高的评价，他极为强调资本在瓦解“人的依赖关系”中的巨大作用，但对资本的过度膨胀，特别是它对人性的日益侵蚀，马克思确实给予了批判。这表明，《资本论》的资本批判，绝不是无条件和抽象的，它只是批判资本反道德的负面效应，但却肯定了资本对社会财富的促进作用。

这表明，《资本论》意在为“资本”划定界限。一方面，马克思看到了资本对于发展社会生产力、促进社会财富增长的重大作用，看到了资本对于助推个体自我意识的觉醒的积极意义；但另一方面，马克思又在此前提下，深刻地揭露和批判了资本与人性的内在矛盾和对立，强调资本的集聚过程同样也是人性不断被深度压抑的过程，而现代性的价值个体主义正是由资本的运动所造成的，因而对于属人的共同体的重建，最终还必须要落实到对资本的批判上。可以说，如何在规避资本负面的社会效应的同时而又利用好它对社会发展的积极作用，是《资本论》留给我们的最为重大的理论课题。

与马克思所生活的19世纪的资本主义相比，当今的资本主义显得更为复杂，人们在一定程度上似乎已经不再提及资本反道德的内在本性，而是径直把由资本的逻辑运作所催逼出的功利主义原则当作是一条不可更改的伦理金规则而加以接受。显然，从马克思对资本的反道德本性的揭露来说，《资本论》在当代不仅没有过时，对它的重读反而显得尤为紧迫，因为一个毋庸置疑的明显事实是，与马克思所生活的时代相比，当代形态的资本已经更为深入地侵蚀到了人性，甚至彻底解构了人性对资本的反抗的维度。

第二节　《资本论》与价值虚无主义批判

一切哲学思想的焦距点都在于破解存在的秘密。与“解释世界”的“哲学家们”相比，马克思已经不再把存在理解为非历史抑或超历史的存在，来抽象地追问“世界何以可能”的问题，而是径直将存在具体地理解为现实历史的存在，进而积极探索人的解放的现实出路。《资本论》对现实历史的存在论澄明，也为我们重新在海德格尔所谓的存在的意义上来思考虚无主义的克服提供了可能。

一、虚无主义的价值论视域及其克服的限度

虚无主义是尼采、海德格尔等大哲学家极为关切的话题。这些大哲学家探讨虚无主义，显然不是为了赞美它，而是为了克服它，但是，对虚无主义的克服，从尼采到海德格尔，由于始终囿于价值论的视域，并没有能够真正实现。马克思尽管没有使用虚无主义这个字眼，但从其诸多文本中都可以看出，马克思深刻地意识到了虚无主义的问题。只不过，马克思无意于停留在哲学的层面上来考察虚无主义的思想谱系，进而凸显现代人的精神危机，而是出离了价值论的视域，把对虚无主义的克服，诉诸了对现实历史的批判。根本上说，马克思真正澄清了后来的海德格尔意识到但却始终没有澄清的“存在”，这个“存在”就是人们的现实生活过程。通过对现实生活的政治经济学批判，马克思为克服虚无主义、实现人的解放，提供了可能的现实道路。这也是为什么被尼采称之为“危险中的危险”的虚无主义，在马克思那里却并没有成为一个严重的理论话题的根本原因之所在。立足于《资本论》来探讨虚无主义的问题，无论是对于深化当前的虚无主义研究来说，还是对于推进《资本论》的研究来说，都具有重大的理论意义。笔者不才，发表浅见，以期唤起学界对这一重大课题的重视。

按照海德格尔的考证，雅可比首先在哲学的意义上使用了“虚无主义”一词。在给费希特的信中，雅可比把唯心论指责为“虚无主义”。[①]不过，虚无主义真正成为一个严格的哲学概念，则始于尼采。尼采说：“虚无主义意味着什么？——最高价值的自行贬黜。”[②] 这里的“最高价值”，涉及西方形而上学的起源问题。

据说，古代学者安德罗尼柯在整理亚里士多德的著述时首创了“形而上学”的概念，但一般认为，柏拉图才是“形而上学”的奠基者。柏拉图区分了现实世界和超感性的理念世界，并以超感性的理念世界来规范现实世界。在尼采看来，柏拉图所谓的超感性的理念世界，其实就是以

① 海德格尔：《尼采》下卷，北京：商务印书馆2010年版，第716页。
② 尼采：《权力意志》上卷，北京：商务印书馆2007年版，第399页。

“至善”为原则的价值世界，它悬设了最高价值的存在，并以这个最高价值来规范感性的生活世界。基督教把柏拉图所悬设的“最高价值”具体投射到上帝那里，因而基督教只是“民众的柏拉图主义”。但尼采认为，伴随着现代社会的来临，柏拉图主义所谓的“最高价值”开始自行贬黜了，人类由此而失去任何的目标和意义，在精神上变得无家可归。这就是现代人价值虚无主义的困境。

从逻辑上看，最高价值的悬设并不必然导致它的自行贬黜。尼采之所以断定最高价值的自行贬黜，显然是因为他先行否认了最高价值的存在。尼采认为，上帝只是缺乏生命意志力的“奴隶道德”的产物。正是由于人们生命意志力的脆弱，在现实社会中无法实现自己的全部价值，所以才会把自己的价值对象化给上帝，误认为上帝才是自己价值的源泉。然而，一旦当人们把自己的一切价值都归于上帝时，人们自己的人生价值就被掏空了。“人作为诗人、作为思想家、作为神、作为强力：呵，他把何种君王般的慷慨大方赠送给事物，为的是使自身贫困化并且使自己感到可怜！迄今为止，他最大的无自身状态就是，他赞赏、崇拜，而且懂得如何对自己隐瞒以下事实：他就是创造所有他所赞赏的东西的人”①。既然上帝的本质只不过是人的外化了的本质，那么，它的虚假性就已经先行决定了它的自行贬黜。遗憾的是，在传统社会中，人们始终意识不到上帝的虚无本质，因而处于不自觉的虚无主义状态之中，但现在，尼采挑明了上帝的虚无本质，虚无主义就全面来临了。尼采讨论虚无主义，不是为了赞美它，而是为了克服它。但尼采认为，虚无主义不能外在地加以克服，例如以理性、民主等最高理想来代替基督教的上帝，因为这在根本上并没有摆脱柏拉图主义的形而上学视域，因而同样会导致虚无主义。因此，只有对柏拉图主义实行一场彻底的革命，才可能真正克服虚无主义。具体来说，既然虚无主义根源于缺乏生命意志力的“奴隶道德”，那么，以权力意志的“主人的道德”来代替“奴隶道德”，通过对以往价值的重估，来建构权力意志的绝对价值，就能在根本上克服由柏拉图主义所导致的虚无主义。由此，尼采公开宣称“上帝死了”，他不再尝试用彼岸的“最高价值”来衡量人们此岸的生活，而是凭借“主人的道德”来构建权力意志的绝对价值。在尼采的意义上，权力意志始终处于不断创造新价值的永恒轮回之中，它创造出来的价值并不重要，关键在于这种创造活动本身，或者说，正是这种创造活动本身不断地充实了权力意志的生命意义。对此，邓晓芒

① 海德格尔：《尼采》，北京：商务印书馆 2002 年版，第 757 页。

说，权力意志“创造出来的东西本身没有价值，或者说，任何创造出来的东西都是该毁灭的，只有同一个创造本身是永恒的”①。尼采意在通过权力意志的“永恒轮回”来抵制虚无主义给现代人所带来的失落和沮丧，但这一方案受到了海德格尔的质疑。

众所周知，虚无主义也是海德格尔所关注的一个理论课题。海德格尔专门把虚无主义区分为自柏拉图以来的西方传统形而上学的“一般虚无主义”和尼采的“古典虚无主义”。尼采对传统柏拉图主义的“一般虚无主义”的诊断无疑是深刻的，但海德格尔更加看重尼采自身这种否定一切的“古典虚无主义”形式。因为与“一般虚无主义”相比，“古典虚无主义”真正为走出虚无主义的困境提供了某种可能。尼采的“古典虚无主义”所倡导的“重估一切价值”，以否定以往全部价值的方式肯定了权力意志的绝对价值，而权力意志自觉拒斥以往的一切东西，同时就意味着它力图通过自身的努力来建构一个全新的东西，海德格尔说，这“已经潜伏着对这一个世界的唯一肯定”。

在海德格尔看来，尼采的重大理论贡献在于，他不仅揭示了欧洲虚无主义的根源，而且也揭露了欧洲虚无主义的实质要害。传统柏拉图主义从来都不觉得自己是虚无主义的，反而认为自己所确证的“最高价值”就是为了规避虚无主义，但正是因为仅仅执此一念，所以它始终没有追问存在的意义问题，也没有意识到它关于存在者整体的思考恰恰是无根的、虚无的。不过，尽管尼采把权力意志的永恒轮回看作是抵制虚无主义的有力武器和唯一出路，但由于尼采仅以价值的眼光来看待存在，同样把存在理解为价值，因而他并没有真正克服虚无主义。也就是说，尼采忽略了价值背后深层的“存在”思想，而径直将“虚无”与“价值”对应起来，实则不然，“虚无”是与“存在”相对的概念，而不是与“价值”相对的概念。存在在尼采那里也并没有真正成为存在意义上的存在，因为尼采以价值的眼光来看待存在，同样把存在理解为价值，这其实就已经是一种虚无主义了。由此可见，尼采仅仅把虚无主义确证为“最高价值的自行贬黜”是不够的，因为这里并没有具体说明什么是“最高价值”。“最高价值”显然不是不言而喻的，而是需要详细说明的，因为这在根本上关涉到了对虚无主义的理解。海德格尔甚至认为，正是这一问题的缺席，最终导致尼采并没有真正走出虚无主义的窠臼。

海德格尔十分认同尼采对虚无主义的界定。海德格尔说：“虚无主义

① 邓晓芒：《欧洲虚无主义及其克服》，《江苏社会科学》，2008 年第 2 期。

是一个过程，是最高价值贬黜、丧失价值的过程。”[①] 但海德格尔同时指出，尼采尽管力倡权力意志的永恒轮回和绝对价值，但权力意志并不能离不开对世界、存在的思考，相反，它只能在世界、存在中来设定价值，“至少，一个人强力意志的大小，要看他的意志在这个世界中实现出来的大小，这就仍然不能脱离这个世界中的统一性、真理性尺度，不能脱离针对这个世界而设立的目的”[②]。尼采企图超越世界来确证权力意志的绝对价值，这就导致他不但没有克服虚无主义，反而把虚无主义发挥到了极致。在海德格尔看来，虚无不是相对于价值而言的，而是相对于存在而言的。因此，要真正克服虚无主义，必须要从追问存在、世界开始。然而，尽管海德格尔终其一生都在追问存在，但他却始终没有对存在有任何积极的说明。为了不陷入传统的柏拉图主义，海德格尔只能以对存在打叉的方式来提示存在。这就导致他始终处于克服虚无主义的途中。

尽管海德格尔也没有能够克服虚无主义，但他对尼采价值虚无主义批判的通盘考量，在根本上澄清了虚无主义批判的价值论视域及其克服的限度。海德格尔对尼采的批判表明，如果仅仅囿于价值的视域，则永远无法完成对虚无主义的克服；只有从价值的视域中超离出来，才可能找到真正克服虚无主义的路径。归根到底，海德格尔之所以始终处于克服虚无主义的途中，就是因为他也没有彻底摆脱价值论的视域。作为一位纯粹的形而上学哲学家，海德格尔依然坚信虚无的背后有一个关于人的本质的价值设定，而正是因为这个关于人的本质的价值设定面临崩溃，所以他才把对虚无主义的克服看作是刻不容缓的当务之急。在这一点上，海德格尔和尼采是一致的，不管他是否意识到这一点。显然，这里的关键问题是，如何出离价值的层面来思考“存在”。让我们“回到马克思”。

二、视域的转换：从价值论批判到政治经济学批判

尼采在价值的意义上系统地探讨了现代性所暗含的虚无主义困境，从而使得虚无主义成为一个必须给予克服的当务之急。但是，对虚无主义的克服，从尼采到海德格尔，由于始终囿于价值论的视域，因而并没有能够真正实现。其实，在尼采之前，马克思就已经意识到了，伴随着“神圣形象”的解体，虚无主义就已经来临，但马克思并没有把对虚无主义的克服寄托于如何在哲学的意义上重建新价值，而是很快实现了视域的转

① 海德格尔：《尼采》，北京：商务印书馆2002年版，第683页。

② 邓晓芒：《欧洲虚无主义及其克服》，《江苏社会科学》，2008年第2期。

换，转向了对现实历史的政治经济学批判，这就是后来《资本论》的诞生。《资本论》不仅发现了虚无主义产生的现实根源——资本，而且也通过确证资本的虚无本质，为克服虚无主义提供了现实的道路。

德国虚无主义的思想谱系，从雅各比到尼采再到海德格尔，始终囿于价值论的领域，都是在形而上学的层面上展开的。尽管这些“哲学家们”对虚无主义的揭示是深刻的，但在对虚无主义的克服上，却基本上都是失败的。其实，比尼采稍早的马克思，同尼采一样，也意识到了虚无主义的全面来临，但马克思却自觉出离了形而上学和价值论的视域，力求去捕捉虚无主义的存在论根基——现实的历史，这就为真正克服虚无主义提供了可能。

就像尼采把宗教归结为“奴隶道德”所产生的幻象一样，马克思同样指出，宗教只是那些没有获得自己或者再度丧失了自己的人的自我意识和自我感觉。人创造了宗教，而不是宗教创造人。① 但一旦当彼岸的真理消失之后，人类此岸的世俗生活也就变得暗淡失色了。人类失去了田园诗般的温情脉脉和一切职业的灵光。虚无主义来临了。显然，在对宗教虚无本质的指认上，马克思与尼采有着一致性，前者把宗教归结为人的异化状态，后者把宗教归结为缺乏生命意志力的“奴隶道德”所产生的幻象。然而，在对宗教世界观破产之后的虚无主义的考量上，两位大哲却有着本质的区别。尼采始终游离于形而上学的层面上，没有意识到虚无主义的存在论根基，更没有触碰到人们的现实生活，因而他在把宗教的本质归结为人的本质之后，又把现实的人理解为超越于世界之上的抽象存在物，即所谓的权力意志，这就导致他不可能真正克服虚无主义。

马克思尽管也强调，“对宗教的批判最后归结为人是人的最高本质这样一个学说”②。但是，他同时意识到，人不是抽象地栖息在世界以外的绝对存在物，人就是人的世界，就是国家、社会。马克思说：“人的本质就是人的真正共同体。”③ “人的本质不是单个人所固有的抽象物，在其现实性上，它是一切社会关系的总和。”④ 因此，对人的本质的理解，必须诉诸对社会历史的批判性考察，而不能仅仅停留于对单个人的形而上学思辨上。早在青年时期，马克思就曾借助于费尔巴哈批判了思辨的哲学家们对人的本质的抽象理解。他说：“我劝你们思辨神学家和哲学家们，假如

---

① 参见《马克思恩格斯选集》第1卷，北京：人民出版社1995年版，第2页。

② 《马克思恩格斯选集》第1卷，北京：人民出版社1995年版，第9页。

③ 《马克思恩格斯全集》第3卷，北京：人民出版社2002年版，第394页。

④ 《马克思恩格斯选集》第1卷，北京：人民出版社1995年版，第55页。

你们愿意明白事物存在的真相，即明白真理，你们就应该从先前的思辨哲学的概念和偏见中解放出来。你们只有通过火流（德文费尔巴哈的谐音）才能走向真理和自由，其他的路是没有的。费尔巴哈，这才是我们时代的涤罪所。"[①] 但在肯定费尔巴哈的理论功绩的同时，马克思也指出，费尔巴哈由于把人的本质仅仅理解为“单个人所固有的抽象物”，因而他在把宗教归结为它的世俗基础之后，在世俗生活面前，就止步不前了，这就导致他的半截子唯物主义，即自然唯物主义而历史唯心主义。“当费尔巴哈是一个唯物主义者的时候，历史在他的视野之外；当他去探讨历史的时候，他绝不是一个唯物主义者。在他那里，唯物主义和历史是彼此完全脱离的”。[②] 归根到底，费尔巴哈与后来的尼采一样，都没有在批判宗教的过程中自觉打开人们的现实生活世界的平面，因而在面对现代性中的虚无主义困境时，他们只能求助于某种抽象的人性价值和理想，并没有为现代人的未来找到现实的出路。

马克思指出，宗教作为颠倒了的世界观，本身就根源于这个颠倒了的世界本身。正是因为人们在现实生活中无法现实自己的价值，才会把自己的全部价值对象化给虚无的上帝。人们信奉宗教，归根到底，并不是因为人们意志力的软弱，而是因为人们的现实生活存在着根本的缺陷。正因为如此，要真正消灭宗教这种虚幻的世界观，就必须消灭产生这种世界观的现实根源。在《论犹太人问题》中，马克思明确指出，社会只有消除犹太精神的经验本质，即做生意及其前提，犹太精神的主观基础才会被人化，犹太教才能真正被消除。因为只有在那时，个体的感性存在与类存在之间的矛盾才会被消除，人们才不再需要到宗教中去寻求虚幻的慰藉。然而，费尔巴哈尽管揭示了基督教的虚无本质，但却并没有深刻地认识到这一点，他甚至都没有真正认识到宗教批判的真实意义，即批判宗教就是间接地批判以宗教为精神慰藉的那个现实世界，批判宗教就是对苦难世界——宗教是它的灵光圈——的批判的胚胎。马克思说：“费尔巴哈是从宗教上的自我异化，从世界被二重化为宗教的、想象的世界和现实的世界这一事实出发的。他做的工作是把宗教世界归结于它的世俗基础。他没有注意到，在做完这一工作之后，主要的事情还没有做。因为，世俗基础使自己从自身中分离出去，并在云霄中固定为一个独立王国，这一事实，只能

① 《马克思恩格斯全集》第1卷，北京：人民出版社1956年版，第33页。
② 《马克思恩格斯全集》第3卷，北京：人民出版社1960年版，第51页。

用这个世俗基础的自我分裂和自我矛盾来说明。”① 马克思则自觉把对宗教的批判回溯到对社会历史的批判上来，力求在社会历史的平面上来思考宗教的根源，这就使得他在根本上突破了价值论和形而上学的视域。马克思说：“在人的自我异化的神圣形象被揭穿以后，揭露非神圣形象中的自我异化，就成了为历史服务的哲学的迫切任务。”②

马克思克服虚无主义的思路与海德格尔的探索有着惊人的相似。欧洲虚无主义是海德格尔在其巨著《尼采》中着重谈论的一个话题。一定意义上讲，海德格尔之所以关注尼采，就是源于尼采对虚无主义的深邃思考。尼采深刻地洞见到，虚无主义是西方柏拉图主义的形而上学的必然结果。因此，思考虚无主义，实质上就是通盘考量西方根深蒂固的形而上学传统。但海德格尔认为，尼采仅仅立足于虚无主义来批判西方形而上学，不仅没有克服形而上学，反而使得自己成为一位名副其实的形而上学家。尼采最终并没有走出西方形而上学的窠臼，同样遗忘了“存在”，因而他也没有真正克服虚无主义。

我们知道，西方柏拉图主义的形而上学僵化地区分了感性的现实世界与超感性的理念世界，并以超感性的理念世界来为感性的现实世界奠基。在尼采看来，西方传统形而上学所谓的超感性的理念世界，实质上是以善的理念为原则的价值世界，它蔑视现实世界的一切价值，并把现实世界的一切价值完全抽象为理念世界的最高价值。但是，“对最高价值的设定同时也设定了这些最高价值贬黜的可能性，而当这些最高价值表明自己具有不可企及的特性时，它们的贬黜也就已经开始了。生命因此就显得是不适宜于这些价值的，根本无能于实现这些价值。因为这个缘故，本真的虚无主义的‘预备形式’就是悲观主义”③。最高价值的设定为什么会必然导致的它的自行贬黜？西方传统柏拉图主义之所以孜孜不倦地力图在特殊价值的背后去建构“最高”价值，正是着眼于它很难被贬黜，因而可以有效地抵制虚无主义。尼采径直把传统柏拉图主义所悬设的最高价值指证为价值幻想，显然是由于他自己拒绝承认最高价值存在的缘故。在尼采看来，正是由于人们意志力的软弱，在现实世界中无法实现自身的价值，所以才会确立一个抽象的彼岸价值来顶礼膜拜，并把自身的一切价值归于彼岸的上帝。然而，一旦当人们把自己的生命价值完全对象化为彼岸的最高

① 《马克思恩格斯选集》第1卷，北京：人民出版社1995年版，第59页。
② 《马克思恩格斯全集》第1卷，北京：人民出版社1956年版，第453页。
③ 海德格尔：《尼采》，北京：商务印书馆2002年版，第910页。

价值时，人自身的价值就被掏空了，而所谓的最高价值必将成为一种生命中不能承受之重的异化力量。尼采认为，随着强力意志的觉醒，人们必然会逐渐意识到传统形而上学所悬设的最高价值在本质上是遥不可及的伪价值，到那时，人们就会把最高价值指证为虚无缥缈的价值幻象而加以贬黜，于是，虚无主义就不可避免地来临了。

按照海德格尔的看法，尼采尽管没有真正克服虚无主义，但它克服虚无主义的思路是极为深刻的。尼采的深刻之处就在于，他意识到任何抽象而普遍的“目的”“真理”等宏大概念都是彼岸的价值，因而都是对人自身价值的掏空。启蒙哲学的理论症结就在这里。尼采由此提出：“虚无主义不能从外部来加以克服。仅仅用另一个理想，诸如理性、进步、经济和社会的‘社会主义’、单纯的民主之类的东西，来取代基督教的上帝，从而试图把虚无主义强行拆毁和排除掉——这样做，是克服不了虚无主义的。”① 因此，只有重估一切价值，将整个柏拉图主义所悬设的最高价值加以根本的颠倒，以强力意志的绝对价值取代柏拉图主义的最高价值，虚无主义才有可能被真正克服。对此，海德格尔评论道：“尼采把他的形而上学理解为极端的虚无主义，而且，这种虚无主义同时不再是虚无主义了。”② 尼采坚信，重建权力意志的绝对价值，固然会毁掉一切自在价值，但却能恢复活生生的人为的价值。基于此，尼采彻底放弃了传统形而上学的思路，公开宣称上帝之死，企图凭借权力意志在此岸世界中创造属于自身的价值。权力意志对价值的创造是一刻也不停息的，因为，“只有当强力保持为强力之提高，并且受命于‘强力之增加’，强力才是持久的强力。即便只是中断强力之提高，只是停滞于某个强力等级上，也已经是强力之下降的开始了”③。权力意志的“永恒轮回”并不是简单的重复，而是黑格尔式的旋转上升，它始终处于不断价值创造之中，其创造的价值并不重要，重要的是这种永不停息的创造本身。

海德格尔把尼采所指认的那种缺乏意志力的“奴隶的道德”归结为，人们没有意识到“那种按照人的形象并且通过人对世界的设定，乃是所有世界解释中唯一真实的方式”，就是说，“以往的最高价值之所以能够获得它们的地位和效力，是因为人把自己设定为事物的意义和价值尺度，但人并不是有意识地这样做的，而倒是坚持认为：他所设定的东西是事物

---

① 海德格尔：《尼采》，北京：商务印书馆 2002 年版，第 431 页。
② 海德格尔：《尼采》，北京：商务印书馆 2002 年版，第 969 页。
③ 海德格尔：《林中路》，上海：上海译文出版社 1997 年版，第 240 页。

的一个赠品，是事物自发地带给他的一个赠品。”[①] 不过，与尼采不同的是，海德格尔并没有把缺乏生命意志力的奴隶道德视为某种偶然，而认为这是存在的“命运”。就是说，存在在展开自身的过程中，“必须有一种价值被置入存在者整体之中，人的自身价值才能得到保障；必须有一个彼岸世界，人才能忍受此岸世界”[②]。这就是为什么不管是传统柏拉图主义的“一般虚无主义”，还是尼采的“古典虚无主义”，都会囿于主体形而上学的立场，最终都不可避免地把某种价值置于存在者总体之中的原因所在。在形而上学的视域中，存在在展开自身时，总是首先遮蔽了自身，从而使得自身被忽略或遗忘，仅仅以流俗的存在者的姿态现身。当亚里士多德宣称要研究一门“作为存在的存在”的学问时，他所考察的实质上依然是存在者而非存在。可以说，自亚里士多德以来，存在与存在者就被混淆在一起了，但海德格尔认为，这种混淆本身也有其积极意义，因为正是这种混淆，才奠定了两千多年的西方形而上学，从而也奠定了尼采的“欧洲虚无主义”思想，进而也使得重新追问存在的意义问题成为可能。

海德格尔完全赞同尼采把虚无主义定义为“最高价值的自行贬黜”，因此，同尼采一样，海德格尔也把虚无主义理解为“超感性领域”退场之后存在者意义和价值的丧失。但海德格尔同时指出，由于尼采忽略了价值背后深层的“存在”思想，而径直将“虚无”与“价值”对应起来，因而最终同柏拉图主义一样，他也并没有能够克服虚无主义，反而将虚无主义推向了极致。海德格尔说：“虚无主义不只是最高价值之贬黜的过程，也不只是对这种价值的抽离。把这些价值安插入世界中，就已经是虚无主义了。”[③] 就是说，价值不能被当作最后的根据，它本身就来源于存在，“价值思想来自何处？那种根据价值来评估一切，把自身理解为一种价值评估并且以一种新的价值设定为己任的思想来自何处？尼采本人已经提出了关于价值思想的来源的问题，也已经对之做了解答。……回答是：来自人的意志，即人要为自己谋得一种价值的意志。但如果人所归属的世界本身并不具有某种价值、某种意义和目的、某种统一性和真理性，如果人并不隶属于某个‘理想’，那么，他如何能为自己谋得一种价值呢？”[④] 显然，权力意志不能离开这个世界来任意创造价值，一个人生命意志力的强弱，关键还是要看它在这个世界上的实现程度，但这样一来就仍然需要

① 海德格尔：《尼采》，北京：商务印书馆2002年版，第756页。
② 海德格尔：《尼采》，北京：商务印书馆2002年版，第705页。
③ 海德格尔：《尼采》，北京：商务印书馆2002年版，第718页。
④ 海德格尔：《尼采》，北京：商务印书馆2002年版，第735页。

思考这个世界的统一性和目的。海德格尔的意思是，价值不仅和人有关，而且与世界有关、与存在有关，但这一点恰好被尼采遗忘了。而正是由于尼采没有看到价值概念的背后依然潜藏着存在这个更加源始的概念，所以“尼采关于虚无主义的概念本身就是一个虚无主义的概念”①。

通过通盘考量尼采的欧洲虚无主义思想，海德格尔得出这样一个结论：克服虚无主义只能从追问存在开始。就是说，虚无并不与价值相对，而是与存在相对。尼采仅仅把虚无主义理解为价值意义上的虚无主义，而不是存在意义上的虚无主义，所以他所谓的克服虚无主义，就是要重估一切自在价值而却确立权力意志的绝对价值。从存在的眼光看，尼采依然是一个虚无主义者。

那么，现在的问题是，如何来思考存在呢？海德格尔认为，对存在的思考只能诉诸虚无本身，因为虚无就是存在，尽管它是存在的悬缺样式。也正因为虚无是存在的悬缺样式，所以它总已经把存在遮蔽了，于是，虚无就变为虚无主义了。但是，存在以虚无的姿态示人，本身恰恰就展现了存在无比巨大的威力。海德格尔对存在与虚无的辩证理解很容易让人想起黑格尔的辩证法。总而言之，在海德格尔那里，存在本身就是一个与它自身不同的东西，以至于它自己“不存在”。尽管“存在”在现实历史中并不存在，而且一直被遗忘，但它却以这种独特的方式催逼着人们去思考它，去追问它，这种追问同时也构成了虚无主义的历史。存在总是在显示自身的同时总已经把自己遮蔽了，所以当人们通过作为存在否定样式的虚无来追问存在时，存在就总已经被误当成存在者了，它已经远远不是原来的那个存在了。就此而言，存在不能下定义，不能正面诉说。别无选择，海德格尔不得已最终也只能以给存在打叉的消极方式来提示存在。

总体上看，海德格尔通过对西方传统形而上学的通盘考量而把虚无主义的症结归结为存在的遮蔽，但遗憾的是，海德格尔由于始终没有澄明存在，因而也始终没有克服虚无主义。因此，海德格尔重大的理论贡献并不在于他克服了虚无主义，而在于他以崭新的方式重新提出了这一问题。海德格尔的悖论在于，他一方面宣称自己只是为了追问存在而追问，但另一方面他在追问的过程中又不得不对存在做一些说明，这就最终导致他始终处于克服虚无主义的途中。不过，尽管海德格尔也始终处于克服虚无主义的路途之中，但他从存在的角度出发来思考虚无主义的克服，却为我们重新理解马克思克服虚无主义的理论努力和运思路向，提供了一个恰切的

① 海德格尔：《尼采》，北京：商务印书馆2002年版，第693页。

基点。

无疑，沿着海德格尔的存在眼光来重思马克思，我们能够更清楚地理解马克思主义在克服虚无主义课题上重大的理论贡献，这也是当前深化马克思主义研究的题中应有之义。尽管马克思未曾明确使用过虚无主义的概念，但作为一位现代思想家，他极为关注现代人无家可归的虚无主义命运。与海德格尔不同的是，马克思一开始就深入到历史的本质性向度之中，澄明了现实历史的存在，进而也就抓住了虚无主义的现实根源——资本。基于海德格尔克服虚无主义的思路来重新思考马克思对现实历史的澄明及其对虚无主义的克服，无疑能够在新的背景下重新激活马克思哲学潜在的理论资源。

诚如海德格尔所言，对虚无主义的克服，不能从价值出发，而应该从追问存在开始，因为虚无与存在相对，而不是与价值相对，尼采始终没有认识到这一点，所以他并没有克服虚无主义。① 对于马克思来说，与虚无相对的存在，就是人们的现实生活过程。马克思说："意识在任何时候都只能是被意识到了的存在，而人们的存在就是他们的现实生活过程。"②因此，从存在出发来克服虚无主义，也就是从人们的现实历史过程出发。马克思真正触及了虚无主义的存在论根基，进而发现了人们现实历史的内在运作机制，所以他为克服虚无主义提供了可能。对此，海德格尔指出："马克思在体会到异化的时候深入到历史的本质性的一度中去了，所以马克思主义关于历史的观点比其余的历史学优越。但因为胡塞尔没有，据我看来萨特也没有在存在中认识到历史事物的本质性，所以现象学没有、存在主义也没有达到这样的一度中，在此一度中才有可能有资格和马克思主义交谈。"③

三、《资本论》的解放旨趣与价值虚无主义克服的可能

尽管海德格尔自身由于始终囿于对存在的消极性理解，最终也没有能够克服虚无主义，但他力倡从存在着手来克服虚无主义的思想主张却为我们理解马克思在对虚无主义的应对上提供了一个恰切的切入点。在马克思所生活的时代，克服虚无主义还没有成为一个思想的当务之急，但这并不意味着马克思就没有思考过虚无主义抑或他对虚无主义的思考不够深刻。

---

① 邓晓芒对此做了专门的分析，参见邓晓芒：《欧洲虚无主义及其克服》，《江苏社会科学》，2008 年第 2 期。

② 《马克思恩格斯选集》第 1 卷，北京：人民出版社 1995 年版，第 72 页。

③ 孙周兴选编：《海德格尔选集》，北京：三联书店 1996 年版，第 383 页。

立足于海德格尔关于克服虚无主义的理论探索，我们能够清晰地梳理出马克思在克服虚无主义问题上的运思路向及其相关理论资源。

实际上，马克思正是通过澄明现实历史的“存在”来克服虚无主义的。同海德格尔一样，马克思也没有把后来尼采所指认的缺乏生命意志力的奴隶道德视为某种偶然，而是认为它恰恰根源于现实历史的存在。可以说，对于海德格尔终其一生都在极力探索但却始终没有澄明的“存在”，其实马克思早已经先行道说了。马克思说，“意识在任何时候都只能是被意识到了的存在”，“而人们的存在就是他们的现实生活过程”①。显然，对于马克思而言，所谓的存在，不是别的，正是人们的现实历史过程。在马克思看来，正是现实历史的深层症结，促使人们始终迷恋于彼岸世界虚假的价值幻象，而从未想到在此岸世界中积极建构真正属于自己的精神家园。因此，对虚无主义的克服，归根到底，必须要诉诸对现实历史的存在论批判，而不能像尼采那样仅仅停留在对抽象的权力意志的确证上。因为一旦当现实历史中的症结被真实地解除，所谓彼岸世界的价值幻象就自然而然烟消云散了。

当然，马克思的“现实历史”，显然不同于流俗的编年史。流俗的编年史仅仅把历史人物、活动和事件等历史现象理解为历史的真实，但却从来都没有真正深入到历史的本质性向度之中。从存在论的眼光看，编年史仅囿于对历史细节的关注，恰恰是对历史本性的遮蔽。这也是为什么黑格尔会在其宏著《历史哲学》中把编年史指证为“原始的历史”的原因所在。马克思的历史概念在根本上不同于编年史，而他所谓的“历史科学”，也有别于兰克所谓的科学史学。在对历史的理解上，与其说马克思接近于兰克，还不如说他更加接近于黑格尔。正是在批判地继承黑格尔辩证法的基础上，马克思在存在论的意义上澄明了人类现实历史的运动过程，创立了历史唯物主义。历史唯物主义是同辩证法内在地联系在一起的。

其实，西方思想史上的诸多辩证法大师都曾尝试过以辩证法的生成性规定来表达现实历史的内在运动本性，这一不懈的思想努力本身就裹挟在西方整个柏拉图主义的形而上学外壳之中。赫拉克利特最先超越了对历史的编年史的理解，在存在论的意义上思索了历史。在赫拉克利特看来，世界在本质上始终处于一个不断生成的过程，因而它必然是一团不停燃烧的“活火”。赫拉克利特的名言“人不能两次踏进同一条河流”就是想表明

① 《马克思恩格斯选集》第1卷，北京：人民出版社1995年版，第72页。

“万物皆流”“万物皆动”的道理。不过，尽管赫拉克利特首次应用辩证法表达了世界的生成性，但世界本体意义上的生成性并没有由此而被确证为历史性。近代以来的维柯和赫尔德都隐隐约约地体悟到了历史的过程性和生成性原则，但遗憾的是，他们同样都没有能够在存在论的平面上对此有所展开。康德在认识论的框架中彻底割裂了现象界与物自体，认为物自体在特定时期并以特定形式呈现出来的现象是历史性的，但物自体本身则必然是超历史的。康德拒绝承认本体论意义上的历史概念，因而他终其一生都着力于发掘人类认识形式中超历史的先验原则和先验原理。

黑格尔在人类思想史上具有划时代的意义，他的历史辩证法完美地完成了生成性与历史的内在结合。黑格尔指出，毫无任何规定性的“纯存在”本身就是一个不真实的概念，或者说，它直接就是“无”，而“无”反过来看也恰恰就是空虚的存在。但黑格尔认为，单纯的“存在”和“虚无”都是不真实的，只有作为两者统一的“变易”才是逻辑学中第一个具体的、真实的和全面的基始规定。《逻辑学》表明，黑格尔早已经在海德格尔之前先行思考了存在与虚无的辩证关系。对于海德格尔来说，存在就是虚无，因而存在不可言说和下定义，但对于黑格尔来说，存在就是虚无，恰恰已经揭示了存在的一个根本特性——变易和生成性。就是说，存在的自我否定即是它的自我肯定，因为正是存在的自我否定所产生的内驱力才造成了存在的创造性和历史性生存。

黑格尔把西方传统形而上学作为实体的“存在”主体化了。按照黑格尔的看法，西方传统形而上学实质上就是知性形而上学，这种知性形而上学基于主客二分的知性思维而只知道将抽象的一般原则应用到任何内容上去，但却从来都不会深入到特定的实体性内容之中，这就造成了感性世界与理念世界的分裂。黑格尔也把传统形而上学的知性思维也称为“外部反思”，认为它仅仅是一种空疏的理智抑或抽象的主观思想；而黑格尔自己所谓的“存在”，恰恰是指扬弃了主观思想的客观精神在自然、历史等各个领域中的充实和展开。但遗憾的是，黑格尔尽管以客观精神的辩证运动导出社会历史的场域，但所谓的自然、历史的存在在他那里依然处于蔽而不彰的状态。黑格尔同柏拉图主义一样最终也把绝对理念指证为创生社会历史的主体。而对存在的遗忘导致黑格尔同样陷入了海德格尔和尼采所批评的虚无主义的深渊之中。

费尔巴哈正是看到了黑格尔对现实历史理解的唯心主义实质，所以他干脆站在感觉论的唯物主义的立场上批判了黑格尔的唯灵论。马克思认同费尔巴哈对黑格尔的批判，但与费尔巴哈不同的是，马克思并没有简单而粗暴地把黑格尔自我否定、自我扬弃的唯心辩证法拒斥为“自我满足的思维的幻觉”，而是极力吸取黑格尔在表达社会历史运动形式方面的理论成果，并由此而重新理解了社会历史领域的实体性内容。这就最终把那些哲学家们苦苦追寻的“存在”彻底彰显了出来。

在马克思看来，黑格尔所开启的客观精神领域无疑是阻挡任何形式的主观思想复活的坚实壁垒，因此，只要以社会历史的实体性内容改建被黑格尔以神秘外壳所包裹的客观精神领域，现实历史就能够得到彻底的开启。基于此，马克思从生产方式的变革结构出发导出了人们的现实历史过程，并由此把一切形式的意识形态变革都归结为这一基础性结构的变革。马克思认为，人类现实历史过程的实质内容，是由生产、再生产、人的生产以及人与人和人与自然所构成的关系所建构的。物质生活资料的生产是人类全部历史过程的现实起点。不过，尽管人的第一个历史活动是生产满足自己基本需要的物质资料，但人从来都不像动物那样现成地采用自然物，而是始终主动去创造。在这里，人的客观能动性是历史的原初规定，但人的这种能动性不是唯心主义者所谓的思维的能动性，而是物质生产的能动性。这就是马克思历史观的唯物主义基础，显然，这种基础不同于费尔巴哈所谓的唯物主义。

总而言之，马克思对作为“存在”的现实历史的思考，是在积极吸取黑格尔理性辩证法而不是费尔巴哈旧唯物主义的基础上实现的。离开黑格尔在探索社会历史的存在方面的艰苦探索，这位自称作为黑格尔“门徒”的伟大思想家，很难真正实现对现实历史的存在论的澄明。而对现实历史的存在论澄明，也为理解马克思在海德格尔所谓的存在的意义上克服虚无主义提供了可能。

在《黑格尔法哲学批判导言》中，马克思把宗教归结为“还没有获得自身或已经再度丧失自身的人的自我意识和自我感觉”①。宗教作为有缺陷的定在，作为颠倒的世界意识，本身就根源于这个颠倒了的世界本身。正是在考量宗教本质过程中，马克思发现了虚无主义问题。在马克思看来，人们之所以要到虚幻的天国世界中寻求精神慰藉，根本上说，是因为人们在现实世界中无法实现自己的类本质。因此，批判宗教，归根到底就是要批判那个以宗教为慰藉的有缺陷的现实世界。马克思由此从对宗教和形而上学的批判转向对现实历史的批判。这也就意味着，对虚无主义的克服，不能仅仅囿于形而上学和价值论的视域，而应该在人们现实历史的

① 《马克思恩格斯选集》第1卷，北京：人民出版社1995年版，第1页。

平面上来展开。只有诉诸对现实历史的批判，才能重建人类失落了的精神家园，走出虚无主义的困境。

马克思不仅在社会历史的层面上考量了宗教的虚无本质，而且还在此平面上展开了对虚无主义的批判。虚无主义，表面上看，根源于基督教伦理在现代社会的崩溃，但从本质上说，则是源于资产阶级政治解放的不彻底性。资产阶级的政治解放尽管把国家从宗教中解放出来，但却促使个人受到金钱的统治，或者说，金钱这一“非神圣形象”取代了作为“神圣形象”的上帝，成为新的统治人们的“独立主体”。正是因为金钱消解以往柏拉图主义的“最高价值”，成为新的主宰人们的“主体”，所以人们才会在精神上处于无家可归的虚无主义的困境之中。显然，金钱是虚无主义的根源，而对虚无主义的克服，根本上说，就是要解除作为“非神圣形象”的金钱对人的统治。马克思对现实历史的批判，集中地体现在他为之付出毕生心血的《资本论》之中。《资本论》正是在诉诸对现实历史的政治经济学批判中，真正切入了人们的现实生活世界之中，从而发现了资本主义内在运作的资本逻辑，在人类史上开启了一个克服虚无主义的内在性平面。

作为政治经济学批判，《资本论》同流俗的政治经济学有着根本的不同。国民经济学家只考虑社会财富的积累而从不关注现代人真实的生存境遇，表明他们从来都没有反思过现代性的价值虚无主义课题，而只是把它看作是现代人所无可避灭的精神宿命。国民经济学的理论任务，就是充分利用这种利己主义的个人自由之间的利益博弈来促进国家财富的积累。所以，国民经济学家从来没有在社会关系的层面上来思考货币。他们不会感受到资本增殖的逻辑所带来的人们价值秩序的失范，不会意识到人们的社会关系是通过商品、货币和资本等经济范畴表现出来的，而只看到了服从社会分工而导致的个体的孤立化，甚至把资本主义经济中的货币战争看作是正常现象。

但马克思指出，资本增殖的逻辑把整个资本主义社会彻底带动起来了，它导致一切的价值秩序和价值信念还没有被稳定下来就已经变得过时了。在这种境况下，不仅工人阶级不可能真正找到一个稳定的价值基点来作为自己的生命支撑，而只能像被散落在资本这台急速运转的机器上的螺丝钉一样，听任资本的调遣，就连资产阶级也处于不自由的异化状态，只是服务于资本增殖的奴隶。

表面上看，《资本论》也是由一系列的经济范畴所组成的一部纯粹的经济学著作，但事实上，《资本论》的根本意蕴在于描述人们的现实生活世界，揭示“物与物的关系”掩盖下的“人与人的关系”。马克思深刻地意识到，如果像以往的“哲学家们”那样从抽象的人出发来理解人，则必然形成关于人的抽象理解；只有从经济范畴出发来规定人，才可能形成关于人的现实理解。马克思说，如果“抛开构成人口的阶级，人口就是一个抽象，如果我不知道这些阶级所依据的因素，如雇佣劳动、资本等等，阶级又是一句空话。而这些因素是以交换、分工、价格等等为前提的。比如资本，如果没有雇佣劳动、价值、货币、价格等等，它就什么也不是”①。这就是为什么马克思从经济范畴出发来理解“现实的人及其历史发展”，并最终创作出《资本论》，而没有继续沿着思辨哲学的道路来从事“哲学”研究。

我们知道，以往的思辨哲学，甚至包括后来的尼采，总是把现实的人归结为人的观念，进而把人的生活世界抽象为纯粹的意识世界，他们总是游离于现实生活世界之外，从任意的、想象的前提出发来解释世界，而从来都没有触及现实生活世界。可以见得，这样一种凌驾于人们生活世界之外的“独立的哲学”，本身就是遗忘人们生活世界的虚无主义。海德格尔尽管意识到了包括尼采在内的虚无主义遗忘了“存在”，但他却始终没有从对“存在”的形而上学理解中解脱出来，没有发现人们现实生活世界的平面，所以他最终并没有真正克服虚无主义。马克思则径直从“独立的哲学”下降到它的世俗基础，试图通过对人们的生活世界的批判来拷问全部的传统哲学，来寻求人的解放和现实幸福，这就为克服虚无主义提供了可能。关于人们的现实生活世界，马克思说：“我们开始要谈的前提不是任意提出的，不是教条，而是一些只有在想象中才能撇开的现实前提。这是一些现实的个人，是他们的活动和他们的物质生活条件，包括他们已有的和由他们自己的活动创造出来的物质生活条件。”② 这一思考理路直接促使马克思展开对现实的历史即资本主义的政治经济学批判，并最终生成《资本论》这一宏著。

《资本论》内蕴着巨大的历史感，它意在表明，资本才是消解宗教并致使虚无主义的现实力量和真正根由，因而对虚无主义的克服，只能诉诸对资本的批判。马克思在《资本论》中发现，资本增殖的秘密在于，资本家在市场上找到了一种特殊的商品——劳动能力或劳动力。劳动力的使用价值本身具有成为价值源泉的独特属性，“因此，它的实际消费本身就

① 《马克思恩格斯选集》第2卷，北京：人民出版社1995年版，第17页。
② 《马克思恩格斯选集》第1卷，北京：人民出版社1995年版，第66—67页。

是劳动的对象化，从而是价值的创造”[1]。劳动力是创造价值的源泉，“资本是通过占有他人劳动而使自己的价值增殖”[2]，资本为了增殖，就像吸血鬼一样通过吸吮活劳动来作为自己的灵魂。资本增殖的逻辑颠倒了劳动的主客体关系，就像在宗教中主客体的关系被颠倒一样。马克思说：“正像人在宗教中受他自己头脑的产物的支配一样，人在资本主义生产中受他自己双手的产物的支配。”[3] 对于资本主义世界，马克思指出：“这是一个着了魔的、颠倒的、倒立着的世界。在这个世界里，资本先生和土地太太，作为社会的人物，同时又直接作为单纯的物，在兴妖作怪。”[4] 资本颠倒了整个世界，所以它也必然间接地颠倒人们的整个世界观，构成毁灭、消解一切价值的最本源力量。资本把一切价值都蒸馏为可以用数量来衡量的市场价格，而以价格来取代价值同时就意味着价值的隐退。在资本主义社会中，艺术、人格乃至尊严都被贴上了价格的标签，成为可以随意买卖的商品，人的生命的丰富内涵由此蔽而不彰了；对于消费者而言，只要他手中占有足够多的货币，他就可以根据自己的意愿在市场上购买自己所需要的一切，“我是丑的，但是我能给我买到最美的女人。可见，我并不丑，因为丑的作用，丑的吓人的力量，被货币化为乌有了。我——就我的个人特征而言——是个跛子，可是货币使我获得二十只脚，可见，我并不是跛子。我是一个邪恶的、不诚实的、没有良心的、没有头脑的人，可是货币是受尊敬的，因此，它的持有者也受尊敬。”[5] 马克思说，在资本主义社会里，资本已经成为衡量一切的价值尺度，它可以把黑的变成白的，把丑的变成美的。正因为如此，“一切固定的僵化的关系以及与之相适应的素被尊崇的观念和见解都被消除了，一切新形成的关系等不到固定下来就陈旧了。一切等级的和固定的东西都烟消云散了，一切神圣的东西都被亵渎了。人们终于不得不用冷静的眼光来看他们的生活地位、他们的相互关系”[6]。资本把社会的一切价值都浸泡在利己主义的冰水之中，因而它才是真正消解以往“神圣形象”和“最高价值”的动力，才是虚无主义的始作俑者。伯曼说：“对于现代资产阶级社会的虚无主义力量，马克思的理解要比尼采深刻得多。”[7]

---

① 《马克思恩格斯全集》第44卷，北京：人民出版社2001年版，第194页。
② 《马克思恩格斯全集》第46卷上，北京：人民出版社1979年版，第267页。
③ 马克思：《资本论》第1卷，北京：人民出版社2004年版，第717页。
④ 《马克思恩格斯全集》第46卷，北京：人民出版社2003年版，第940页。
⑤ 《马克思恩格斯全集》第42卷，北京：人民出版社1979年版，第152—153页。
⑥ 《马克思恩格斯全集》第1卷，北京：人民出版社1995年版，第275页。
⑦ 马歇尔·伯曼：《一切坚固的东西都烟消云散了》，北京：商务印书馆2003年版，第144页。

可以说，在资本占据主导地位的世界里，货币就是最高的善，它不可避免地导致任何真正的价值都失去了存在的理由。不仅如此，货币还把正常的价值秩序和价值标准都颠倒了，把真正有价值的东西变成非价值，把非价值变成貌似有价值的东西。在这种价值的无政府主义状态里，虚无主义就成为人类必然的精神宿命。马克思曾以"以物的依赖性为基础的人的独立性"概括"现实的历史"亦即资本主义的本质特征，在这里，物不是自然之物，而就是指资本。在现代社会中，离开资本这个物，人们将举步维艰，毫无独立性和自由可言。正因为如此，现代人毫不犹豫地摒弃一切价值，而疯狂地追逐资本，并最终深陷虚无主义的窠臼之中。

既然资本致使人类陷入前所未有的虚无主义深渊之中，那么对资本的批判，就成为服务于历史的哲学的迫切任务。而这也正是作为马克思主义哲学的《资本论》的旨趣所在。《资本论》绝非是一部流俗的经济学著作，作为"政治经济学批判"，它直面的正是现代人无家可归的虚无主义命运。马克思是一位着力于改变世界的革命家，尽管他并没有像尼采、海德格尔等人那样把虚无主义当作一个纯粹的经院哲学的话题，但他在克服虚无主义问题上的深邃思考依然不容我们忽视。

尼采尽管天才式地预感到了最高价值的自行贬黜、虚无主义的来临，但他却没有抓住最高价值贬黜的真实根源——资本。这就注定他不可能真正克服虚无主义。尼采克服虚无主义的限度与他缺乏经济学背景有关，他没有也不可能深入到现实的经济关系之中来进一步探讨虚无主义的现实根源。马克思则深刻地洞见到了这一点，所以他自觉从对国家的批判转向政治经济学批判。马克思意识到，在资本面前，传统形而上学所设定的"最高价值"最终失落了，取而代之的是人们彼此的赤裸裸的经济斗争。货币之所以是现代人所共同追求的东西，就是因为在资本主义社会中，货币无所不能，它是唯一的标准和尺度，甚至可以用来购买尊严、人格、美等。正是由于货币的无所不能，人们的社会关系才会被扭曲为一种仅仅靠外在的自然联系和利益所维系的交往的关系。资本主义彻底以拜物教取代了前资本主义的拜神教。如果说在拜神教中，人们还确信在外部世界中存在着某种真实的力量，因而对它顶礼膜拜，并在此过程中找到心灵的某种寄托，那么，在拜物教中，人们甚至都意识不到自己所崇拜的神秘力量的来龙去脉，在这里，所谓的物本身是模糊不清的。《资本论》诉诸对现实历史的政治经济学批判，最终揭示了支配人们的"物"。货币作为拜物教之"物"，是一只"看不见的手"，它在无形中已经摧毁了人们的价值信仰，把人们拉入价值虚无主义的深渊之中。其实，资产阶级所宣称的所谓的个人自由，作为一个个自私自利的原子式的个人的自由，已经从侧面表征了现代人生活的无根性。在马克思看来，只有瓦解资本的逻辑，重新彰显人们本有的社会本性，才能使现代人走出价值虚无主义的困境，实现人的解放。

我们知道，在1858年11月至1859年1月，马克思完成了《政治经济学批判》的第一册，并把这一册命名为“资本”，但众所周知，马克思此后并没有接着写《政治经济学批判》的第二册和第三册，而是在1867年出版了《资本论》的第一卷，而在此时，“政治经济学批判”仅仅成为《资本论》的副标题。这表明，马克思在对“政治经济学”这个“论域”进行长期的研究过程中逐渐提炼出了自己的核心论点——资本。在他看来，现代人无家可归的精神状态根源于资本，资本是现代社会的秘密之所在，因而只有对资本展开批判才能在根上探寻到现代社会的出路。这与国民经济学家的路数不同。马克思发现，尽管资本击碎了拜神教，并催逼出虚无主义，但它也为人类真正克服虚无主义、实现人的解放带来了契机。这是因为，资本的增殖逻辑，既是加剧人们劳动异化的逻辑，即使人们变得愚蠢而片面，又是人们超越异化劳动的逻辑，因为“资本的积累就是无产阶级的增加”①。资本主义真正为克服虚无主义、实现人的解放积累了现实的革命力量。马克思说：“在资本对雇佣劳动的关系中，劳动即生产活动对它本身的条件和对它本身的产品的关系所表现出来的极端异化的形式，是一个必然的过渡点。因此，它已经自在地、但还只是以歪曲的头脚倒置的形式，包含着一切狭隘的生产前提的解体，而且它还创造和建立无条件的生产前提，从而为个人生产力的全面的、普遍的发展创造和建立充分的物质条件。”② 随着广大无产阶级的“阶级意识”的觉醒，资本的虚无本质必然会明显地显现出来，甚至可以说，无产阶级的不断状态，同时就意味着资本逻辑的自行瓦解。

如果说尼采、海德格尔仅仅囿于西方传统柏拉图主义的形而上学立场考量了虚无主义的话，那么，马克思则径直深入到现实历史的本质性向度之中，通过确证现实历史的深层症结来诊断虚无主义。尼采从西方柏拉图主义的形而上学中看到了虚无主义的种子，而马克思则透过柏拉图主义的形而上学的外壳，通过批判性地继承先哲的辩证法思想，实现了对现实历史的存在论澄明和虚无主义的克服。尼采试图抽象地通过权力意志来克服

---

① 《马克思恩格斯文集》第5卷，北京：人民出版社2009年版，第708—709页。

② 《马克思恩格斯全集》第46卷上，北京：人民出版社1979年版，第108—109页。

虚无主义，而马克思则通过宣告无产阶级的诞生，为克服了虚无主义寻找到了现实的革命力量。马克思说："只有当社会生活过程即物质生产过程的形态，作为自由联合的人的产物，处于人的有意识有计划的控制之下的时候，它才会把自己的神秘纱幕揭掉。"① 到那时，虚无主义自然而然也就消失了。

尽管学界关于《资本论》的本质属性，还存在着不小的争论，但无论如何，人们都不会把《资本论》理解为一部伦理学著作。阿尔都塞甚至提出，"把《资本论》归结为伦理学的构想是一种儿戏"。毋庸置疑，《资本论》首先是一部严谨的科学著作，马克思在对资本主义政治经济的批判中，确实恪守了价值中立的客观立场。然而，我们并不能就此而否定《资本论》中的伦理观，否定《资本论》潜在暗含的"人的解放"的价值诉求。无视这一点，我们不仅无法理解马克思所揭示的资本主义剩余价值的秘密，而且很容易把《资本论》曲解为流俗的政治经济学著作。商品是唯物史观所指认的非直观的社会关系的本质规定，因而它必然是理解人们的社会关系的逻辑起点，这就是《资本论》之所以从商品出发的真实意蕴所在。与商品相比，货币已经扭曲了人的社会关系，把人的尊严、人格、美等都化为乌有，但人们却在日常生活中感觉不到货币的神秘。这表明，与拜神教相比，货币拜物教具有隐匿性。

① 《马克思恩格斯全集》第44卷，北京：人民出版社2001年版，第97页。

第五章 《资本论》语境中的共产主义观念

空想共产主义由于没有诉诸社会历史的进程来理解共产主义，所以它尽管把资本主义的私有制确证为万恶之源，但却并没有能够真正瓦解私有制，也没有能够为人类的未来指明现实的出路。马克思恩格斯创立的科学共产主义，一开始就把私有制当作历史问题来处理，最终把积极扬弃私有财产的现实历史运动过程确证为共产主义。共产主义由空想变为现实，是以解答资本主义历史之谜为前提的，而这一点，恰恰是在《资本论》中完成的。诉诸《资本论》来深入阐释共产主义对“现实历史”的澄明，对于理解科学共产主义来说，具有十分重大的理论意义。

第一节 《资本论》与共产主义观念的变革

马克思在《1844 年经济学哲学手稿》中说，共产主义“是历史之谜的解答，而且知道自己就是这种解答”①。但共产主义是如何解答“历史之谜”的，却迄今没有得到人们的认真对待。毋庸置疑，当下人们的共产主义信念的动摇，甚至把共产主义抽象为虚无缥缈的超历史理想，都与这一重大课题的缺场有着直接的关联。在此背景下，澄清共产主义对“历史之谜”的解答，已经成为一项刻不容缓的理论任务。这一理论任务的提出和解决，是在根本上消除人们对共产主义的诸多误解的前提，也是深化马克思主义哲学研究的题中应有之义。

一、历史维度的缺失：空想共产主义的资本主义批判

共产主义思想源远流长。但在马克思恩格斯创立科学共产主义之前，一切关于共产主义的构想都带有浓厚的形而上学色彩。早期的共产主义思想，如莫尔的《乌托邦》和康帕内拉的《太阳城》，还单纯停留在对理想社会的文学式幻想上。他们只是展望了对美好社会的憧憬，但却似乎从未想过在现实历史中实现共产主义。与莫尔、康帕内拉相比，18 世纪的法国空想共产主义理论有了很大的进步。摩莱里、巴贝夫和马布里等共产主

① 《马克思恩格斯文集》第 1 卷，北京：人民出版社 2009 年版，第 185—186 页。

义理论家直接批判了现实资本主义的深层根基——私有制。摩莱里谴责“私有制是一切罪恶之母”，认为只有用以公有制为基础的理性制度来取代以私有制为基础的非理性制度，人类才能真正实现没有财产和社会地位差别的平等社会。马布里同样提出，“私有财产在制造成千上百种欲念，而这种欲念又随时准备保护私有财产，永远也不服从理性”[①]。因此，只有消灭私有制，人类才能建立人人平等、人人自由的人民共和国。

然而，尽管18世纪的法国空想共产主义理论看到了资本主义私有制的不合理性，并把人的欲望的根源归结于私有制，但由于它在对私有制的批判上缺乏历史的维度，而仅仅求助于外在的道德力量，所以最终并没有能够真正触动资本主义私有制的现实根基。马布里认为，私有制是不可能一下子就消灭的，人类必须要发挥道德的调节作用来控制私有制和私有欲望，并逐步完成向公有制的过渡。马布里宣称，“在道德的帮助下，可以完成各种伟大事业”[②]。

理论的深层局限性与现实的特殊背景深刻关联。18世纪法国空想共产主义理论之所以还不能把资本主义理解为人类历史进程中的一个阶段，根本上说，是因为受到了特定的历史条件的制约。众所周知，18世纪尚处于资本主义发展的初期，私有制的内在矛盾还没有完全暴露出来，因而人们还不可能突破资产阶级的眼界来理解私有制，而只能把私有制超历史地看作是当然的事实。正因为如此，马布里等人尽管直观地感受到在资本主义私有制下人们道德的沦丧和利己主义的猖獗，但却不能真正找到破解私有制的钥匙，而只能幻想一种基于生产资料公有制的理想社会来消除资本主义社会中的一切不平等和社会差别。同莫尔、康帕内拉一样，摩莱里和马布里最终同样只想对共产主义做“空想”的打算，他们从来都不考虑实现共产主义的技术手段。

尽管18世纪法国空想共产主义理论的资本主义批判缺乏历史的维度，只是一种“空想”，但它却在共产主义学说史上有着至关重要的地位。首先，它摆脱了以往的乌托邦理论对未来理想社会的文学式想象，触及了私有制这一现代社会的深层症结。其次，它以理论的方式表征了无产阶级的现实要求，因而一开始就受到工人阶级的欢迎。马克思在早期著作中之所以更多使用“共产主义”而不是“社会主义”的概念，也是因为“共产主义”当时流行于工人阶级当中，具有浓厚的实践的性质，而不像“社

---

① 马布里：《马布里选集》，北京：商务印书馆1983年版，第80页。
② 马布里：《马布里选集》，北京：商务印书馆1983年版，第13页。

会主义”这一概念，主要是那些喜欢空想的知识分子所使用。最后，也是更为重要的，从学理上看，18 世纪的法国共产主义学说一开始就同唯物主义内在地关联在一起，这就为共产主义学说的进一步深化和发展奠定了正确的运思路向。马克思说，“成熟的共产主义也是直接起源于法国唯物主义的”①。他还指出，“比较有科学根据的法国共产主义者德萨米、盖伊等人，像欧文一样，也把唯物主义学说当作现实的人道主义学说和共产主义的逻辑基础加以发展”②。共产主义一开始就孕育于唯物主义的思想土壤里，使得它天生就带有感性、实践的性质。

但遗憾的是，由于 18 世纪的法国旧唯物主义还只是一种自然唯物主义而历史唯心主义，所以它并没有真正深入到现实历史的本质性向度之中。显然，马布里等人之所以始终囿于对私有制的道德批判，就与这种旧唯物主义的思想立场有关。法国直观唯物主义的这种先天缺陷，在德国青年黑格尔派费尔巴哈的唯物主义哲学中彻底暴露了出来。马克思说，“当费尔巴哈是一个唯物主义者的时候，历史在他的视野之外；当他去探讨历史的时候，他不是一个唯物主义者”③。在清算费尔巴哈等旧唯物主义者对共产主义的超历史思辨时，马克思明确指出，“共产主义对我们来说不是应当确立的状况，不是现实应当与之相适应的理想。我们所称为共产主义的是那种消灭现存状况的现实的运动。这个运动的条件是由现有的前提产生的”④。

与 18 世纪法国空想共产主义理论不同，19 世纪初期欧文、傅立叶和圣西门的共产主义学说一开始就看到了私有制的内在矛盾，并由此而断言了资本主义的历史暂时性。欧文指出，“现存制度把本来可以消除贫困的新生产力用来制造贫困，由此可以断定，现存的社会制度已经过时”⑤。欧文的这一洞见表明，19 世纪初期的共产主义学说不仅在政治经济学的意义上阐明了私有制与社会贫富分化的内在关联，而且还进一步在此基础上突破了国民经济学家的资产阶级立场，看到了资本主义的历史性和暂时性。但同样遗憾的是，由于此时的共产主义理论并没有能够真正把有产者和无产者的对立关系内在地转化为资本与劳动的对立关系，所以它最终还是错过了对私有制的内在批判。马克思说得好，19 世纪的共产主义“虽

① 《马克思恩格斯文集》第 2 卷，北京：人民出版社 2009 年版，第 166—167 页。
② 《马克思恩格斯文集》第 1 卷，北京：人民出版社 2009 年版，第 335 页。
③ 《马克思恩格斯文集》第 1 卷，北京：人民出版社 2009 年版，第 530 页。
④ 《马克思恩格斯文集》第 1 卷，北京：人民出版社 2009 年版，第 539 页。
⑤ 欧文：《欧文选集》下卷，北京：商务印书馆 1965 年版，第 53 页。

然已经理解私有财产这一概念，但是还不理解它的本质"①。正是因为欧文等人"总还是处于私有财产即人的异化的影响下"，不理解私有财产的积极的本质，所以同18世纪的法国空想共产主义理论家的命运一样，他们同样没有在社会历史的层面上来发掘私有制的固有矛盾，而最终只是诉诸对私有制的道德批判。在马克思看来，对私有制的道德批判同时就意味着承认现实历史中的私有制前提，把私有制理解为永恒的、天然的。而任何以私有制为前提的共产主义学说，必然都会沦为某种无法实现的乌托邦和空想。这就是以往一切空想共产主义理论的症结所在。

总体上看，以往的一切共产主义理论从来都没有把私有制本身理解为历史的产物，更没有在私有制的自我瓦解中来理解现实的共产主义运动，因而最终都只是一种"空想"。马克思指出，对于空想共产主义来说，共产主义似乎不是在现实的历史运动过程中生成的，而是在现实历史运动之外所存在的一种理想，但事实上恰恰相反，现实的共产主义只能在人类历史运动的进程中来得到说明。换言之，科学共产主义首先是从解答"历史之谜"开始的，因为只有探索到现实历史本身的运动规律，共产主义才能真正从空想变为现实。

二、青年马克思的"哲学共产主义"观念

在对科学共产主义观念的理解上，人们更多地强调马克思与空想共产主义的对立，而忽视了马克思自身在其思想发展历程中同样经历了一个从人道主义的"哲学共产主义"到政治经济学批判语境中的"科学共产主义"的转变过程。显然，马克思的科学共产主义观念，并不是一蹴而就的。在思想史的意义上，它实现了双重超越，一是对空想共产主义观念的超越，二是对作为黑格尔派成员的青年马克思的"哲学共产主义"的超越。如果人们一味强调前者而忽视后者，则必然无法真正理解马克思自身思想观念的复杂转变过程。就此而言，澄清《资本论》与马克思共产主义观念的变革，具有极为重大的理论意义。这也是当代《资本论》研究中的一个重要课题。

青年马克思是一个黑格尔主义者，此时他始终站在哲学的地基上并从哲学的原则出发来思考所有的问题。马克思说，"任何真正的哲学都是自己时代精神的精华"②，"必然会出现这样的时代：那时哲学不仅从内部即

① 《马克思恩格斯文集》第1卷，北京：人民出版社2009年版，第185页。
② 《马克思恩格斯全集》第1卷，北京：人民出版社1995年版，第121页。

就其内容来说，而且从外部即就其表现来说，都要和自己的时代的现实世界接触并相互作用。那时……它是文明的活的灵魂，哲学已成为世界的哲学，而世界也成为哲学的世界”①。马克思还具体指出，“哲学把无产阶级当作自己的物质武器，同样，无产阶级也把哲学当作自己的精神武器；思想的闪电一旦彻底击中这块素朴的人民园地，德国人就会解放成为人”②。“德国人的解放就是人的解放。这个解放的头脑是哲学，它的心脏是无产阶级。哲学不消灭无产阶级，就不能成为现实；无产阶级不把哲学变成现实，就不可能消灭自身”③。受黑格尔的影响，马克思对哲学坚信不疑，并从哲学的立场出发建构了法哲学体系，批判了德国的国家制度、法和婚姻等现实问题。值得注意的是，大约在 1843 年，马克思从人本主义哲学出发思考了共产主义问题，提出共产主义是向人的本质回归的著名命题。青年马克思从哲学的原则出发来理解共产主义，所以这种共产主义也可以称之为“哲学共产主义”。大体说来，这种共产主义具有三个方面的特征。

首先，青年马克思从黑格尔哲学的立场出发，把共产主义理解为某种哲学原则的实现。马克思认为，与法国不同，德国的共产主义革命是“理论性”的，是“从哲学家的头脑开始”。在这场革命中，费尔巴哈的人本主义哲学具有举足轻重的意义，因为它真正为共产主义奠定了坚实的理论基础。在给费尔巴哈的一封信中，马克思说，“在这些著作（指费尔巴哈的著作——引注）中，您（我不知道是否有意地）给社会主义提供了哲学基础，而共产主义者也就立刻这样地理解了您的著作”④。费尔巴哈在宗教批判中所得出的“人是人的最高本质”这一学说，同时就等于宣布：“必须推翻那些使人成为被侮辱、被奴役、被遗弃和被蔑视的东西的一切关系。”⑤ 而共产主义作为“完成了的人道主义”和“真正的人道主义”，实质上就是一场“要达到人的高度的革命”。

其次，青年马克思不仅把共产主义的理论内涵理解为“要达到人的高度的革命”，而且从思辨哲学的立场出发，论证了共产主义的历史必然性。在马克思看来，无产阶级之所以会不满于现实制度，归根到底是因为现存的资本主义制度的反人性本质，“由于在无产阶级的生活条件中集中

① 《马克思恩格斯全集》第 1 卷，北京：人民出版社 1995 年版，第 121 页。
② 《马克思恩格斯全集》第 1 卷，北京：人民出版社 1995 年版，第 15 页。
③ 《马克思恩格斯全集》第 1 卷，北京：人民出版社 1995 年版，第 16 页。
④ 《马克思恩格斯全集》第 27 卷，北京：人民出版社 1972 年版，第 450 页。
⑤ 《马克思恩格斯全集》第 1 卷，北京：人民出版社 1995 年版，第 10 页。

表现了现代社会的一切生活条件所达到的非人性的顶点，由于在无产阶级身上人失去了自己，而同时不仅在理论上意识到了这种损失，而且还直接被无法再回避的、无法再掩饰的、绝对不可抗拒的贫困——必然性的这种实际表现——所逼迫而产生了对这种非人性的愤慨”①。而共产主义之所以具有历史必然性，就是因为它是向人性的复归，是最符合人性的制度。马克思说，“共产主义是对私有财产即人的自我异化的积极的扬弃，因而是通过人并且为了人而对人的本质的真正占有；因此，它是人向人自身、也就是向社会的即合乎人性的人的复归”②。

最后，马克思在“哲学地基”上思考了共产主义的理论内涵及历史必然性之后，进一步把共产主义描述为超越阶级的事业、真正人的解放的事业。作为真正“达到人的高度的革命”，共产主义所体现的显然不是某些特殊人群的利益，而是全人类的利益，或者说是“人”的利益。也正因为如此，真正的共产主义者首先会在有教养、有觉悟的有产者中诞生，特别会在商人和大学生中诞生。对此，恩格斯指出，“德国在有教养的社会阶级中建立共产党的条件，比其他任何一个国家都要优越。……英国人会觉得奇怪，一个要消灭私有制的党，其绝大部分成员自身却是私有者，可是德国的情形恰恰就是这样。我们只能用受过较高教育的人，即用大学生和商人来充实我们的队伍，到现在为止，不论是在大学生或在商人中间，我们都没有遇到什么重大困难”③。

伴随着对黑格尔哲学及青年黑格尔派的批判，马克思逐渐同解释世界的旧哲学决裂，甚至开始离开“哲学地基”来思考问题。1845 年，马克思不再借助费尔巴哈批判黑格尔，因为他明显意识到，费尔巴哈的哲学同其他哲学并无实质不同，他只不过是用另一种哲学来反抗黑格尔哲学，但却从来都没有离开过“哲学地基”。因此，必须要来一场彻底的哲学革命，把以费尔巴哈为代表的“从前的一切唯物主义”真正变革为“现代唯物主义”，只有这样才能理解“现实的人及其历史”。也正是这场哲学革命，使得马克思的“哲学共产主义”观念开始向“科学共产主义”观念过渡。马克思说，“哲学家们只是用不同的方式解释世界，而问题在于改变世界”。哲学只是解释世界，但却无法改变世界，反过来说，要真正改变世界，就必须出离哲学的地基。马克思由此提出，“在思辨终止的地

---

① 《马克思恩格斯文集》第 1 卷，北京：人民出版社 2009 年版，第 262 页。
② 《马克思恩格斯文集》第 1 卷，北京：人民出版社 2009 年版，第 185 页。
③ 《马克思恩格斯全集》第 1 卷，北京：人民出版社 1995 年版，第 592 页。

方，在现实生活面前，正是描述人们的实践活动和实际发展过程的真正的实证科学开始的地方。关于意识的空话将终止，它们一定会被真正的知识所代替。对现实的描述会使独立的哲学失去生存环境，能够取而代之的充其量不过是从对人类历史发展的考察中抽象出来的最一般的结果的概括。……但是这些抽象与哲学不同，它们绝不提供可以适用于各个历史时代的药方或公式"①。对于马克思的不再是"哲学"的"新世界观"，恩格斯明确说，实践唯物主义"已经根本不再是哲学，而只是世界观，它不应当在某种特殊的科学中，而应当在各种现实的科学中得到证实和表现出来。因此，哲学在这里被'扬弃'了，就是说，既被克服又被保存；按其形式来说是被克服了，按其现实的内容来说是被保存了"②。

马克思"改变世界"的"新世界观"的诞生，使得他开始从现实生活而非哲学原则出发来思考共产主义。在《共产党宣言》中，马克思明确指出，"共产党人的理论原理，绝不是以这个或那个世界改革家所发现或发明的思想、原则为依据的。这些原理不过是现存的阶级斗争、我们眼前的历史运动的真实关系的一般表述"③。与此同时，马克思着力于从现实生活的基本矛盾而非人本主义理想出发来看待共产主义的历史必然性。在《德意志意识形态》中，马克思通过经济基础和上层建筑的矛盾来阐释共产主义的必然性；在《共产党宣言》中，马克思通过考察资本主义内在的基本矛盾来断言资本主义的历史暂时性；而在《资本论》中，马克思通过对资本逻辑辩证本性的揭示，最终科学地论证了共产主义的历史必然，从而也使得共产主义真正从"空想"实现了到"科学"的跳跃。

马克思主义哲学，真正实现了从解释世界到改变世界的转变，而改变世界的历程，实际上也就是不断"使现存世界革命化"的共产主义过程。因此，"共产主义对我们来说不是应当确立的状况，不是现实应当与之相适应的理想。我们所称为共产主义的是那种消灭现存状况的现实的运动"④。马克思由此提出，"实际上，而且对实践的唯物主义者即共产主义者说来，全部问题都在于使现存世界革命化，实际地反对并改变现存的事物"⑤。马克思对共产主义的生成论阐释，显然对于我们重新理解马克思不再是"哲学"的"新世界观"来说具有极为重大的意义。它表明，作

① 《马克思恩格斯选集》第1卷，北京：人民出版社1995年版，第73页。
② 《马克思恩格斯选集》第3卷，北京：人民出版社1995年版，第481页。
③ 《马克思恩格斯选集》第1卷，北京：人民出版社1995年版，第258页。
④ 《马克思恩格斯选集》第1卷，北京：人民出版社1995年版，第87页。
⑤ 《马克思恩格斯选集》第1卷，北京：人民出版社1995年版，第75页。

为改变世界的共产主义过程，也就是一个不断消灭现存状况的否定性过程，而《资本论》作为对资本主义的政治经济学批判，就是为了寻求这个否定性的真实根据；或者反过来说，马克思对否定现存世界的根据的寻求，构成了作为马克思一生研究的《资本论》。

阿尔都塞曾经在《读〈资本论〉》中指出，“如果认为整个马克思的哲学包含在《关于费尔巴哈的提纲》中的几个短短的命题中，或者包含在《德意志意识形态》的否定的论述中，也就是包含在断裂的著作中，那么就严重误解了一个全新的理论思想生长所必不可少的条件，而这种思想的成熟、界定和发展是需要一定时间的。正如恩格斯所说的那样，‘我们这一世界观，首先在马克思的《哲学的贫困》和《共产党宣言》中问世，经过了二十余年的潜伏时间，到《资本论》出版以后’，就此而言，我们可以读到马克思真正哲学的地方是他的主要著作《资本论》”①。由此可见，《资本论》真正体现了马克思不再是“哲学”的“新世界观”，真正赋予了不再是“哲学共产主义”的“科学共产主义”以实质性的理论。要理解马克思有关共产主义观念的变革，不能离开马克思为之付出毕生心血的《资本论》。

三、资本逻辑批判与共产主义的实际生成

要澄清马克思的共产主义观念，离不开对马克思为之付出毕生心血的《资本论》的阐释。《资本论》从不再是哲学的新世界观出发，通过对资本逻辑的系统批判，最终展现了共产主义的实际生成。早在《德意志意识形态》中，马克思就揭示了“新世界观”与旧哲学的区别。马克思说，“德国哲学从天国降到人间；和它完全相反，这里我们是从人间升到天国。这就是说，我们不是从人们所说的、所设想的、所想象的东西出发，也不是从口头说的、思考出来的、设想出来的、想象出来的人出发，去理解有血有肉的人。我们的出发点是从事实际活动的人，而且从他们的现实生活过程中还可以描绘出这一生活过程在意识形态上的反射和反响的发展”②。这表明，同旧哲学不同，马克思主义哲学不再从“想象出来的人”为出发点，而是从“实际活动的人”出发。在此基础上，马克思进一步指出，“在思辨终止的地方，在现实生活面前，正是描述人们实践活动和实际发展过程的真正的实证科学开始的地方。关于意识的空话将终止，它

① 阿尔都塞、巴里巴尔：《读〈资本论〉》，北京：中央编译出版社2001年版，第24页。

② 《马克思恩格斯选集》第1卷，北京：人民出版社1995年版，第73页。

们一定会被真正的知识所代替。对现实的描述会使独立的哲学失去生存环境，能够取而代之的充其量不过是从对人类历史发展的考察中抽象出来的最一般的结果的概括。这些抽象本身离开了现实的历史就没有任何价值”①。这就进一步表明，马克思的“新世界观”是有关“历史规律”的理论，亦即“从对人类历史发展的考察中抽象出来的最一般的结果的概括”。对此，恩格斯在《路德维希·费尔巴哈和德国古典哲学的终结》中把这种“新世界观”概括为“关于现实的人及其历史发展的科学”。恩格斯的这个判断，实际上也是对《资本论》的理论性质和理论旨趣的判断。在《在马克思墓前的讲话》中，恩格斯把马克思一生的理论贡献概括为“两大发现”，一是发现了资本主义运动的特殊规律，一是发现了人类历史运动的一般规律。而这“两大发现”，恰恰最终凝结为马克思的《资本论》。

《资本论》是有关“资本”的理论。关于“资本”，马克思说，“资本不是物，而是一定的、社会的、属于一定历史社会形态的生产关系，它体现在一个物上，并赋予这个物以特有的社会性质”②。《资本论》为什么要以“资本”为研究对象，马克思做出了这样的解释，“在一切社会形式中都有一种一定的生产决定其他一切生产的地位和影响，因而它的关系也决定其他一切关系的地位和影响。这是一种普照的光，它掩盖了一切其他色彩，改变着它们的特点。这是一种特殊的以太，它决定着它里面显露出来的一切存在的比重”③。显然，《资本论》之所以要从资本着手来探讨资本主义的特殊规律和人类历史发展的一般规律，是因为资本作为“支配一切的经济权力”，是决定现代社会人的全部社会关系的“特殊的以太”和“普照的光”。马克思由此从资本的逻辑中揭示了人类历史运动的基本规律，并把当代人类的历史任务确证为瓦解资本主义私有制。

需要强调的是，马克思在对私有财产的存在论觉解上受到费尔巴哈的人本主义的异化史观的深刻影响。但是，即便是处于费尔巴哈人本学影响下的青年马克思，依然同他的老师费尔巴哈存在着根本的差别。费尔巴哈强调人是人的最高本质，宗教不过是异化了的人的本质。在马克思看来，费尔巴哈的唯物主义哲学固然切中了以往的思辨哲学和宗教的要害，但由于他仅仅把异化理解为宗教的异化，表明它从来都没有真正切中过现实的

---

① 《马克思恩格斯选集》第1卷，北京：人民出版社1995年版，第73页。
② 《马克思恩格斯选集》第2卷，北京：人民出版社1995年版，第577页。
③ 《马克思恩格斯选集》第2卷，北京：人民出版社1995年版，第24页。

历史。马克思说，“个人的这种发展是在历史地前后相继的等级和阶级的共同生存条件下产生的，也是在由此而强加于他们的普遍观念中产生的，如果用哲学的观点来考察这种发展，当然就很容易设想，在这些个人中，类或人得到了发展，或者这些个人发展了人；这样设想，是对历史的莫大侮辱”①。与费尔巴哈不同，马克思则通过财产异化的概念，特别是对私有财产的历史起源的考察，彻底出离了费尔巴哈对异化的源始规定，真正切中了现实历史的运动过程。

马克思自觉把资本主义私有制当作一个历史问题来处理，力求在社会历史的层面上来追溯私有制的历史来源。在他看来，空想共产主义理论家尽管批判私有制，但由于他们在对私有制的批判上缺乏历史感，所以最终都没有达到对私有制的彻底批判。马克思始终坚信，任何对私有制的非历史性理解，都是对它的永恒性的辩护；只有达到对私有制的历史性理解，才能实现对它的彻底批判。比如，国民经济学把私有制看作是既无起源又无发展的永恒真理，这其实就已经在间接地肯定资产阶级经济关系的永恒性，因而它必然会沦为资产阶级自我辩护的意识形态。马克思在批判普鲁东的过程中明确表达了这一见解。一方面，马克思极为赞赏普鲁东对资本主义私有制不公正性的指认，认为“这是了不起的觉悟”；但另一方面，马克思又批评普鲁东不应该仅仅停留于此。在他看来，仅仅认识到这一点是不够的，应该进一步看到：“历史上必须产生或必须存在种种条件，才能使货币变成资本，使劳动变成设定资本即创造资本的劳动，变成雇佣劳动。”② 这就是说，必须要进一步追溯比私有制更早的生产方式，只有这样才能真正澄清私有财产得以生成的历史条件，实现对私有财产的彻底批判。这就是马克思之所以最终摆脱对资本主义私有制的道德批判，而转向对它的历史批判的原因所在。

为了澄清资本主义私有制的历史起源，马克思阅读了大量历史学著作，并做了大量笔记。通过详细分析古典古代的、希腊和罗马的、东方亚细亚的、中世纪日耳曼的等几种古代所有制，马克思发现，在个人直接作为共同体成员的前资本主义社会里，人们生产的目的不是为了积累财富，而是为了“把生产者再生产出来”，亦即生产者通过生产劳动的方式来获得自己生命内涵的丰富和成长。在这里，财产并没有独立于生产劳动之外，而是生产劳动所固有的一个环节，它主要是指，人们把自己的生产的

① 《马克思恩格斯选集》第1卷，北京：人民出版社1995年版，第118页。

② 《马克思恩格斯全集》第30卷，北京：人民出版社1995年版，第455页。

自然条件看作是属于“他自己的东西”。比如，土地起初是最基本的生产条件，因而财产权就意味着“把大地当作劳动的个人的财产”。

这一重大发现使马克思确信，财产一开始并不是外在于人的“物”的存在，它作为人的生命的感性表现，起初是同劳动直接同一的。地产这个私有财产的根源，只是随着生产力的进一步发展，才逐渐失去了原有的含义而完全卷入了私有财产的运动之中。马克思具体指出，“历史的过程使在此以前联系着的因素分离开，因此，这个过程的结果，并不是这些因素中有一个消失了，而是其中的每一个因素都跟另一个因素处在否定关系中。一方面，是自由的工人，另一方面，是资本”①。这就是说，构成资本主义私有制前提的劳动与财产的分离，是从“劳动和财产的同一性”中发展出来的，本身就是历史的产物。而正是这种财产与劳动的分离，最终导致人的自由自觉的活动被异化为对人来说是对象性的，“确切地说，变成异己的和非人的对象；他的生命表现就是他的生命的外化，他的现实化就是他的非现实化，就是异己的现实”②。这就是私有制具体的历史起源过程。

马克思把私有制纳入现实历史的维度中来考察，应用历史方法来考量私有财产，极为重要，这一转向直接构成科学共产主义的逻辑起点，它意味着马克思彻底超越了以往的空想共产主义对私有制的道德批判，同包括空想共产主义学说在内的一切旧哲学彻底分道扬镳了。我们知道，青年马克思在《1844 年经济学哲学手稿》中曾一度借助于费尔巴哈的异化概念来论证共产主义的合理性和必然性，同样认为共产主义作为唯一符合人性的制度，首先是一场“要达到人的高度的革命”。但他很快发现，费尔巴哈哲学同以往的思辨哲学没什么两样，它从来都“没有离开哲学地基”，因而它对共产主义的理解同样是超历史的、形而上学的。马克思由此不再仅仅在人本学的意义上来抽象地理解人的异化，而是着力于考察人们在感性物质生活领域中的真实境遇。正是在对人们感性物质生活领域的批判性考察中，马克思发现了不同于宗教异化的经济异化，并明确把私有财产确证为人的经济异化的感性表现。马克思真切地感受到，“宗教的异化本身只是发生在意识领域、人的内心领域中，而经济的异化是现实生活的异化”③。经济异化概念的提出，不仅使得马克思触及了现实历史的平面，

① 《马克思恩格斯全集》第 46 卷上册，北京：人民出版社 1980 年版，第 506 页。
② 《马克思恩格斯文集》第 1 卷，北京：人民出版社 2009 年版，第 189 页。
③ 《马克思恩格斯文集》第 1 卷，北京：人民出版社 2009 年版，第 186 页。

而且使得他的理论重心实现了根本的转变，即转向了对构成经济异化根源的私有制的历史批判。这也是马克思为什么在《1844 年经济学哲学手稿》之后逐渐转向唯物史观创作的原因所在。

马克思对私有财产历史起源的追溯表明，私有财产并不像国民经济学家所宣称的那样，是抽象的、永恒的范畴，而是历史性的、暂时的，简言之，它根源于历史运动中所形成的私有制。既然私有制只是在历史运动中形成的，那么，它必然会随着历史的进一步发展而被扬弃。基于此，马克思提出了当代人类基本的历史任务，这就是，破解资本主义历史之谜，积极扬弃私有制，探寻人的解放的现实出路。共产主义，不是别的，正是积极扬弃私有财产的历史过程。马克思说，“共产主义是对私有财产即人的自我异化的积极的扬弃，因而是通过人并且为了人而对人的本质的真正占有；因此，它是人向人自身、也就是向社会的即合乎人性的人的复归，这种复归是完全的复归，是自觉实现并在以往发展的全部财富的范围内实现的复归。”①

马克思曾区分了三种不同形态的共产主义，即“粗陋”的共产主义、“具有政治性质”的共产主义和科学共产主义。与后者不同，前两者都没有对私有财产采取历史的批判方法，因而都没有达到对共产主义的科学理解。“粗陋”的共产主义不顾个人的独特性和才能，而主张消灭一切不能被所有人占有的物质财产，在马克思看来，这其实只是表达了那些粗陋的空想共产主义理论家“对较富裕的私有财产怀有嫉妒心和平均主义的欲望”，因此，这种共产主义“不仅没有超越私有财产的水平，甚至从来没有达到私有财产的水平”②。“具有政治性质”的共产主义主张通过国家政权来彻底废除私有财产，表明它同样没有认识到私有财产的积极本质，因而它根本不可能真正扬弃人的自我异化。在马克思看来，共产主义作为“扬弃了的私有财产的积极表现”，首先要以私有财产的普遍化为前提。在私有财产还没有获得普遍化之前，人们是无法认清私有财产的本质的，而只能抽象地借助于启蒙思想家先验的“自然状态”学说来说明和论证共产主义，只能停留在对共产主义的空想的层面上。科学共产主义的创立以及现实的共产主义运动，正是以资本主义日益加剧的私有财产集聚为前提的。而共产主义的真实意义，也不仅在于消灭私有财产，更在于使得现实的人重新实现对自己的本质和生命的占有。

---

① 《马克思恩格斯文集》第 1 卷，北京：人民出版社 2009 年版，第 185 页。
② 《马克思恩格斯文集》第 1 卷，北京：人民出版社 2009 年版，第 184 页。

总之，马克思是借助于费尔巴哈对宗教的批判而同样在社会历史的意义上批判了私有财产。这一细微而重大的差别很少被我们的研究者所意识到。在通常的研究中，人们总是要么肯定马克思的异化概念而把马克思归类为抽象的人道主义者，要么否定马克思的异化概念以求把马克思划拨出抽象的人道主义的范围。这一研究路数显然是混淆了马克思和费尔巴哈的异化概念。但事实上，马克思一开始就同费尔巴哈在对异化的理解上存在着本质的差别，也正是马克思和费尔巴哈在异化概念上的重大差别最终导致前者对后者的批判。根本上说，共产主义之所以能够从空想走向现实，就与马克思转向对资本主义私有制的历史批判有关。

马克思主义哲学的理论出发点是现实的人而非抽象的人。关于现实的人，在《关于费尔巴哈的提纲》中，马克思说，“人的本质不是单个人所固有的抽象物，在其现实性上，它是一切社会关系的总和”。而作为人的本质的“一切社会关系的总和”，根本上说，就体现在《资本论》以经济范畴的“物与物的关系”所展示的人与人的关系中。离开“商品”“货币”和“资本”等经济范畴所展现的人的社会关系，所谓“现实的人”就是一句空话，它甚至只能是旧哲学所探讨的“抽象的人”。恩格斯在《在马克思墓前的讲话》中指出，所谓现实的人，首先必须是吃、喝、住、穿的人们，正因为正视这一点，所以历史唯物主义始终把“直接的物质的生活资料的生产”看作是人类历史发展的“基础”。《资本论》作为直接探讨人类历史发展的物质基础的经济学巨著，实质上也是关于“现实的人”的哲学巨著。在《〈政治经济学批判〉导言》中，马克思说：“抛开构成人口的阶级，人口就是一个抽象。如果我不知道这些阶级所依据的因素，如雇佣劳动、资本等等，阶级又是一句空话。而这些因素是以交换、分工、价格等等为前提的。比如资本，如果没有雇佣劳动、价值、货币、价格等等，它就什么也不是。因此，如果我从人口着手，那么，这就是关于整体的一个混沌的表象，并且通过更切近的规定我就会在分析中达到越来越简单的概念；从表象中的具体达到越来越稀薄的抽象，直到我达到一些最简单的规定。于是行程又得从那里回过头来，直到我最后又回到人口，但是这回人口已不是关于整体的一个混沌的表象，而是一个具有许多规定和关系的丰富的总体了。”[1] 这表明，只有从关于人的各个规定的经济范畴出发，才能够理解现实的及其历史发展，进而也才能真正理解人类的未来和共产主义。

---

① 《马克思恩格斯选集》第2卷，北京：人民出版社1995年版，第18页。

《资本论》是关于共产主义何以可能的理论巨著。马克思的共产主义理想及其有关共产主义的现实探索都集中体现在《资本论》中。从表面上看，《资本论》只是描述和批判现存的资本主义，但从本质上讲，特别是从《资本论》的理论动机和理论旨趣来说，马克思则不仅是为了表述资本主义的现实，而且更是为了探寻共产主义的现实道路。这一点，马克思在《资本论》开篇的序言中已经有所论述，“本书的最终目的就是揭示现代社会的经济运动规律”，最终达到“缩短和减轻”历史进程中的“痛苦”。马克思共产主义的价值理想与他对共产主义现实道路的理想，不可分离地熔铸到了《资本论》之中。离开马克思所创作的《资本论》，特别是离开《资本论》对人类历史发展一般规律的把握，人们就不可能理解马克思主义哲学的实质要义，更不可能理解马克思人的解放的终极旨趣。

如果说空想社会主义仅局限于揭示“现实的不合理”，那么，科学社会主义则致力于批判“不合理的现实”。尽管空想社会主义者深刻地揭露了资产阶级思想家所鼓吹的“平等、自由和博爱”与资产阶级社会本身的残酷现实之间的矛盾，并进而对资产阶级社会进行了深入的批判，但他们却始终没有质疑资产阶级思想家的理论，只是用这种理论来批判现实。在空想社会主义者看来，资本主义社会之所以不合理，是因为它不符合“人性”；而社会主义之所以是美好的，就因为它符合“人性”。这表明，空想社会主义理论家只是说明了社会主义较之资本主义的优越性，但却没有资本主义向社会主义过渡的历史必然性。显然，这种以“人性”为理论基点的空想社会主义，对于未来的共产主义来说，只不过是“幻想的武器”。从现实历史的进程来看，这种“幻想的武器”的出现，有其历史必然性，它是在“无产阶级还很不发展、因而对本身的地位的认识还基于幻想的时候，从无产阶级对社会普遍改造的最初的本能的渴望中产生的”。而“阶级斗争越发展和越具有确定的形式，这种超乎阶级斗争的幻想，这种反对阶级斗争的幻想，就越失去任何实践意义和任何理论根据”①。就是说，随着阶级斗争的进一步发展，历史必然会向理论提出这样的任务：用“现实的武器”取代“幻想的武器”，使得无产阶级实现从“自在”到“自为”的转变。而用“现实的武器”取代“幻想的武器”的前提，是对“幻想的武器”进行彻底的清算。正是通过系统批判费尔巴哈的人本学和黑格尔的唯心主义辩证法，马克思最终把感性物质活动确证为社会历史发展的现实基础，认为生产力是社会有机体众多因素中的决

① 《马克思恩格斯选集》第1卷，北京：人民出版社1995年版，第304页。

定性因素，而在生产力因素中，潜藏着现实的革命力量。列宁说："社会主义学说正是在它抛弃了关于合乎人的本性的社会条件的议论，而着手唯物主义地分析现代社会关系并说明现在剥削制度的必然性的时候取得成就的。"[①]《资本论》通过对资本主义的政治经济的系统批判，对资本主义的内在运作规律做出了科学的论证，从而使得共产主义从空想向科学转变。

《资本论》的逻辑起点之所以是商品，是因为商品使用价值和价值的二重性体现了现实的人的自然性和社会性。因此，《资本论》从商品的二重性出发，同时也意味着它从现实的人出发。商品的二重性，本质上讲，体现了创造商品使用价值和交换价值的劳动的二重性。马克思说："就劳动过程只是人和自然之间的单纯过程来说，劳动过程的简单要素对于这个过程的一切社会发展形式来说都是共同的。但劳动过程的每个一定的历史形式，都会进一步发展这个过程的物质基础和社会形式。这个一定的历史形式达到一定的成熟阶段就会被抛弃，并让位给较高级的形式。"[②] 而"资产阶级的生产关系是社会生产过程的最后一个对抗形式，这里所说的对抗，不是指个人的对抗，而是指从个人的社会生活条件中生长出来的对抗；但是，在资产阶级社会的胎胞里发展的生产力，同时又创造着解决这种对抗的物质条件。因此，人类社会的史前时期就以这种社会形态而告终"[③]。共产主义以人类社会历史的发展为基础，所以它是一个现实而非虚幻的过程。《资本论》表明，代替资本主义的将是作为自由人联合体的共产主义。

四、共产主义与人类的未来

尽管马克思在《共产党宣言》的开篇把共产主义隐喻为徘徊在欧洲上空的幽灵，但这里的"幽灵"，并不意味着马克思对共产主义本身做了形而上学的理解，把共产主义理解为超越于现实历史之外的理想，而是恰恰要宣誓，作为现实运动的共产主义必将到来。日本学者柄谷行人对此有着深刻的洞见。柄谷行人非常反感谈论共产主义抑或未来社会，他认为这一点正是马克思的基本观念。马克思说，"共产主义对我们来说不是应当确立的状况，不是现实应当与之相适应的理想。我们所称为共产主义的是那种消灭现存状况的现实的运动。这个运动的条件是由现有的前提产生

① 《列宁全集》第1卷，北京：人民出版社1984年版，第155页。
② 《马克思恩格斯选集》第2卷，北京：人民出版社1995年版，第586页。
③ 《马克思恩格斯选集》第2卷，北京：人民出版社1995年版，第33页。

的”。但是，面对20世纪90年代以来后现代主义对宏大叙事和宏大理念的持续批判，柄谷行人意识到有必要对马克思的共产主义观念进行系统思考。此时，康德哲学进入了他的理论视域。柄谷行人认同阿多诺对康德“主观主义哲学家”的指认，并认为批判康德哲学确实具有连带批判那些以康德为旗帜的资产阶级哲学家的战略意义，但他同时指出，我们时代的思想状况与康德写作《纯粹理性批判》的时代有着惊人的相似，这就是，人们都对形而上学采取了拒斥甚至敌视的姿态，形而上学开始衰落了。诚然，康德哲学的理论任务，特别是其《纯粹理性批判》，旨在批判形而上学，但这种“批判”，目的不在于消灭和嘲弄，而在于重建。后者才是康德哲学的实质要义。进而言之，康德的根本追求在于重建世界共和国和人类的永久和平。柄谷行人之所以对康德哲学感兴趣，就在于他想参照康德重建共产主义这一形而上学。柄谷行人也正是在这一意义上来“批判”共产主义的。按照柄谷行人的看法，马克思一生都没有放弃共产主义理念，他从未否定共产主义本身，只是否定了那种作为设计性理念的共产主义，也就是对共产主义的实体性形而上学的理解。在这里，柄谷行人根据所区分的“建构性理念”和“整合性理念”，同样把共产主义区分为建构性理念的共产主义和整合性理念的共产主义，前者是要现实化的共产主义，而后者则只是一个逐渐迈进的理想目标。在柄谷行人看来，如果把共产主义理解为建构型的，那么，马克思主义必然会导致“理性的暴力”，这显然是需要给予否定的，但这并不同时意味着人们必须要把作为“整合性理念”的共产主义也一起摒弃掉。

无疑，马克思所否定的正是包括青年黑格尔派在内的对共产主义的实体性形而上学的理解，而力求诉诸现实历史的进程来重新把握共产主义，并极为注重在不断孕育的世界历史中的共产主义运动。在《德意志意识形态》中，马克思就指出，这种世界性的普遍交往必然促使共产主义不能“作为某种地域性的东西而存在”，因为“交往的任何扩大都会消灭地域性的共产主义”，而共产主义“只有作为‘世界历史的’存在才有可能实现”。[①] 共产主义实现的可能性就在于，私有制作为在现实历史的运动中所形成的一种生产关系，它必然会随着历史的进一步发展而遭到扬弃，而积极扬弃私有财产的历史过程，就是共产主义的生成过程。马克思说：“历史的全部运动，既是这种共产主义的现实的产生活动即它的经验存在的诞生活动，同时，对它的思维着的意识来说，又是它被理解的和被认识

① 《马克思恩格斯选集》第1卷，北京：人民出版社1995年版，第86页。

到的生成运动。”①

马克思还通过对俄国现状的分析探索了共产主义可能的实现道路。从历史上看，尽管从西欧历史运动的趋势来看，农业公社时期表现为从公有制到私有制的过渡时期，古代类型的公社逐渐消失了，但这并不意味着农业公社在其发展过程中其私有制因素必然会战胜集体因素，最终导致公社的瓦解，一个明显的事实是，一些零零散散的公社经历中世纪的曲折而保存到今天。农业公社在它的发展过程中到底是私有制因素战胜集体因素还是反之，都要视具体的历史环境而定，显然不能概而论之。在欧洲，俄国是唯一的一个在全国范围内把农业公社保存到近代的国家，这一“特殊性”为它不经历资本主义的卡夫丁峡谷而吸取资本主义制度的一切积极成果提供了可能。俄国的农业公社显然可以通过积极发展土地公有制并同时消灭它的私有制原则来保存自身，从而构成资本主义所必然趋向的那种经济制度的“直接出发点”，“不必自杀就可以获得新的生命”。马克思详细分析了俄国现存的土地公有制对于规避资本主义私有制方面的巨大优势，但他同时强调，这种土地公有制能否真正转化为社会主义的基础，还需要具备两样东西，即“在经济上有这种改造的需要，在物质上有实现这种改造的条件”。在马克思看来，俄国的土地在现存剥削方式的压榨下，已经变得极为贫瘠，农民急需大规模的合作劳动。因此，只要把遍布于全国的“农村公社”置于正常的条件下，它就会快速吸取与其同时存在的资本主义所创造的一切优秀成果，成为通向未来理想社会的“新生的因素”。马克思坚信，俄国“农村公社”的这种发展方向符合历史发展的大趋势，因为资本主义生产在各个资本主义国家所遭受的致命危机只能依靠重新复归到集体生产和集体占有上来才能被克服。在俄国，国家正是借助于各种社会力量来最大限度地压榨剥削农民，以此培植现代资本主义制度，这就促使农业公社迅速瓦解了。“资本主义制度的俄国崇拜者”一味强调农村公社正在自然衰老，但却对农业公社背后不正常的经济条件而导致的农民的破产无动于衷。他们表面上打着尊重历史规律的幌子，强调资本主义的卡夫丁峡谷无法跨越，实质上则只是站在资产阶级利益的立场上，为资产阶级的发财致富鸣锣开道。马克思对俄国未来的判断，根本上说，正是直接针对“资本主义制度的俄国崇拜者”。在马克思看来，“资本主义制度的俄国崇拜者”一方面看到了现存的剥削制度的不可持续性，另一方面又想为资产阶级剥削农民披上合法的外衣，因而才会一味鼓吹资

① 《马克思恩格斯文集》第1卷，北京：人民出版社2009年版，第186页。

本主义的卡夫丁峡谷无法跨越，强调这是铁的历史规律。

马克思对俄国现实历史状况的分析表明，作为“政治经济学批判”，《资本论》不同于国民经济学，它揭示的不仅仅是资本主义的经济状况，而且是人类现实历史的运动过程。在直接的意义上，《资本论》所揭露的是以私有制为前提的资本运动的逻辑，但在终极旨趣和真正动机上，《资本论》则不仅仅在于揭示资本运动的逻辑，而且在于瓦解私有制，探索共产主义的现实道路。就像在《资本论》序言中，马克思指出，“本书的最终目的就是揭示现代社会的经济运动规律”，从而“缩短和减轻”历史进程中的“痛苦”。[①]《资本论》表明，马克思自觉以共产主义的诉求来解答“历史之谜”，同时又以对“历史之谜”的解答来探索共产主义的现实道路。

《资本论》首先通过对“最发达的和最多样性的资本主义生产方式”的剖析，指出资本的逻辑既是资本增殖的逻辑，又是资本自我瓦解的逻辑。资本的增殖逻辑之所以必然会导致它的自行瓦解，是因为由资本的运动所造成的世界性的普遍交往，必然促使“世界历史”意义上的无产阶级的壮大。而随着无产阶级登上历史舞台，私有制必然会自行瓦解，资本作为异化的力量最终将会重新受到整个社会的控制。马克思通过对以资本运动逻辑为实质内容的资本主义的剖析，考量了共产主义的可能性和现实性，最终使得共产主义从空想变为现实。在马克思看来，人的依赖关系、以物的依赖性为基础的人的独立性，以及作为人的全面解放的共产主义，是人类依次存在的三大历史形态，其中第二阶段又为第三阶段奠定了现实的基础。

很显然，马克思从来都没有脱离对资本主义的批判来抽象地考量共产主义，共产主义正是在积极扬弃作为“以物的依赖性为基础的人的独立性”的资本主义的基础上生成的。在马克思看来，私有制自我瓦解的逻辑和现实的共产主义运动是同一个过程，“自我异化的扬弃同自我异化走的是同一条道路”[②]。《资本论》通过对资本主义的政治经济学批判，科学地表明，“资产阶级的生产关系是社会生产过程的最后一个对抗形式，这里所说的对抗，不是指个人的对抗，而是指从个人的社会生活条件中生长出来的对抗；但是，在资产阶级社会的胎胞里发展的生产力，同时又创造着解决这种对抗的物质条件。因此，人类社会的史前时期就以这种社会形

① 《马克思恩格斯选集》第2卷，北京：人民出版社1995年版，第101页。
② 《马克思恩格斯文集》第1卷，北京：人民出版社2009年版，第182页。

态而告终”[①]。而“在迫使个人奴隶般地服从分工的情形已经消失，从而脑力劳动和体力劳动的对立也随之消失之后……，社会才能在自己的旗帜上写上：各尽所能，按需分配！”[②]。

科学的共产主义一开始就把资本主义私有制当作历史问题来处理，尤其是重点把揭示私有财产的历史起源作为自己的理论任务，因而它始终是在人类现实历史运动的维度上来批判私有财产的不合理性，并由此而发现了共产主义的现实道路。共产主义正是以现实的历史运动为基础，所以它本身是一个现实的而非虚幻的过程。《资本论》真切地表明，共产主义不是形而上学的抽象理想，而是现实的资本主义历史的瓦解过程。相比之下，以往的空想共产主义却抛开现实历史的进程而基于私有财产的当然事实来考量共产主义，所以它只能停留在抽象的人道主义水平上来憧憬共产主义。空想共产主义只能说明资本主义的不合理性，但却无法说明资本主义制度灭亡的历史必然性。因此，它只是对无产阶级抱有同情和怜悯，但却认识不到无产阶级积极的历史地位和历史作用。归根到底，空想共产主义学说只是一种超历史的“幻想的武器”。

从理论传承来看，马克思作为“历史的内涵逻辑”的历史科学直接扬弃于黑格尔作为“思想的内涵逻辑”的历史哲学。黑格尔“思想的内涵逻辑”已经把历史确证为人的自由实现的运动过程，但由于黑格尔没有说明历史运动过程的现实基础，所以他最终只是把现实的历史扭曲为彼岸的历史。马克思则通过批判费尔巴哈的人本学，最终把人的经济生活确定为历史发展的现实基础。列宁说：“社会主义学说正是在它抛弃了关于合乎人的本性的社会条件的议论，而着手唯物主义地分析现代社会关系并说明现在剥削制度的必然性的时候取得成就的。”[③] 在马克思看来，人的感性经济生活是全部历史的现实基础，因此，只有从人们的感性经济生活出发，才能澄明人类全部历史的发展过程。正是从感性的经济活动而不是抽象的精神活动出发，唯物史观彻底变革了传统历史哲学对现实历史的抽象思辨，既敞开了人类现实的历史，又为人的解放指明了现实的道路。马克思说：“无论哪一个社会形态，在它所能容纳的全部生产力发挥出来以前，是决不会灭亡的；而新的更高的生产关系，在它的物质存在条件在旧社会的胎胞里成熟以前，是决不会出现的。”[④] 这表明，共产主义不可能

① 《马克思恩格斯选集》第2卷，北京：人民出版社1995年版，第33页。
② 《马克思恩格斯文集》第3卷，北京：人民出版社2009年版，第433—436页。
③ 《列宁全集》第1卷，北京：人民出版社1984年版，第155页。
④ 《马克思恩格斯选集》第2卷，北京：人民出版社1995年版，第33页。

一蹴而就，只能在人类历史的运动过程中逐渐实现。

根本上说，《资本论》并不是脱离价值论的真理论，也不是脱离真理论的价值论，而是价值论和真理论的辩证统一。一方面，马克思从“人的解放”的价值诉求出发来探索社会历史发展的运动规律，另一方面，马克思又自觉通过对现实历史运动的批判性考察来探寻人的解放的现实道路。长期以来，人们之所以会把共产主义理解为超越现实历史的抽象理想，就是因为历史唯物主义被理解为脱离价值论的真理论，似乎马克思所发现的历史规律同自然科学意义上的自然规律无异。而一旦当历史规律被抽象为自然规律，那么，共产主义则必然会被扭曲为在历史之外的某种虚无缥缈的理想。

在《资本论》中，马克思说，“有一个英国人把人变成帽子”，“这个英国人就是李嘉图”。[①] 李嘉图把人变成帽子，意味着他把现实的人抽象为帽子式的“物”，进而把由人的感性活动所创生的现实历史抽象为拟自然的运动。与李嘉图等国民经济学家不同，《资本论》从商品的二重性来透视人的感性活动的二重性，因而以商品这个经济范畴作为逻辑的出发点，其实也就是从人的感性活动出发来理解人类历史的运动过程，尤其是资本主义的运动过程。马克思说：“劳动过程的每个一定的历史形式，都会进一步发展这个过程的物质基础和社会形式。这个一定的历史形式达到一定的成熟阶段就会被抛弃，并让位给较高级的形式。”[②] 这也即是说，“人类始终只提出自己能够解决的任务，因为只要仔细考察就可以发现，任务本身，只有在解决它的物质条件已经存在或者至少是在生成过程中的时候，才会产生”[③]。资本主义作为人类的共产主义运动的有机环节，既具有深层的合理性和历史必然性，又具有深层的局限性和历史暂时性。正因为如此，马克思既看到了资本主义较之封建主义在发展生产力和社会交往关系上的积极意义，同时又看到了资本逻辑对剩余价值的无止境追逐而导致的人的异化。如果抛开资本的积极意义而只看到资本对现代文明所带来的负面效应，则必然把马克思恩格斯所创立的科学共产主义蒸馏为以往的空想共产主义。共产主义作为基于资本主义而又超越资本主义的信念，它一再昭示我们，历史并没有终结，当代人的历史使命和历史任务是，瓦解资本的逻辑，把物的独立性和能动性变成人的独立性和能动性，使人的

---

① 《马克思恩格斯选集》第1卷，人民出版社1995年版，第136页。

② 《马克思恩格斯选集》第2卷，人民出版社1995年版，第586—587页。

③ 《马克思恩格斯选集》第2卷，人民出版社1995年版，第33页。

自由不再依赖于物，而是真正变成“全面的人”。

第二节 《资本论》的技术批判与共产主义

尽管20世纪之后出现的飞机、核武器、互联网，以及基因工程和人工智能等，都是马克思无法预见和想象的，但马克思在技术工业方兴未艾的19世纪中期已经天才般地觉察到了一个由技术-资本主导的新时代的来临，并开始自觉反思技术的社会政治效应。在对技术的反思上，马克思的思路明显优于20世纪以来的技术哲学家们。马克思的基本判断是，现代科学技术在根本上不仅是理性力量的体现，更是资本逻辑支配的必然结果。因此，对现代科技的反思，不能仅仅囿于哲学和意识形态层面，而必须要上升到对资本主义生产方式的批判。重思《资本论》中的技术哲学，不仅能够激活马克思哲学在我们这样一个技术时代的理论魅力，而且能够使我们科学地展望由现代技术规定的未来新文明的方向。

一、技术与虚无

在《资本论》中，马克思对现代技术和由技术所规定的人类文明进行了深邃的思考。然而，时至今日，马克思的技术批判在很大程度上依然是晦暗不明的。不少所谓的马克思主义理论家要么抽象地争论马克思到底是不是一位技术决定论者，要么囿于现代形而上学的总体框架，尤其是海德格尔对技术的哲学思考，来阐释马克思的技术哲学。为了从这种严重的误读中摆脱出来，这里有必要澄清《资本论》的技术批判。从某种意义上讲，《资本论》的资本批判是同其中的技术批判内在地关联在一起的，正是通过对资本的批判和技术的反思，马克思预见到了一个以生产力的高度发展为前提的共产主义社会的终将到来。

对于20世纪来说，世界性的科技潮流的涌现，应当是最值得回味的事件。飞机、电视和网络等改变人类社会生活的新技术，都在这个世纪应运而生。与此相应，大批哲学家们开始关注现代技术的社会政治效应，专注于探究这股来势迅猛的科技潮流究竟会在何种形式、何种规模和何种速度上影响人类的社会政治生活。起初，不少人对科技的发展持盲目的乐观态度，认为不需要变革所有制和阶级关系，只要依靠科学技术的不断革命，人类就能够彻底解决一切不合理的社会现象。科学技术似乎一时间取代了上帝，成为拯救人类的唯一希望。“科技拯救人类”，固然是整个20世纪主流的意识形态，但从哲学的角度看，这一口号并没有多少理论深度可言，它甚至潜移默化地掩盖了由技术所引发的诸多社会弊端和危机。正因为如此，在20世纪，那些真正扬名于世的哲学家们，都不是流俗的科技歌颂派，而往往是以批判科技的思想姿态现身。这些对技术持批判态度的哲学家们，从不同侧面剖析了技术与社会症结的内在关联，并由此而揭示了由技术所诱发的社会风险和社会危机。

毫无疑问，现代科学与技术给人类的日常生活带来了前所未有的便利和自由，不仅如此，它还通过与现代教育的结合，在很短时间内让全世界各族民众的精神空间都得到了极大的丰富。正视现代科技的这一积极的社会效应，是在哲学上反思它的基本前提。如果人们不能够正视现代科技巨大的历史功绩，则势必会在对现代科学与技术的反思上陷入消极的浪漫主义旋涡。然而，也不得不承认，现代科技在给人类带来方方面面的实惠的同时，也带来了诸多的负面效应乃至前所未有的挑战，它甚至阻碍了现代人的美好生活的进一步实现。正如许多反思现代技术的哲学家们所揭示的那样，现代技术以及以之为基础的现代社会，彻底解构了人类的精神生活，致使人类的现实生活虚拟化，甚至逐渐堕入虚无主义的深渊之中。这就是为什么在技术哲学的语境中，“技术”往往是一个哲学家们为了批判现代社会而建构起来的消极性概念。而如何应对技术给人类造成的精神挑战，也成为现代哲学家们最为关切的理论话题。

在对技术的考量中，海德格尔无疑占据着十分重要的位置，他曾形象地用“人被连根拔起”来说明由技术所引发的人类普遍的精神困境。在1938年所做的《形而上学对现代世界图像的奠基》讲座中，海德格尔专门阐述了现代科学与技术。对于科学的本质，海德格尔说，“筹划与严格性，方法与企业活动，它们相互需要，构成了现代科学的本质，使现代科学成为研究”①。海德格尔特别重视科学的“研究”，认为它“标志着现代科学开始进入它的历史的决定性阶段”。②“研究”的本质在于，研究者通过预先或者事后对研究对象的精密算计，使得作为存在者整体的世界完全成为任人摆置和支配的对象。从哲学上来看，作为现代科学的“研究”，意味着人作为主体的大获全胜，同时也意味着人与自然之间的彻底疏离。这就为尼采意义上的虚无主义的来临留下了隐患。

现代科学研究的进一步延伸就是现代技术。在海德格尔看来，现代技术比现代科学更深入地加剧了人与自然之间的危机。一般来说，人们会把

① 海德格尔：《海德格尔选集》下册，孙周兴选编，北京：三联书店1996年版，第895页。
② 海德格尔：《海德格尔选集》下册，孙周兴选编，北京：三联书店1996年版，第894页。

技术仅仅理解为自然科学成果的实践转化和应用，但实际上，特别是在存在论的意义上，技术本身具有某种相对的独立性。一方面，技术表现为人对自然肆无忌惮的宰制，“在现代技术中起支配作用的解蔽乃是一种促逼，此种促逼向自然提出蛮横要求，要求自然提供能够被开采和贮藏的能量”①；另一方面，现代人本身也连同自然一样受到了技术“座架”的支配，从而彻底沦为工具性的存在物。在这个意义上，现代技术在根本上标志着现代人进入了前所未有的“无根”生活之中。自然科学与技术在现代社会的肆虐，同时也导致了艺术和“诸神”的逃离，于是乎，世俗生活和世俗幸福成为人们唯一肯定和追求的东西，梦想与希望失落了，人类由此而陷入了价值虚无主义的窠臼之中。

很明显，海德格尔深入刻画现代科学与技术，并不是为了像常人那样赞美它，而是想克服它，进而让人类走出由技术所引发的现代性危机。在海德格尔看来，现代科学与技术深深地根植于现代形而上学的土壤之中，因而不理解现代形而上学，就不可能真正破解现代科学与技术的症结。换言之，如果人们非批判地使用“科学”和“技术”的概念，而不是把它们同现代形而上学联系起来的话，那么，对现代科学与技术的批判终将不得要领抑或功亏一篑。

在对现代科学与技术的形而上学拷问中，海德格尔提出，现代科技以控制论为基本特征，它首先把自然当作思想的对象，进而把自然纳入逻辑范畴中，实现对存在者领域的分割、规定和宰制。这显然在理路上同柏拉图主义哲学是一脉相承的。如果说柏拉图主义哲学扭转了古希腊思想中的非对象化之思，实现了以理论的方式来把控实在的话，那么，现代科学与技术则把这种理论所固有的把控实在的能力全面地释放了出来，最终完成了对实在的现实把控。

海德格尔深刻地看到了柏拉图主义哲学与科学之间的一致性，所以他把“科学之发展”诊断为“哲学之完成”，认为它们都把“存在”遗忘了。海德格尔说：“早在希腊哲学时代，哲学的一个决定性特征就已经显露出来了：这就是科学在由哲学开启出来的世界内的发展。科学之发展同时即科学从哲学那里分离出来和科学的独立性的建立。这一进程属于哲学之完成。”② 基于对哲学和现代科学“遗忘存在”的思考，海德格尔进一步推导出了现代性的人类中心主义困境。就是说，现代人在传承形而上学

① 海德格尔：《海德格尔选集》下册，孙周兴选编，北京：三联书店1996年版，第932页。
② 海德格尔：《海德格尔选集》下册，孙周兴选编，北京：三联书店1996年版，第1244页。

思维的基础上，通过技术座架把包括自身在内的整个世界都当成了技术改造的对象，这就不可避免地割断了“人生在世”的源始结构，在把人连根拔起的同时也让人类彻底陷入了前所未有的虚无主义危机之中。

无疑，海德格尔对哲学与现代科学“遗忘存在”的指控，意在唤醒人们超越根深蒂固的形而上学思维，进而从技术的危险中摆脱出来，最终实现诗意地栖居在大地上。海德格尔比其他专门从事技术批判的思想家们深刻的地方在于，他把柏拉图以来的西方形而上学指证为现代科技的深层根基，从而把对现代科技的反思，最终归结为对形而上学的批判。海德格尔的重大理论贡献也就在于提出了一种不同于形而上学思维的存在之思。在他看来，古希腊的诗性之思比后来柏拉图主义之思更为充盈和生动，因为它深深地扎根于“存在”。如果此在始终以存在之思而在世，那么，他必然能够领会“存在”的意义，进而实现诗意地栖息在大地上。这就意味着，现代人只有重新回归古典思维，以非规定性的诗性之思来取代以往形而上学的规定性思维或者说技术思维，进而唤起存在的意义，才能走出由科学技术所引发的“无根”的生活。

不过遗憾的是，海德格尔从现代形而上学的内在机制入手批判现代科技的思路虽然深刻，充满理论的想象力，但却并没有现实地阻止现代性的步伐，不得已，他最终只能在对天地神人四重奏的玄思和向往中步步陷入神秘主义的窠臼之中。就此而言，与其说海德格尔克服了由现代技术所诱发的社会危机，还不如说他深刻地刻画了由技术所主导的现代性进程。

在马克思看来，资本而非现代形而上学才是现代科学与技术飞速发展的深层动力，因而它也是现代资本主义社会得以运行的深层逻辑。因此，要真正颠覆由现代科学与技术所引发的诸多负面效应，就必须彻底瓦解现代资本主义社会中的资本逻辑。马克思指出，“如果说以资本为基础的生产，一方面创造出普遍的产业劳动，即剩余劳动，创造价值的劳动，那么，另一方面也创造出一个普遍利用自然属性和人的属性的体系，创造出一个普遍有用性的体系，甚至科学也同一切物质的和精神的属性一样，表现为这个普遍有用性体系的体现者。由此，只有资本才创造出资产阶级社会，并创造出社会成员对自然界和社会联系本身的普遍占有”①。可见，归根到底，正是由于现实历史中资本逻辑的存在，现代资本主义才会极力推动科学与技术的进步，进而享有对自然资源的绝对占有。

相比之下，海德格尔虽然深刻地揭示了由现代科学与技术所引发的诸

① 《马克思恩格斯全集》第30卷，北京：人民出版社1995年版，第389页。

多现代性困境，但却仅仅把对科学技术的批判看作是一个纯粹的理论问题、哲学问题，而没有进一步深入到现实历史的本质性向度之中，所以他并没有完成对现代科学与技术的彻底批判。让我们回到马克思的运思轨迹上来。

二、《资本论》的技术批判

作为马克思为之付出毕生心血的理论巨著，《资本论》及其手稿在人类思想史上首次实现了对资本主义的系统批判。《资本论》对资本主义的批判是通过政治经济学的形式实现的，该书的副书名“政治经济学批判”已经提示了这一点。正因为如此，人们通常也会把《资本论》看作是一部专究于资本主义政治经济的经济学巨著。这一点无疑是对的。不过，需要强调的是，《资本论》对资本主义政治经济的批判，首先包含着一种对科学技术的反思，或者说它隐含着一种深邃的技术哲学。这一点显然是以往的学者很少关注的。众所周知，现代科学与技术对于资本主义政治经济的发展具有举足轻重的根本性意义。某种意义上讲，科学与技术在根本上制约着资本主义的生产关系，从而也间接地决定着资本主义的政治经济。因此，马克思批判资本主义的政治经济，不可能不关注现代科学技术。

从历史来看，按照霍布斯鲍姆的看法，马克思所处的时代，也就是19世纪的欧洲，是第一次工业革命的完成时期。此时，在新技术的推动下，英国、法国和德国等先后完成了工业革命。无疑，马克思已经敏锐地感受到了由新的技术所推动的新的时代的到来，因而他才会感叹道：“各种经济时代的区别，不在于生产什么，而在于怎样生产，用什么劳动资料生产。”① 如果说在前资本主义社会中人类用以生产的劳动资料主要是水推磨的话，那么，在现代资本主义社会中，人们用以生产的劳动资料则是从蒸汽机起步的。正是蒸汽机，这种新的科学技术，直接促成了现代资本主义的诞生。

不过，如前所述，马克思虽然关注现代技术，但却并不是从哲学抑或意识形态的角度来考量技术进步的深层动因及其社会效应，而是把它回置到特定的生产方式中来考察。按照马克思的看法，现代科学技术在根本上不仅是理性力量的体现，而且更是同资本主义独特的生产方式密切相关。这也就意味着，科学技术作为人的身体的延伸，本身并无善恶之分，是中性的，它所显露出来的种种负面效应，本质上来说，是由自身得以存在的

---

① 马克思：《资本论》，北京：中国社会科学出版社1983年版，第168页。

社会条件决定的。因此，就像对宗教的虚幻本质的解释不能到宗教中去寻找，更不能到人类精神的一般发展中去寻找一样，考量现代技术的种种负面效应，也不应该从技术本身出发，更不能从哲学或意识形态的角度出发，而必须要上升到对资本主义生产方式的批判。正是因为马克思彻底出离了哲学和意识形态的视域，把对现代技术的反思，转换为对现代资本主义生产方式的政治经济学批判，或者说对"物质的生活关系"这一更为本质性的领域的批判，所以他真正在存在论的意义上澄清了技术的本质。

在马克思看来，同前资本主义生产方式相比，资本主义生产方式的基本特征是，它成功实现了劳动与财产的分离。具体来说，在前资本主义生产方式中，劳动与财产是直接同一的，劳动者自身就是劳动成果的直接占有者。用马克思的话来说，"劳动者是所有者"①，生产的目的是"把生产者再生产出来"②，而不是为了财富的积累。然而，随着历史的进一步发展，特别是资本主义生产方式的出现，这种劳动与财产的原始同一性逐渐被瓦解了。马克思说："等价物的交换转向自己的反面，由于必然的辩证法而表现为劳动和所有权的绝对分离，表现为不通过交换不付给等价物而占有他人的劳动。"③ 这就是说，由于生产力的提高，传统的生产方式遭到破坏，劳动与财产实现了分离，劳动者不再是财产的直接占有者，而成为脱离客观生产条件的无产者。与此同时，劳动的客观条件作为"他人的财产"也与这些无产者对立起来。马克思说："历史的过程使在此以前联系着的因素分离开，因此，这个过程的结果，并不是这些因素中有一个消失了，而是其中的每一个因素都跟另一个因素处在否定关系中。一方面，是自由的工人，另一方面，是资本。"④

显然，劳动与财产的分离，实质上是劳动者与其客观的生产条件从昔日的肯定性关系转变为一种否定性关系、对立关系。这其实也就是资本的原始积累过程。我们也可以说，"资本原始积累"的实质内容就是劳动与财产相分离的过程。随着资本的加速积累，资本对自由工人的财产侵犯也必然会不断加剧，而二者之间的对抗也会日趋严峻。不过，资本对自由工人的财产侵犯虽然表现为不断加剧的过程，但这种侵犯却始终具有隐匿性和迷惑性，很难被人发现，因为它实质上"不通过交换却又在交换的假

---

① 《马克思恩格斯文集》第8卷，北京：人民出版社2009年版，第148页。
② 《马克思恩格斯文集》第8卷，北京：人民出版社2009年版，第147页。
③ 《马克思恩格斯全集》第46卷上，北京：人民出版社1979年版，第519页。
④ 《马克思恩格斯全集》第46卷上，北京：人民出版社1979年版，第506页。

象下占有他人的劳动”[①]，也就是表现为在自由平等的幌子下对劳动者的侵犯。为此，在《资本论》中，马克思专门从资本主义社会财富的“元素形式”，也就是“商品”出发，澄清了作为资本增殖基础的剩余价值的生产，从而深刻地揭示了以私有制为基础的资本主义生产方式是如何通过不支付等价物便占有他人劳动的。

资产阶级理论家由于意识不到资本主义生产方式的固有缺陷，因而转向从哲学或意识形态的角度来考量技术。与之不同，马克思则深刻地意识到，正是资本主义生产方式所导致的劳动与财产的分离，才使得技术对于人而言成为一种强大的异己力量。如果从“劳动与财产相分离”的理论框架来分析的话，就会发现，现代技术之所以需要给予“批判”，并不在于技术本身，而在于它在资本主义生产方式下的应用。换句话说，正是技术在资本主义生产方式下的应用，才致使它自己出现种种的负面效应，显示出“恶”的一方面，甚至沦为资本家剥削工人的帮凶。在《资本论》中，马克思具体分析了现代技术与人性的对立。在他看来，在资本主义生产方式下，科学技术一方面由于依托资本增殖的逻辑而获得了惊人的发展，但另一方面，也正是由于完全依托资本增殖的逻辑，技术本身也出现了异化，最终沦为压抑人性的工具和手段。

马克思着重从三个方面分析了技术的资本主义应用所导致的技术异化。其一，以机器大工业为代表的现代技术，致使单个工人的劳动遭受到了社会的排挤。毋庸置疑，机器的大规模应用，固然有利于提高生产的效率，也确实极大地加速了资本的增殖，但它以机器这种自然力来代替人力，势必会弱化单个工人在生产过程中的重要性。对此，马克思说：“在简单协作中，甚至在因分工而专业化的协作中，社会化的工人排挤单个的工人还多少是偶然的现象。而机器……则只有通过直接社会化的或共同的劳动才发生作用。”[②] 其二，机器的使用，特别是机器对人力的取代，导致了劳动人口的绝对过剩。《资本论》中有大量的篇幅讨论机器对工人的取代以及由此而导致劳动人口大量过剩的案例。马克思说：“一旦工具由机器来操纵，劳动力的交换价值就随同它的使用价值一起消失。工人就像停止流通的纸币一样卖不出去。工人阶级的一部分就这样被机器转化为过剩的人口。”[③] 最后，技术的迅猛发展，再加上过剩劳动人口的出现，使

---

① 《马克思恩格斯全集》第30卷，北京：人民出版社1995年版，第505页。
② 《马克思恩格斯文集》第5卷，北京：人民出版社2009年版，第443页。
③ 《马克思恩格斯文集》第5卷，北京：人民出版社2009年版，第496页。

得资本在实现自我增殖的过程中愈加变得肆无忌惮，甚至日益突破工作日的自然限度和道德界限，某种程度上让工人的劳动变得更加枯燥、野蛮和无知。

应该说，从资本主义生产方式的固有缺陷中去寻找技术异化的根源，是马克思在技术哲学领域所做出的最卓越的理论贡献。遗憾的是，后起的技术哲学家们却没有完全继承马克思所开启的这一崭新的运思方向，而是重新堕入启蒙哲学的视域之中。在今天，发掘马克思关于技术批判的理论资源，除了引证马克思主义经典作家对启蒙理性的一般性批判外，更为重要的理论任务可能是深究马克思如何超越启蒙哲学的视域而直接转向对“物质的生活关系”的批判。诚然，技术的迅猛发展与资本主义特有的生产方式有关，特别是离不开资本增殖逻辑的支撑，但从另一个角度看，技术本身的迅猛发展，也反过来在不断加剧劳动与财产的分离，促使资本奴役劳动者的内在本性彻底释放了出来。

尽管在马克思所生活的时代，技术远远没有像20世纪那样实现喷发式的发展，但马克思已经洞见到了技术自身正在衍生为一股不受控制的主体性力量，在无情地摧残着工人的肉体和灵魂。马克思提出，现代科技的迅猛发展，不仅彻底改变了劳动者的劳动条件，而且甚至颠倒了劳动者与劳动资料的关系：“在工场手工业和手工业中，是工人利用工具，在工厂中，是工人服侍机器……在一切资本主义生产中，不是工人支配劳动条件，而是劳动条件支配工人。但是，只有机器才第一次使这种颠倒具有技术上的现实性。”① 这一重要的论断意味着，资本正是借助技术的中介实现对人的彻底宰制，最终导致人性中本有的丰富内涵被蒸馏了，剩下一个个被异化了的原子式个人。可以设想，如果离开机器等技术的中介，工人是不可能被工厂彻底裹挟，总会保持或多或少的主体性和自由。

马克思之后，齐美尔在此基础上进一步剖析了现代社会的技术本质以及由此而引发的人的异化。齐美尔发现，技术时代的来临，将不可避免地导致人的精神异化，人类开始越来越疏离于自身存在的完整意义。齐美尔说：“灵魂的精神性和专心镇静在自然科技时代喧嚣的辉煌中麻木了，造成了紧张和茫然地追求的某种模糊感的恶果，造成了一种感觉，即离我们的存在的完整意义如此遥不可及，以至于我们无法锁定存在的完整意义，处于不断地远离它而非靠近它的危险之中。”② 当然，对技术引发的人的

① 马克思：《资本论》，北京：中国社会科学出版社1983年版，第427页。
② 齐美尔：《货币哲学》，北京：华夏出版社2002年版，第394页。

异化进行更系统、更深入剖析的，当属20世纪西方马克思主义理论家的技术哲学。西方马克思主义理论家自觉从《资本论》中吸取必要的理论资源，并在许多情况下以马克思主义的名义从事技术批判。这些成果，一方面有效应对了新的时代所面临的技术问题，另一方面也拓展和深化了《资本论》中的技术哲学。

三、技术批判与共产主义

海德格尔哲学无疑是当今世界上对现代科学与技术的症结做出最深刻反思的哲学之一。技术问题当然是海德格尔个人所关注的问题，但它同样也是近代以来工业社会时代所面对的一个时代性问题，更是在工业文明之后我们这个后工业社会人们所普遍面临的时代问题。不过，虽然海德格尔反思技术的路径确实深刻地揭示了由现代科学与技术所引发的现代性困境，而他所提出的解决方案也为更深层地推动现代社会的发展注入了新鲜的血液，但也不得不承认，现代科学与技术的肆虐，并不是根源于现代哲学所彰显的主体理性，而在于主体理性背后所潜藏着的“物质的生活关系”这一更为本质性的领域。海德格尔的科学技术批判由于没有触及这一更为本质性的领域，而仅仅专注于对主体理性的哲学批判，这就注定他的批判路径不可能获得成功。归根到底，海德格尔依然是一位“解释世界”的经院哲学家。在技术反省的意义上，海德格尔哲学给我们的启示是，人除了要利用技术彰显自身的主体性自由之外，还需要同技术保持必要的距离，以防止完全被技术的运作逻辑所裹挟，或许只有这样，人类才能真正实现诗意的生活。

在《资本论》中，马克思同样是在存在论的原则高度上来考量现代科学技术的，但他的技术批判却迥异于海德格尔哲学。马克思始终把技术同自己对资本主义生产方式的基本诊断结合起来考察。在马克思看来，新技术的发明，特别是自动化机床这种新型的工具机的出现，加速了劳动与财产的分离，从而也就更为明显地暴露了资本主义私有制的生产方式所存在的固有缺陷。更为重要的是，由新技术所带来的丰厚利润统统落入资本家手中，这就使得无产阶级队伍加速壮大，而阶级对立也变得更加不可调和。马克思由此得出结论：技术的进步只会加速资本主义生产方式的自我崩溃和共产主义的来临。

马克思的这一判断遭到了20世纪以来的许多理论家的质疑。马尔库塞指出，现代科学与技术非但没有加速资本主义的灭亡，反而在不断强化资本主义的统治。一个明显的事实是，资本主义意识形态并没有随着科学技术的发展而衰落，恰恰相反，它借助科学技术的形式以更加强大的力量支配了人们的思想。马尔库塞说："工艺的真理性是意识形态的内核，而工艺的合理性则是一种统治人的虚假意识。"① 在马尔库塞看来，科学技术或许只有同艺术及形而上学结合，才能摆脱其功利性特征，最终成为人的解放的手段。这一思路相对于《资本论》来说显然是一种历史倒退，它充分反映了当代的理论家们，甚至包括部分西方马克思主义理论家们，对马克思所主张的共产主义道路的不自信。

应该说，科学技术的飞速发展，虽然造成了当代资本主义虚假繁荣的景象，但却并没有在根本上消除它的内在矛盾。首先，在科学技术成为第一生产力的晚期资本主义社会中，生产的分工越来越细，生产的协调性要求越来越高，从而导致整个资本主义的生产走向更加全面的社会化。与此同时，科学技术也加剧了企业间的竞争和兼并，使得垄断资本更加集中，这一切都表明资本主义的私有化达到了前所未有的程度。就此而言，马克思当年所指认的资本主义社会的固有矛盾，亦即生产的全面社会化同资本主义私人占有制之间的矛盾，并没有随着科学技术的发展而得到有效的克服，反而是加剧了。

其次，马克思所说的资本主义的另一大矛盾，亦即生产能力的提高和人民有限的消费需求之间的矛盾，同样没有因为科学技术的发展而得到有效的克服。诚然，随着科学技术的发展，当代资本主义社会的生产能力空前地提高了，但劳动人民的支付水平相对而言却是在不断缩小，而不是增强。资本主义的这一矛盾在人工智能时代变得更为严峻。我们知道，自工业革命以来，人们就开始担忧生产中过度的机械化会导致工人的失业，但以往的历史表明，随着旧职业的消亡，就会有一些新的职业出现，至少，人类在信息认知和处理方面的先天优势，是机器永远不可能取代的。然而，人工智能及其与物联网等相关领域的高度融合，却在根本上改变了这一点。在人工智能面前，人类认知和处理信息的优势也正在消失。可以说，随着人工智能的发展，越来越少的劳动要素被要求释放出数量更多、质量更高的劳动产品。这也就意味着，劳动逐渐被资本所置换，物质资本自身就能够生产出满足人的物质需求的产品，传统意义上的那种以工资劳动形式出现的人的体力和智力，不在商品生产中占据主导地位了。随着资本的集约化以及技术对工人的极端排挤，大量的雇佣工人正在被驱逐出生产过程。在这种背景下，他们的消费能力，相对来说，必然会大大萎缩。

① 赫伯特·马尔库塞：《单向度的人》，上海：上海译文出版社 2008 年版，第 11 页。

总而言之，科学技术不但没有维护资本主义统治的合法性，反而是放大了资本主义社会结构中的固有缺陷，使得资本主义统治变得更加脆弱，甚至危机丛生。可以说，在资本主义的发展史上，人类从来都没有像今天这样面对如此之多的风险和不确定性。正因为如此，在当今世界，越来越多的人把对技术－资本所规定的现代文明的希望，寄托在共产主义上。人们开始重新认真思考共产主义的真实意义了。

按照马克思的想法，异化与异化的扬弃是同一条道路。也就是说，资本主义的瓦解和共产主义的实现是同一个过程。晚期资本主义的一个基本特征是，它充分利用现代技术手段，来制造或刺激人们的消费欲望。如果立足于晚期资本主义消费文化的语境来思考共产主义的话，就会发现，共产主义首先意味着按“欲”消费的终结和按“需”消费的来临。我们知道，在早期著作中，马克思曾把宗教看作是有缺陷的定在，认为它是人类异化的表征。正是因为人类不能在现实生活中获得生命的意义，所以才会转向虚幻的彼岸世界来寻求精神慰藉。马克思之所以批判宗教，就是因为它扭曲了人的精神欲求，把人的精神欲求完全转移到了彼岸的虚幻世界之中。我们也可以从马克思对宗教异化的批判中合理地推导出他对消费异化的批判，那就是，晚期资本主义的消费文化同样扭曲了人的物质欲望，它把人的基本物质欲求扭曲为无止境的商品消费欲望。商品消费由此成为行使宗教功能的“鸦片”。

马克思对共产主义的经典表述是：“在共产主义社会高级阶段，在迫使个人奴隶般地服从分工的情形已经消失，……；在劳动已经不仅仅是谋生的手段，而且本身成了生活的第一需要之后；在随着个人的全面发展，他们的生产力也增长起来，而集体财富的一切源泉都充分涌流之后，——只有在那个时候，才能完全超出资产阶级权利的狭隘眼界，社会才能在自己的旗帜上写上：各尽所能，按需分配！”① 这一论述意味着，物质资料的极大丰富是实现共产主义的基本前提。所谓物质资料的极大丰富，毋庸置疑，一方面依赖于生产力的提高，特别是技术的进步，以便能够生产出更多满足人的基本需求的物质产品；但另一方面，它也依赖于人类的分配正义以及对自身无节制的消费欲望的限制。晚期资本主义的消费文化已经表明，如果人的消费欲望被无限度地激发的话，那么，物质资料则永远会处于相对“匮缺”的状态。遗憾的是，包括柯亨在内的许多西方学者，对马克思关于“物质资料极大丰富”的解读，仅仅考虑到了生产力提高

① 《马克思恩格斯选集》第3卷，北京：人民出版社1995年版，第305—306页。

的客观性方面，而忽略了主观性欲求的领域。他们以为，在马克思那里，包括科学技术在内的一切生产力能够而且必然会无限提高，以便在共产主义条件下，人的所有消费欲求都将会获得满足。

事实上，对于马克思来说，在共产主义社会中，技术的真实意义倒并不在于精确生产出人类想要的全部产品，从而满足人类的全部欲望，而在于它可以使人类从非人的机械性劳动中解脱出来，从异化劳动和分工中解放出来，让人类在自己的生活中从事更加有意义的生产形式，如艺术、文学和哲学等。归根到底，共产主义的落脚点并不在于物质资料的无限生产，而在于人的“个性自由”以及由此而来的对资本主义消费异化的抵制。青年马克思已经提出，人的生命意义的彰显，应该通过对人自身生命中固有的力量的发展、训练和表达来完成，而不可能完全依赖于被动的商品消费。这也就意味着，晚期资本主义要真正摆脱危机，实现转型，就必须要瞄准控制商品生产的广告活动，通过培养人的生命中固有的能动性力量，来创造真正符合人性的生活方式，以此抵制消费文化的过度泛滥。可喜的是，近年来，人们已经开始逐渐认识到，过度的物质消费不但会损害人的身体健康，而且还必然会导致整个地球的生态系统的破坏。正因为如此，在晚期资本主义社会中，人们开始厌倦日复一日的商品消费，显露出一种努力寻求人性意义上的价值和意义的趋势。

共产主义的目标是消灭雇佣劳动制度。技术在当代的迅猛发展，特别是人工智能的出现，虽然还没有消灭雇佣劳动制度，但却已经成功地将它推移到了社会经济生活的边缘。雇佣关系推移到人们的经济生活的边缘，表明资本主义生产方式在塑造社会生活和人的存在方式方面的能力正在衰弱。人类出现了迈入新的文明形态的征兆。根本上说，共产主义一方面是一种社会组织原则和制度安排，但另一方面，它更是一种对人的本质的回归方式，是一种人类对自身的本性和存在经验的新的觉解。让我们再次回到马克思青年时期的这一论断上来：“自然科学却通过工业日益在实践上进入人的生活，改造人的生活，并为人的解放作准备，尽管它不得不直接地完成非人化。工业是自然界同人之间，因而也是自然科学同人之间的现实的历史关系。”① 异化与异化的自我解构，是同一个逻辑，这是辩证法的真谛。在今天，自然科学与技术已经获得了更为迅速的发展，正在加速完成“非人化”，正因为这样，我们更有理由相信，自然科学与技术也正在积极“为人的解放作准备”，为共产主义的来临做铺垫。

---

① 《马克思恩格斯文集》第1卷，北京：人民出版社2009年版，第193页。

第六章 《资本论》与当代中国

当代中国的社会主义建设已经取得了举世瞩目的伟大成就，与此同时，当代的中国问题、中国道路和中国的精神建设也日益成为知识界、理论界所无法回避的重大问题。中国的发展只是部分地从属于现代西方资本主义文明，因为它是从与西方完全不同的历史条件和历史背景下发展出来的。实践证明，中国的发展道路也日趋明显地显现出同后者截然不同的特质。中国正在以新发展理念为指引，不断开启着人类文明的新形态。显然，为了适应这种新的文明类型，知识界、理论界理应立足于马克思主义，尤其是《资本论》哲学，提供一种新的思想方案。

第一节 《资本论》与中国问题

《资本论》是马克思为之付出毕生心血的理论巨著，它对于我们掌握马克思主义基本理论的“看家本领”来说，无疑具有举足轻重的意义。在《资本论》中，一方面，马克思断言了资本主义的历史暂时性，认为它必然会被未来的社会主义和共产主义所取代；另一方面，马克思又承认甚至强调，共产主义只是在积极扬弃资本主义文明的基础上产生的，它与资本主义之间并不存在内在的断裂。《资本论》之后的世界历史表明，资本主义在其发展过程中始终没有实现所谓的“历史的终结”，世界历史反而时不时绽露出要超越资本主义的某种潜能。这就说明《资本论》对资本主义的分析从来都没有过时，所谓的“过时论”可以休矣。如果人们承认《资本论》对于分析当代资本主义依然有效，那么，人们也必然会承认它对于分析中国问题的有效性。

应该说，对于建设市场经济，尤其是建设社会主义市场经济来说，《资本论》蕴藏着极为丰厚的理论资源，它启示我们要在不断借鉴资本文明的基础上坚持市场经济的社会主义方向。一方面，中国的现代性具有现代性的普遍特征，它是现代社会的某些共有的深层症结在中国的显现，因而中国的问题从来都不只是中国所特有的问题，而是发生在中国的现代性的普遍问题；但另一方面，中国坚持走不同于资本主义的社会主义道路，而且这种道路越来越具有鲜明的“中国特色”，这就使得中国的现代性又显示出某些独特的品格。《资本论》从来都没有对资本现代性持片面的批判态度，恰恰相反，它总是以肯定资本的“伟大的文明作用”为前提的，所以，《资本论》语境中的中国问题，本质上讲，就是资本的合理性驾驭问题，即如何在利用好资本的“伟大的文明作用”的同时最大限度地规避其负面效应。从世界历史的眼光看，中国特色社会主义的最终使命和任务，就是要在超越资本文明的基础上建构一种全新的人的存在方式和生存样态。

一、寻求资本的合理边界：《资本论》的理论遗产

正像德里达把马克思隐喻为“幽灵”一样，伊格尔顿在《马克思为什么是对的》中把马克思比喻为一个医生。他认为，当资本主义运行正常的时候，人们会遗忘马克思，但一旦当它出现问题的时候，人们首先想到的就是马克思。因此，马克思并没有离我们远去，恰恰相反，他始终是对现代社会做出最深刻诊断的思想家。

对于现代社会的诊断，按照恩格斯的说法，马克思的一个重大的理论贡献就是对剩余价值的发现。在《资本论》中，马克思通过资本自身的辩证运动鲜明地揭示了剩余价值的生产过程。其中，第一卷以资本的生产过程展现了剩余价值的来源，第二卷以资本的流通说明了剩余价值的实现过程，第三卷以资本运动的各种具体形式分析了剩余价值在资产阶级内部的分配。以剩余价值理论为基础，马克思进一步阐释了资本主义的价值规律、平均利润率的形成规律以及利润率的下降规律，等等。透过这些规律，资本主义本质性一度之中的资本与雇佣劳动的内在对立关系以及资本的主体性意义就彻底呈现了出来。

马克思并不是一开始就捕捉到了资本主义内在的资本与雇佣劳动的对立，而是经历了一个漫长而艰难的探索过程才触及了这一症结。这一点可以从马克思对“劳动”与“劳动力”日益清晰的界定中看出来。尽管青年马克思就已经十分敏锐地洞悉到了资产者的富有和无产者的贫困之间的内在关联，但那时他还不能够借助经济学话语来科学地澄清这种关系。甚至直到1847年的《雇佣劳动与资本》，马克思依然不能真正觉解到劳动力和工资的内在对立，而仅仅停留在对资本主义私有制不合理性的一般性指证上，因而在用语上他始终混淆“劳动”和“劳动力”。《1857—1858年经济学手稿》和《1861—1863年经济学手稿》表明，马克思已经明确意识到了工人从资本家那里所获得的工资，正是他出卖自己的劳动能力时所得到的报酬。在《资本论》第二卷讨论资本生产的基础时，马克思正

式把这种与工资相对的劳动能力表述为“劳动力”。

劳动力的概念清晰地说明了剩余价值的来源问题。比如，一个劳动力为资本家生产了一天，但他的工资可能只需要半天的时间就能生产出来，剩下的半天所生产的价值就被隐蔽地转化为剩余价值了。显然，资本家所购买的是工人的劳动力，而不是一般意义上的劳动；如果说资本家径直购买了工人的劳动，那么工人制造的一切劳动财富就都顺理成章地归资本家所有了，资本家同工人之间本来就隐蔽的剥削关系就被彻底掩盖了。除此之外，劳动力而不是劳动真正说明了机器生产对工人劳动机械性的要求，它更加鲜明地刻画了工人阶级在资本主义生产方式下一味的体力付出。正因为如此，恩格斯把马克思讨论货币转化为资本的第二篇称作“迄今为止最为辉煌”的篇目，并在1891年出版的《雇佣劳动与资本》的单行本的导言中特意强调，工人向资本家出卖的是“劳动力”而非原版中的“劳动”。

对劳动力概念的清晰自觉，使得马克思真正在政治经济学的意义上揭示了雇佣劳动与资本的对立关系。劳动力成为商品，意味着剩余价值的直接生成以及资本主义生产方式的真正诞生。资本主义生产的一个突出特点是获取更多的剩余价值。为了获取更多的剩余价值，资本家必然会最大限度地榨取劳动力，延长工人的劳动时间，但是，由于工人的身体本身受到自然条件的限制，他创造剩余价值的时间始终是有限的，因此，资本家不得不通过技术的改进来弥补这方面的缺陷。就此而言，科学技术的进步是资本运动逻辑的题中应有之义，这也是资本主义较之封建主义的一个突出优点。然而，科技的迅猛发展却反过来加剧了雇佣劳动与资本的对立关系以及资本主义的危机。一方面，资本家固然可以依托科技来不断地降低社会必要劳动时间，提高劳动生产率；但另一方面，过高的利润尽管刺激了经济的增速，但它必然会导致工人工资的降低，其结果只能是工人阶级的贫困化和有效需求的抑制。作为消费者的工人阶级始终没有足够的购买力来消化资本家日益囤积的商品，这就不可避免地导致了资本主义经济危机的周期性爆发。《资本论》发表之后，资本主义国家也意识到了资本与雇佣劳动之间的固有矛盾，因而它们试图通过以资本向雇佣劳动让步的方式来缓解这一矛盾。西方现代的福利国家正是在这样的背景下形成的。但问题在于，资本主义国家也不能强行让资本向雇佣劳动过度妥协，因为如果劳工的工资太高，资本必然会由于利润太低而向其他地方流转，其结果必然是经济滑坡、税收锐减和大量失业。可以说，如何在资本与雇佣劳动之间形成必要的张力，从而达到二者微妙的平衡，始终构成资本主义得以持续发展的必要条件。

历史地看，资本主义主要是通过自由放任的市场逻辑和反向而生的针对市场的抗衡力量来实现资本与雇佣劳动之间的平衡的。如果说自由放任的市场逻辑力图把经济从政治国家的枷锁中挣脱出来，那么，由此反向而生的针对市场的抗衡力量则恰恰力图使经济重新从属和服务于政治国家。正是这两种力量的相互抗衡，促成了西方资本主义的三次巨大历史转型。具体来说，19 世纪中期开始，西方资本主义逐渐由市场主导型向国家主导型回转，直至 20 世纪 60 年代福利国家的形成而达到顶峰；随着新自由主义在 20 世纪 70 年代的兴起，西方国家又开始启动了向市场主导型社会的转型；当前的西方资本主义尽管再次展现出向国家主导型的发展模式的转型，但已经深深地陷入了政治与经济的迷惘之中。正如哈耶克所言，在资本主义社会里，一方面是自由思想，另一方面是国家对收入的调控，二者之间无休止的矛盾构成了资本主义的核心和主旋律。

在马克思看来，人类社会历史的发展呈现为“一种自然史的过程”①，因而资本与雇佣劳动的对立将在人类历史中长期存在。可以说，在历史发展的很长一段时期内，人类都不得不面对资本与雇佣劳动的对立关系以及由此而来的诸多社会阵痛。历史表明，资本与雇佣劳动的矛盾不能依靠外在的人为因素来强制中断，对这一矛盾的强制解除只能迫使人类重新回到野蛮的蒙昧状态之中。但是，人类需要始终对资本的负面作用保持警惕，因为只有对此保持足够的警惕，人类才能最大限度地缩短和减轻自身在发展过程中的诸多“阵痛”②。这就是《资本论》最真实的理论遗产和当代意义，这也是马克思之所以终其一生都在批判资本逻辑的初衷。正视这一点，是我们真正切入中国问题的理论前提。马克思说得好，共产主义绝不是一个完全与资本主义断裂的既定的社会形态，而是指在批判旧世界中对新世界的不断追求。“共产主义对我们来说不是应当确立的状况，不是现实应当与之相适应的理想。我们所称为共产主义的是那种消灭现存状况的现实的运动”③。

二、社会主义的资本驾驭：“中国问题”的实质

与马克思所生活的时代相比，当今的世界已经发生了更为深刻的变

① 《马克思恩格斯文集》第 5 卷，北京：人民出版社 2009 年版，第 10 页。
② 《马克思恩格斯文集》第 5 卷，北京：人民出版社 2009 年版，第 10 页。
③ 《马克思恩格斯文集》第 1 卷，北京：人民出版社 2009 年版，第 539 页。

化，很显然，今天的资本主义不能同150多年前马克思所生活的时代的资本主义同日而语，它已经彻底渗透到了世界的每一个角落。尽管资本主义在马克思之后并没有像《资本论》所预言的那样走向灭亡，但一个不得不承认的历史事实是，资本主义后来的发展轨迹，基本上是一个不断按照《资本论》所提出的理论主张进行自我修正的过程。在这个意义上可以说，《资本论》并没有过时。只要资本主义依然现实地存在，只要资本的逻辑依然在现实地运作，人类就永远需要《资本论》，因为在对资本主义真实症结的诊断上，《资本论》已经一再表现出惊人的预见力和现实感。甚至在面对2008年金融危机的时候，人们首先想到的就是重读《资本论》，力求在这部巨著中吸取破解现实危机的理论资源。

实际上，《资本论》及其手稿从来都没有对资本主义持片面的批判态度，恰恰相反，它首先高度评价资本的“伟大的文明作用”，认为现代人之所以能够摆脱对自然、对他人的依赖关系而获得主体意识和独立性，根本上说，就是源于资本的运动逻辑。马克思说：“只有资本才创造出资产阶级社会，并创造出社会成员对自然界和社会联系本身的普遍占有。由此产生了资本的伟大的文明作用；它创造了这样一个社会阶段，与这个社会阶段相比，一切以前的社会阶段都只表现为人类的地方性发展和对自然的崇拜。”① 然而，尽管资本主义以市场中心主义的政治经济模式取代了以往封建主义的国家中心主义，在人类历史上实现了一场深层变革，但它却并没有由此而实现“历史的终结”，而是始终被自身所无法克服的深层矛盾所困扰。在以“资本”为“主义”的资本主义社会中，资本具有形而上学的主体性意义，它在根本上建构了资本主义社会的运行原则，甚至连资本家在这里也只不过是资本的人格化，是资本运作逻辑中的一个环节和客体而已。马克思说：“资本不是物，而是一定的、社会的、属于一定历史社会形态的生产关系，后者体现在一个物上，并赋予这个物以独特的社会性质。资本不是物质的和生产出来的生产资料的总和。”② 资本主义的发展史表明，资本迅速抹去了封建主义的一切职业的灵光，把一切都沉浸在金钱的冰水之中，并最终造成了人类价值虚无主义的困境。尽管资本主义在《资本论》之后一百多年的时间里采取了各种措施来缓解资本的诸多消极作用，但它却始终没有改变资本的反人性本质。

毋庸置疑，《资本论》所指认的资本与雇佣劳动的对立以及由此而决

① 《马克思恩格斯全集》第30卷，北京：人民出版社1995年版，第390页。
② 《马克思恩格斯全集》第46卷下，北京：人民出版社2003年版，第922页。

定的资本的反人性本质对于分析当代资本主义而言依然有效。西方左翼思想家詹姆逊指出，现代资本主义社会的危机根本上说是由资本所带来的“体系性危机”①，因而任何绕开对资本内在本性批判的做法都不可能奏效，因此，与其将矛头指向资本的不良后果，不如直接将矛头对准资本本身。在这个意义上，詹姆逊认为，《资本论》开启的资本主义批判在今天依然是人类的行动指南。这表明，人类如果不能瓦解资本的逻辑，就会永远承受由资本的恶所带来的诸多痛苦和不幸。

《资本论》所提供的分析现代社会的基本理论框架，不仅适用于分析西方现代的资本主义社会，而且也同样适用于分析现代性的中国。改革开放以来，伴随着中国社会经济的深刻变革，人们一方面切身地感受到了资本在增加社会财富和改善生活方面的巨大作用，但另一方面，人们也越来越痛切地体会到了资本诸多负面的社会效应，如两极分化、精神家园的失落、环境问题，等等。尽管国家在宏观调控的层面上采取了各种措施来规避资本的负面效应，力求最大限度地把资本转化为促进社会财富增加的不竭动力，但不得不承认，人们还是能够在现实生活中感受到资本所带来的种种“阵痛”。固然，资本在当前中国的存在有其充足的合理性，但它的这种暂时存在的合理性并不能构成其躲避批判和反省的理由。事实上，只有在利用资本的同时对它保持足够的警惕，才能确保我国市场经济有序发展和社会主义方向。而这就需要我们深入研究《资本论》。离开《资本论》的理论支撑，我们必然无法把握“中国问题”的关键所在。

不过遗憾的是，在当代中国的学术生态中，《资本论》研究一度没有得到应有的重视。众所周知，伴随着西方思潮自改革开放以来潮水般地涌入，中国固有的学术格局发生了很大的改变，在学术界尤其是经济学界，一个明显的事实是，一度马克思主义经济学不再一枝独秀，西方主流经济学持续地受到人们的追捧。一些专业的经济学家甚至偏激地认为：《资本论》已经不再适合分析当代纷繁复杂的资本主义经济，因而作为一部经典之作，它在当今只具有经济学史上的意义。而那些对《资本论》仍然抱有研究热情的马克思主义经济学家，也没有以一种辩证的眼光来审视《资本论》语境中的资本主义批判，他们在《资本论》中只是教条地读到“资本主义必然灭亡”这一简单的结论。当看到现实历史中资本主义的持续繁荣和苏联社会主义的瓦解以及国内的市场经济改革，这些原本对《资本论》充满宗教般虔诚的马克思主义经济学家开始动摇，甚至绝望，

① 詹姆逊：《关于现实存在的马克思主义五个主题》，《每月评论》（纽约），1996 年 11 月 1 日。

不少人最终选择放弃《资本论》研究而另谋职业。

如前所述，学界对《资本论》的重视不够以及误读的一个直接理论后果是，人们无法真实地做到以理论的方式来把握中国问题和中国现实。在改革开放初期，普通大众甚至包括部分专家学者都无法理解“社会主义市场经济”的理论内涵，他们始终固守两极对立的形而上学思维，刻板地将社会主义和市场经济对立起来，认为社会主义必然是同计划经济内在联系的，只有资本主义才会有市场经济。那些教条化的马克思主义者甚至认为，社会主义市场经济实质上就是以社会主义之名行资本主义之实，它同时就意味着社会主义的失败和资本主义的胜利。在改革开放 40 多年之后的今天，我国部分理论家依然处于“摸着石头过河”的状态，对中国特色社会主义缺乏理论上的深度解释力。不可否认，这些都与对《资本论》研究的深度不够有着密切的关系。

2008 年的金融危机曾一度使得《资本论》在西方大为畅销，据说，其销量在短时间内比过去猛增了许多倍。这一现象在国内学界引起了震动，人们似乎一下子看到了《资本论》研究在西方复兴的可能性。受此影响，近年来，国内学界也较为集中地讨论了驯服资本的话题，一些人提出“经济伦理学”的概念，试图从道德伦理的角度来消解资本的消极本质。这一现象本身表明，人们不再像改革开放初期那样一味欢呼和拥抱资本，而是洞悉到了资本所潜藏的种种罪恶。在马克思主义哲学界，人们还把《资本论》的哲学思想研究同破解教条化的马克思主义联系在一起，并由此而把马克思主义哲学的实质精神归结为对资本逻辑的批判。这些都是可喜的学术现象。可以预见，伴随着《资本论》的深度研究，中国人文社会科学界在面对中国问题时将结束长期失语的状态。近来，学界也越来越达成一种共识，那就是，所谓历史唯物主义语境中的中国问题，就其实质来说，就是社会主义的资本驾驭问题。

三、超越资本文明：“中国问题”的世界史意义

当代英国著名学者 I．梅扎罗斯曾指出，资本的触角向世界各个角落的伸张是当今世界的基本特征，人们“都生活在为资本所牢牢控制的世界之中”①。梅扎罗斯的这个判断与马克思基于资本逻辑而对“历史走向世界历史”的断言是一致的。在《共产党宣言》中，马克思明确指出，

---

① I．梅扎罗斯：《超越资本——关于一种过渡理论》，郑一明等译，北京：中国人民大学出版社 2003 年版，第 1 页。

"资产阶级，由于一切生产工具的迅速改进，由于交通的极其便利，把一切民族甚至最野蛮的民族都卷到文明中来了。它的商品的低廉价格，是它用来摧毁一切万里长城、征服野蛮人最顽固的仇外心理的重炮。它迫使一切民族——如果它们不想灭亡的话——采用资产阶级的生产方式；它迫使它们在自己那里推行所谓文明，即变成资产者。一句话，它按照自己的面貌为自己创造出一个世界"①。毫无疑问，资本不同于资本主义，因而对资本主义的批判不能简单化为对资本的批判。中国自改革开放以来已经融入这场资本世界化的进程之中了。所谓改革，就是打破以往的计划经济模式，把资本的因素渐进地引入到经济运行之中；所谓开放，就是打开国门，努力把国际资本引入到中国的大地上来。资本的"伟大的文明作用"正在激励中国继续全面深化改革。人们也已经不再像改革开放之前那样一味诅咒资本，不仅资本拥有者认同资本，甚至连雇佣劳动者也从资本那里获益。

中国的改革开放为资本在当下中国存在的合理性奠定了基础，但一些人由此遮蔽了资本的历史性本质，把它看作是永恒合理的。这主要体现在近年来国内日益泛起的自由主义思潮上。自由主义思潮本来具有深刻的合理性，但不少附庸者们却由此而流俗地把资本主义本身抽象地放大为绝对的"自由王国"。这些人被资本主义的繁荣假象所迷惑，被西方资本主义的价值观所渗透，他们对资本主义盲目崇拜，而对中国的社会主义建设一味持悲观批判的态度。显然，这一思想倾向的症结在于，它没有看到资本主义的潜在界限，把资本主义幻想为世界历史舞台上唯一合理的主角。《资本论》及其手稿表明，马克思早已经在世界历史的意义上认识到了资本主义的限度，因而始终在积极探索某种超越资本主义的可能道路，即如何在规避资本主义的弊端的同时而能积极分享资本主义的一切文明成果。《资本论》的资本批判，既承认资本存在的暂时合理性，又强调资本消亡的历史必然性。马克思这样说道："资本生产的真正限制是资本自身，这就是说：资本及其自行增殖，表现为生产的起点和终点，表现为生产的动机和目的；生产只是为资本而生产，而不是反过来生产资料只是生产者社会生活过程的不断扩大的手段。"② 那种把资本永恒合理化的观点在根本上有悖于马克思主义的观点，也必然会损害中国特色社会主义建设的伟大事业。毋庸置疑，中国已经深度融入资本世界化的进程之中了，但中国与

---

① 《马克思恩格斯文集》第2卷，北京：人民出版社2009年版，第35页。

② 《马克思恩格斯文集》第7卷，北京：人民出版社2009年版，第278页。

资本主义国家的内在差别不可抹杀，毕竟，中国是在特殊的历史情境下参与到资本世界化的进程之中的。从历史来看，中国尽管历史漫长，但却并没有最终实质性地孕育出资本主义，因而资本主义对中国而言始终是一个外来的它者；从现实来说，中国共产党坚持以马克思主义为指导，着力于建设中国特色社会主义，因而始终对资本主义保持足够的警惕。这就不难理解，当全世界都在叫嚣"历史的终结"和资本的全面胜利时，中国却在改革开放的步步推进中一如既往地保持着理性的头脑。

改革开放以来，除了分享资本的"伟大的文明作用"，中国也确实感受到了它的与日俱增的负面效应。建设中国特色社会主义市场经济，不能等到资本的正面效应发挥殆尽之后才着手消灭资本，而应当把利用资本和超越资本结合起来。我们要时时刻刻认清资本主义的界限，特别是在市场经济不断深化的今天。从长远看，如何理解资本的辩证本性，特别是既不像过去那样盲目地敌视资本，又不像西方国家那样非批判地接受资本，依然是一个极其重大的理论和现实课题，它涉及中国社会主义改革的基本方向。社会主义市场经济和资本主义市场经济的区别，归根到底，就在于前者着力于瓦解资本的逻辑，而后者则是以承认资本的逻辑为前提的。中国特色社会主义市场经济的终极目标是社会主义而不是市场经济。资本的积极效应在今天的中国依然大于它的消极效应，这是资本存在的深层合理性。但资本的本性就是无限度地集聚及其消极效应的日益凸显。一旦当资本的消极效应超过它的积极效应，或者说，当资本存在的历史条件消失时，那么，对资本的超越就会成为历史的必然。

中国是以马克思主义为指导思想的社会主义国家。如果说在改革开放之前，人们对马克思的讨论主要是为国家意识形态服务的，那么，改革开放之后人们对马克思的关注和讨论，则切实地关切到每一个中国人的现实生活。尽管马克思对未来社会的共产主义断言曾引起西方学者的诸多争议，但他对资本主义限度的指认却被人们广泛接受。显然，资本主义在其发展过程中始终没有实现所谓的"历史的终结"，世界历史反而时不时绽露出要超越资本主义的某种潜能。从世界历史的眼光看，中国特色社会主义市场经济的使命和任务，根本上说，就是为了建构一种全新的人的存在方式和生存样态。因为《资本论》所谓的"政治经济学批判"，不仅是为了批判国民经济学的形而上学实质和资产阶级立场，而且是为了重建一种全新的政治经济学和以此为指导的人类文明的新形态。

第二节 《资本论》的现实观与中国道路

马克思不仅借助于黑格尔对理性能动性原则的存在论阐释，打破了费尔巴哈对现实的单纯直观，揭示了现实历史的辩证运动本性，而且以资本的逻辑彰显了当代人所面临的最大生存现实："以物的依赖性为基础的人的独立性"。揭露资本主义的实质症结，是《资本论》的主题和旨趣，而超越资本主义文明，则是《资本论》所遗留下来的最大理论课题。在"历史的终结"甚嚣尘上的今天，澄清《资本论》的现实观，并依此理路来探讨中国道路的思想基点，无疑是当代马克思主义研究的当务之急。

一、马克思对现实的哲学规定

我们知道，历史唯物主义的理论基石是马克思的现实观。但由于马克思现实观的理论内涵被长期遮蔽，所以人们在对历史唯物主义的理解上，始终处于抽象的唯心论与同样抽象的经验主义的两极对立之中。一方面，那些对哲学一知半解的理论家们始终囿于所谓的一般原理来理解现实历史的演进过程；而另一方面，这样一种立场和诉求马上就引起了经验主义者们的强烈抵抗，在经验主义者看来，历史仅仅意味着单纯的经验事实的杂乱堆积，毫无规律性可言。如果马克思的现实观始终游离于人们的理论视野之外，那么，人们在对历史唯物主义的理解上就始终会停留在如此这般的抽象对立之中。而人们对中国道路的理解，就会同样沦为抽象的唯心主义抑或抽象的经验主义。

从理论的传承来看，尽管马克思的现实观受到费尔巴哈的深刻影响，但它更加接近于黑格尔的现实概念。黑格尔在哲学史上史无前例地把现实世界提升为哲学的内容，从而实现了对现实的理论内涵的根本改变。一方面，黑格尔同传统形而上学一道拒绝了对现实的常识性理解，认为现实绝不是在知觉中直接给予我们的单纯的实存，而是深深地根植于本质性的领域之中，它属于"本质论"而不是"存在论"；但另一方面，黑格尔又并没有像以往的形而上学家们那样，仅仅把现实划归本质性的领域而使它与经验性的领域对立起来，而是力图将本质与实存辩证地捏合在一起。在黑格尔那里，现实意味着实存与本质的辩证统一，"无形态的本质和无休止的现象，或无规定的长在和无长在的多样性以现实为它们的真理"①。

① 黑格尔：《逻辑学》下卷，北京：商务印书馆1976年版，第177页。

现实作为实存与本质的统一，首先就意味着事物的表现与事物本身是同一的。黑格尔说："所以现实事物在它的表现里仍同样还是本质性的东西。也可以说，只有当它有了直接的外部实存时，现实事物才是本质性的东西。"① 其次，黑格尔始终强调，实存与本质的一致性，并不是僵死的同一性，它展现为经验事物不断被证明为作为有机环节而融入理性总体的历史性过程。卢卡奇说得好，黑格尔现实观耳目一新的地方就在于，"……生成表现为存在的真理，过程表现为事物的真理。这就意味着，历史发展的倾向构成比经验事实更高的现实"②。可以说，在黑格尔那里，"现实"与"偶然的实存"有着根本的区别，前者在其展开过程中始终表现为必然性，而后者则只是转瞬即逝的表象而已。正因为如此，那些依然存在着但已丧失内在必然性的经验事实在这里已经配不上"现实"这一美名了。黑格尔的现实概念或许最为精炼地体现在"凡是现存的，都一定要灭亡"的古老警句之中。与此同时，哲学的任务发生了根本的转变，它不再虚无缥缈了，而就在于确证经验与思想的一致性，"甚至可以说，哲学与经验的一致至少可以看成是考验哲学真理的外在的试金石"③。无疑，这样一种对现实的哲学规定对马克思以革命为旨趣的现实观产生了极为重大的影响。不过遗憾的是，尽管黑格尔在哲学的意义上对现实的理论内涵做出了艰苦卓绝的探索，但他的探索终究没有离开绝对唯心主义的根基，这就导致现实在他那里依然处于蔽而不彰的状态。黑格尔终究还是把现实的终极根据归结于上帝、实体，以至于上帝、实体成为唯一真正的现实，"应该知道上帝不仅是现实的，是最现实的，是唯一真正现实的"④。很明显，黑格尔的现实概念并没有出离传统柏拉图主义的形而上学框架，尽管他努力将现实理解为实存与本质的统一，但所谓的现实在他那里依然是与感性实存相对立的理念世界。

马克思认为，黑格尔"为历史的运动找到思辨的表达"。黑格尔的历史辩证法本质上是唯心主义的，它只承认理性主体所创造的历史，认为自然界并不存在历史，所谓"太阳底下没有新东西"。自然的历史是以人类观念的历史性为前提和中介的，或者说，人类观念的历史性才使得自然有历史可言。人类个体的历史性也要以观念史为中介才能被真实地建构起

① 黑格尔：《小逻辑》，北京：商务印书馆1980年版，第295页。

② 卢卡奇：《历史与阶级意识——关于马克思辩证法的研究》，北京：商务印书馆1996年版，第268—269页。

③ 黑格尔：《小逻辑》，北京：商务印书馆1980年版，第43页。

④ 黑格尔：《小逻辑》，北京：商务印书馆1980年版，第44页。

来，离开观念史，人类个体同样是虚假和无意义的。马克思说，黑格尔以抽象的方式表达了人类最现实的生存状况，因为他真实地看到，工业文明首次把自然看作是真实的对象，而不再像农业文明那样把自然看作是抽象的存在物，只不过黑格尔以思辨唯心主义的外壳把这一思想包裹了起来。

黑格尔通过“绝对理念”的客观演绎阐述了超越主观思想的哲学立场。正如卢卡奇所言，黑格尔的历史规定，根本上说就是“实际内容的生成”。世界特定的产生和消失构成历史的真正主题，历史在本质上是一个不断辩证运动的生成过程。在历史辩证运动的过程中，主体与客体、自由与必然的对立关系被最终扬弃和解决了。黑格尔认为，主观思想绝不是脱离现实的主观任意，而是由人类共同体中的民族精神、道德精神等客观精神所决定的，这就把主观思想回转到以客观精神为活动领域的现实中了，瓦解了现代性“主观任意”的意识幻象。对于黑格尔系统批判“外部反思”这一重大的理论后果和效应，伽达默尔给予了高度的评价。面对黑格尔被当作一条“死狗”而遭遇20世纪思想家们的猛烈批判时的窘境，伽达默尔在其《哲学解释学》中则旗帜鲜明指出，“因为黑格尔哲学通过对主观意识观点进行清晰的批判，开辟了一条理解人类社会现实的道路，而我们今天仍然生活在这样的社会现实中”①。这就是说，主观任意的真实症结在于，它永远也不会深入到社会历史的实体性内容中去，而恰恰是以逃避现实历史为前提的，所以始终对社会历史束手无策；而黑格尔在理论上对“外部反思”的系统清算，恰恰使得我们真正深入到社会历史中去成为可能。

伽达默尔对黑格尔突出的理论贡献的高度评价，很容易让人们想起了海德格尔对马克思历史唯物主义的评述。海德格尔曾断言，只有马克思深入到历史的本质性一度之中了。马克思为什么能够深入到历史的本质性一度之中，显然是得益于黑格尔哲学。对于客观现实的理解，既构成连接黑格尔与马克思最为要害的关节点，也构成二者最为本质区别的分叉口。在黑格尔那里，现实不同于现存抑或事实，而是实存与本质的辩证统一，它既是实存的，又是本质的。而作为实存与本质相统一的现实，展现为历史性的生成过程，“现实性在其展开过程中表明为必然性”。黑格尔在人类思想史上首次使得历史性成为哲学的基本原则，把对历史的理解上升到本体论的高度。本体意义上的历史概念，亦即历史本体，不同于历史编纂学意义上的“历史”。职业史学家的历史研究，是把已经过去了的历史作为

---

① 伽达默尔：《哲学解释学》，上海：上海译文出版社1994年版，第111页。

研究的对象，这里的历史就是经验性的编年史。历史本体则是指历史性，它是一种考察事物的过程性和历时性的视角和方法，这种视角和方法也往往被称为历史主义。

黑格尔终其一生都在批判“主观任意”这种现代性的平庸意识，他也把主观任意的基本意识活动形式称之为“外部反思”。“外部反思”不仅表现在“认识论转向”之前的独断论的形而上学中，而且也表现在康德所谓的批判哲学中。因此，当康德极力标榜脱离实体性内容的先验范畴的客观性时，黑格尔却把这些先验范畴指认为从属于外部反思的主观思想，并嘲笑康德教人“没有学会游泳不要下水”。

《资本论》直接扬弃了黑格尔哲学的现实概念，而这一扬弃之所以可能，确实受到费尔巴哈人本学的深刻影响和启发。费尔巴哈立足于感性直观的立场彻底颠覆了黑格尔绝对唯心主义的根基。在费尔巴哈看来，现实事物的尺度绝不是什么绝对理念，而就是感性实存本身，那种凡是把现实理解为理念在实存中投影的观点都是神学思维的残余，因而必须给予批判。马克思高度评价了费尔巴哈的这一“伟大功绩”，认为“他把基于自身并且积极地以自身为根据的肯定的东西同自称是绝对肯定的东西的那个否定的否定对立起来”①。在这里，“以自身为根据的肯定的东西”和“绝对肯定的东西的那个否定的否定”分别是感性实存与理念的现实的哲学表述。费尔巴哈明确把两者对立起来，是想以此表明现实与感性直观是直接同一的。费尔巴哈说：“在感觉里面，尤其是在日常的感觉里面，隐藏了最高深的真理。”② 而黑格尔把充满差异化的活生生的感性事物扬弃在思辨逻辑的链条里，并声称后者是前者的根据，实质上只是思维的幻觉，是对主谓语的绝对颠倒。

费尔巴哈不仅摧毁了黑格尔绝对唯心主义的根基，而且也对西方整个传统形而上学构成了严峻的挑战，这就是，所谓的形而上学，从感性的立场看，“不过是变成思想的并且通过思维加以阐明的宗教”。马克思首先借助于费尔巴哈的理论框架分析和批判了黑格尔对现实的抽象思辨，同样把现实的本质归结于感性而不是理念，但他并没有由此像费尔巴哈那样简单地把“自称是绝对肯定的东西的那个否定的否定”当作神学式的玄思而一劳永逸地抛弃掉。早在《1844 年经济学哲学手稿》中，马克思就注意到，所谓否定之否定的绝对肯定，恰恰是对历史运动的“抽象的、逻

① 《马克思恩格斯文集》第 1 卷，北京：人民出版社 2009 年版，第 200 页。
② 费尔巴哈：《费尔巴哈哲学著作选集》上卷，北京：商务印书馆 1984 年版，第 168 页。

辑的、思辨的表达”，费尔巴哈当然不懂得其中所包含着的极其深刻的东西。马克思说：“他（黑格尔）抓住了劳动的本质，把对象性的人、现实的因而是真正的人理解为他自己的劳动的结果。”① 不过，黑格尔所理解的劳动仅仅是指抽象的精神劳动，为此，马克思在《关于费尔巴哈的提纲》和《德意志意识形态》中把它进一步改造为“感性的活动”，并认为“全部社会生活在本质上是实践的。凡是把理论导向神秘主义方面去的神秘东西，都能在人的实践中以及对这个实践的理解中得到合理的解决”②。洛维特说：“在马克思那里社会的实存显示给作为社会实践的感性活动。”③ 相比之下，费尔巴哈“对事物，现实，感性，只是从客体或者直观的形式去理解”，因而他根本没有深入到现实的本质性一度之中，更没有自觉到现实历史的辩证运动本性。对于马克思来说，费尔巴哈一味批判黑格尔对现实的思辨理解，但他自己在对现实的理解上却从来都没有达到哲学的高度；他在对现实的理解上如此匮乏，仅仅把现实理解为感性的实存，以至于没有说出任何有价值的东西。马克思说：“当费尔巴哈是一个唯物主义者的时候，历史在他的视野之外；当他去探讨历史的时候，他不是一个唯物主义者。”④

由此可见，尽管费尔巴哈对现实的理解极大地启发了马克思，但马克思却并没有像费尔巴哈那样把现实理解为“感性的对象”，而是理解为感性的活动，而这一点之所以可能又是与黑格尔对理性能动性的觉解联系在一起的。正是通过对黑格尔由理性能动性所开启的现实概念所做出的实质性变革，马克思才真正超越了对现实的常识性理解，真正触及了现实的本质。马克思从感性活动本身出发来通达现实的本质，认为现实是由人的感性物质活动所开启的历史性过程，这在哲学史上具有划时代的意义，它意味着马克思彻底出离了传统形而上学的窠臼，着力于在人们的感性的经济生活中来彰显现实。

马克思的《资本论》与现代性的工业文明的关系更为密切。《资本论》所澄明的“现实的历史”既不是编年史，也不是一般的历史哲学或观念史，而是指在工业文明的背景下人类主体所主导的历史境遇和历史情境，它是由人们的感性物质活动所不断创生的社会存在。这个历史规定的

---

① 《马克思恩格斯文集》第1卷，北京：人民出版社2009年版，第205页。

② 《马克思恩格斯文集》第1卷，北京：人民出版社2009年版，第501页。

③ 卡尔洛维特：《从黑格尔到尼采——19世纪思维中的革命性决裂》，北京：三联书店2006年版，第188页。

④ 《马克思恩格斯文集》第1卷，北京：人民出版社2009年版，第530页。

现实基础是工业文明而不是农业文明。在农业文明的社会生活中，人的作用只是协助自然物质的生产，尽管他是自然活动中的能动要素。只有工业文明才创造了人在自然界中的主导和主体性地位，使得人不再是自然过程中的一个被动的生存。与此相应，财富也不再是指作为外部自然结果的自然财富，而是指作为人的活动结果的社会财富。人自己首次成为真正的社会存在。马克思认为，自然只有进入人们的实践境域才能逐渐呈现出来，并不存在可以直接达及的抽象自然物。旧唯物主义者费尔巴哈尽管承认自然物质的第一性，但他所谓的自然物质只不过是一种非历史的主观假定。在这个意义上，费尔巴哈的自然唯物主义实质上是唯心主义。马克思对费尔巴哈的批评表明，真实的自然物质是由特定的物质生产活动建构的结果。

二、资本逻辑与现实的彰显

黑格尔的现实概念是以绝对理念的自我否定运动所展开的，而马克思的现实观则立足于感性的实践活动，二者对现实的生成性规定都可以称之为辩证法，只不过前者是唯心主义的，而后者是唯物主义的。这里就存在一个问题，从逻辑的观点看，如何判定唯物主义的辩证法较之唯心主义的辩证法更加切中现实本身？换言之，为什么说感性活动比绝对理念在对现实的理解上具有更强的解释力？尽管马克思宣称二者是“截然相反”的，但如果离开对感性活动抑或实践的更深层的哲学阐释，那么，所谓的“感性活动”就像旧唯物主义的“物质”概念一样，本身就是一个不折不扣的抽象理念，在这里，辩证唯物主义相比于辩证唯心主义的理论优越性依然是一个悬而未决的问题。很显然，辩证唯物主义的理论魅力绝不在于它以同样思辨的方式反驳了辩证唯心主义，也不在于它提出一套解释现实历史演进的一般公式抑或万能钥匙。诉诸《资本论》就可以发现，马克思在政治经济学的理论语境中进一步升华了对感性活动的理解，以商品的二重性理论地表征了感性劳动的二重性，并最终通过从商品到货币再到资本的层层推进，揭示了被物与物的交换关系所掩盖的现实的存在。

如果说以《德意志意识形态》为标志的马克思的前期著作立足于感性实践但同样以略带思辨哲学的方式反驳了黑格尔哲学对现实的遮蔽，那么，以《资本论》及其手稿为顶峰的马克思的后期著作则径直以政治经济学的理论话语彰显了现实的本质。在这里，我们并非有意割裂前期马克思与后期马克思，只是想表明马克思一以贯之的理论努力在不同时期有着不同的理论重点和理论任务。但不管怎么说，《资本论》无疑是马克思哲学最终的理论归宿。一方面，《资本论》是关于现实历史的存在论，如果离开《资本论》这一理论环节，辩证唯物主义极有可能沦为同辩证唯心主义同质的旧哲学；另一方面，《资本论》表明马克思懂得“经济发展以及这种发展所需要的架构”，它自觉以资本逻辑表征现代人对物的依赖性，真正深入到现实的本质性一度之中去了。

《资本论》固然在表面上是由一系列经济范畴所构成的理论巨著，但它不仅仅是一部研究经济规律的经济学著作，而且是一部彰显现实本质的哲学巨著。对于如何把握现实的本质，马克思曾经做过这样一个恰当的比喻，他说，“有一个英国人把人变成帽子”，“这个英国人就是李嘉图”；“有一个德国人把帽子变成了观念”，“这个德国人就是黑格尔”。[①] 这就是说，李嘉图作为经济学家只会把人理解为物，把人的社会关系理解为物与物的关系；而黑格尔作为唯心主义哲学家只会把人抽象为观念，把人的现实关系抽象为观念间的关系。因此，不管在经济学还是在思辨哲学的理论视域中，现实始终被蒸馏为物的存在抑或“无人身的理性”的自我运动。针对于此，马克思着力于在观念与观念的关系以及物与物的关系中揭露人的社会关系，进而在资本的逻辑中彰显现实的本质。在马克思看来，黑格尔颠倒了观念与现实的关系，但这种颠倒恰恰是以最抽象的方式表达了人类最现实的生存状况：“个人依然受抽象统治”。因此，所谓的切中现实，首先就意味着抓住宰制人的抽象力量——资本。只有抓住资本，人类才能自觉抵制对现实的种种形而上学思辨。

现实不等于现存，因此《资本论》一开始就超越了对现实的经验式描述，而力求以经济范畴捕捉现实的本质。马克思说：“从实在和具体开始，从现实的前提开始，因而，例如在经济学上从作为全部社会生产行为的基础和主体的人口开始，似乎是正确的。但是，更仔细地考察起来，这是错误的。……抛开构成人口的阶级，人口就是一个抽象。如果我不知道这些阶级所依据的因素，如雇佣劳动、资本等等，阶级又是一句空话。”[②] 这表明，如果从人出发来理解现实，只能形成关于现实的“整体混沌的表象”；只有从看似抽象的经济范畴出发，才能真正觉解到现实的本质。“作为政治经济学批判”，《资本论》直接批判了国民经济学的形而上学性质，或者说，它把对国民经济学的批判上升到了哲学批判的高度，从而显示了经济范畴的存在论维度，最终不仅以资本的逻辑描述了资本主义的

① 《马克思恩格斯选集》第1卷，北京：人民出版社1995年版，第136页。
② 《马克思恩格斯选集》第2卷，北京：人民出版社1995年版，第17页。

“现实”，而且立足于此描绘了人类历史发展的一般实情。这也就是恩格斯在马克思墓前所概括的“两个发现”。

具体来说，作为《资本论》整个理论体系的逻辑起点的“商品”，既是一个经济范畴，又是一个哲学范畴，它既是“占统治地位的社会财富”的元素形式，又是“人的存在”的元素形式。在这里，商品的本质表现为商品的二重性，而商品二重性的终极根据则又在于劳动的二重性。正是劳动的二重性，亦即创生商品使用价值的具体劳动和商品作为一般劳动产品的抽象劳动，为理解人的存在以及现实世界提供了恰切的切入点。首先，创生商品使用价值的具体劳动，直接体现了人是从事对象化活动的“对象性存在物”，因而那种凡是把人与自然的关系排除在现实之外并由此造成自然与现实相对立的旧哲学，在对现实理解上的形而上学性质就彻底暴露出来了；其次，商品作为一般劳动产品的抽象劳动体现了劳动的社会性质，它表明，由商品交换所表达的劳动的交换，构成了人的全部社会关系的现实基础，因此，商品可以说是理解人类全部现实关系的唯一出发点。

《资本论》从感性活动所创造的商品而不是感性活动出发来彰显现实的本质，体现了马克思深刻的哲学思想，这就是，从“感性具体”出发必然无法达及把握现实的“理性具体”，而只能形成关于现实的混沌表象；只有从“最简单的规定”亦即商品出发，才能达到关于现实的“具有许多规定和关系的丰富的总和”。这就是《资本论》为什么要在商品、地租、货币、利润、资本等物与物的关系中揭示人的现实关系的原因所在。

《资本论》不仅以商品的二重性揭示了劳动的二重性以及人的存在的二重性，而且通过对作为一般等价物的特殊商品——货币——的存在论阐释，揭示了现代人真实的生存境况。现代资本主义社会是一个纯粹的商品社会，在这里，作为充当一般等价物的特殊商品的货币，是“每个个人行使支配别人的活动或支配社会财富的权力”①。这就不可避免地促使人的独立性和自由被物的权力所裹挟，并由此而形成现代人所面临的最大生存现实：“以物的依赖性为基础的人的独立性”。货币的威力不仅仅在于它是固定充当一般等价物的特殊商品，而且在于它是能够不断转化为资本的货币。通过详尽考察作为货币的货币和作为资本的货币，马克思发现，前者只是“为买而卖”的货币，而后者作为“为卖而买”的货币，实质

① 《马克思恩格斯全集》第30卷，北京：人民出版社1995年版，第106页。

上已经是资本了。马克思说："为买而卖的过程的重复或更新，与这一过程本身一样，以达到这一过程以外的最终目的，即消费或满足一定的需要为限。相反，在为卖而买的过程中，开端和终结是一样的，都是货币，都是交换价值，单是由于这一点，这种运动就已经是没有止境的了。"① 显然，资本的增殖不可能发生在商品流通过程中，所以它只能发生在货币购买商品的环节上，这就是说，"货币占有者就必须幸运地在流通领域内即在市场上发现这样一种商品，它的使用价值本身具有成为价值源泉的独特属性，因此，它的实际消费本身就是劳动的对象化，从而是价值的创造。货币占有者在市场上找到了这样一种独特的商品，这就是劳动能力或劳动力"②。马克思由此揭示了剩余价值的来源，并把资本主义的全部症结都归结于私有制和雇佣劳动。可见，《资本论》的旨趣不仅在于描述资本主义的现实，而且在于革命性地批判资本主义的现实，它一方面肯定了资本主义的巨大历史进步作用，但另一方面又把人类对资本主义文明的超越看作是现实历史运动的辩证法。恩格斯在马克思墓前指出，马克思一生有两个"伟大的发现"，一是发现人类历史发展的一般规律，二是发现了剩余价值论，亦即现代资本主义社会的特殊规律。很显然，这两个"伟大的发现"是内在统一的。离开对人类历史发展的一般规律的洞悉，马克思不可能在"政治经济学批判"的意义上理解资本主义；相反，离开对资本主义的政治经济学批判，历史唯物主义的历史科学只能停留在科学假设的层面上。

三、《资本论》现实观语境中的中国道路

揭露资本主义的实质症结是《资本论》的主题和真实旨趣，而如何超越资本主义文明，则是《资本论》遗留下来的最大理论课题。在西方学者一味叫嚣"历史的终结"的今天，重新思考资本主义文明的超越问题，尤其变得紧迫。而对此问题的思考，无论如何又无法绕开对中国道路的考量。这不仅是因为当代中国依然是以马克思主义为指导的社会主义国家，而且更重要的是因为，在当代资本主义的发展面临困局的背景下，中国的社会主义建设却取得了举世瞩目的成就。一个几乎不存在争议的事实是，中国特色社会主义事业已经成为人类唯一可能超越资本主义的人类文明新形态。就此而言，如何理解中国道路，不仅是中国理论界的任务，而

① 《马克思恩格斯全集》第44卷，北京：人民出版社2001年版，第177页。
② 《马克思恩格斯全集》第44卷，北京：人民出版社2001年版，第194页。

且是全世界理论界所面临的共同任务。

在这里，中国道路是指中国从其漫长的传统社会中走出之后经过艰难的探索而形成的发展道路。毋庸置疑，只有切实地从历史唯物主义的现实观出发，才可能真正理解中国道路的实质内涵。这里的要害问题始终是，如何规避“外部反思”而真正深入到中国道路的实体性内容当中去，从而达到对现实“实存与本质相统一”的理解。然而，要做到这一点实际上是极其困难的，因为人们总是习惯于以抽象的一般原则来理解全部的实质性内容。想当初，在中国的革命道路上，那些“左倾教条主义者们”留苏归来，对马克思恩格斯的著作烂熟于胸，总以为掌握了天地间的绝对真理，但当他们把苏俄经验应用到中国革命中来的时候，情况发生了惊人的变化，中国革命遭受了一次次的挫折。庆幸的是，中国共产党人最终反省和总结了失败的教训，立足于中国的实际国情而开辟出了一条符合中国实际发展的革命道路。“左倾教条主义”是外部反思的典型表现，它表明，要想真正把握中国道路绝非易事。如果说昔日的外部反思形式主要体现在革命实践中，那么，今天的外部反思形式则更多地表现在知识界中。一个明显的事实是，部分知识分子在心态和实际行动中崇洋媚外，片面地套用西方的理论和概念来理解中国现实和中国道路。这种思想倾向所导致的恶果是，知识分子在面对中国道路时始终说不清道不明，甚至处于“失语”的尴尬境地。创建具有主体性、原创性的中国哲学社会科学，不仅能够促进中国式现代化，而且有利于人类文明新形态的生成。

此刻，我们又想起了伽达默尔对黑格尔哲学的一个基本判断：“黑格尔哲学通过对主观意识观点进行清晰的批判，开辟了一条理解人类社会现实的道路，而我们今天仍然生活在这样的社会现实中。”① 黑格尔认为，真正的现实是合乎理性原则的，它自己为自己的未来开道，正因如此，它也是必然的。然而，“惯于运用理智的人特别喜欢把理念与现实分离开，他们把理智的抽象作用所产生的梦想当成真实可靠，以命令式的‘应当’自夸，并且尤其喜欢在政治领域中去规定‘应当’”②。黑格尔抵制任何形式的“外部反思”，把它斥之为毫无价值的“主观任意”，这一伟大的理论遗产启示我们：除非摒弃“主观任意”，否则我们不可能对中国道路有任何理解。

如果说黑格尔以纯粹的思辨思维宣告了“主观任意”的无效，那么，

① 伽达默尔：《哲学解释学》，上海：上海译文出版社1994年版，第111页。

② 黑格尔：《小逻辑》，北京：商务印书馆1980年版，第44页。

马克思则真正把辩证的思维原则应用到对现实的理解上了。一方面，马克思基于对西欧资本主义的考察，科学地概括出了“经济基础决定上层建筑”的原理以及人类历史发展的五个形态等等；但另一方面，马克思又一再强调，“这些抽象本身离开了现实的历史就没有任何价值。它们只能对整理历史资料提供某些方便，指出历史资料的各个层次的顺序”[①]。这就需要我们真正深入到中国社会特定的实体性内容当中去澄明现实，而不是抛开这些实体性内容而仅迷恋于所谓的“一般原理”，因为那样的话只能造成对中国道路的彻底遮蔽。为了真正切入现实的本质之中，并对中国道路有所言说，这里有必要先回顾一下马克思当年对俄国道路的分析和诊断。

在《给维·伊·查苏利奇的复信》中，马克思首先指出，资本主义是通过剥夺农民、分离生产者同生产资料而发源的。资本主义并不需要动用宪兵和军队把农民直接从土地上赶走，因为一旦当资本家从农民那里夺取的劳动产品超过一定的限度，农民自然而然就会离开自己的土地，成为无产者。为了避免这一“可怕的波折”而同时又能占有资本主义的一切积极成果，马克思基于俄国的具体历史条件，提出俄国直接向社会主义过渡的构想。在马克思看来，俄国之所以可能实现向社会主义的直接过渡，是因为俄国在历史上从来都没有过像西欧那样的私有制形式，不管是以自己的劳动为基础的私有制还是以剥削他人劳动为基础的私有制。西欧过去确实到处都有古代类型的公有制，但随着社会的发展，它基本消失了。俄国特殊的历史境遇，使得它至近代以来依然在全国范围内存在着农村公社，这种农村公社与现代性的资本主义文明相遇之后，正在摆脱它的原始特征，绽露出向集体生产转化的趋势。这就是马克思对 19 世纪俄国的现实境遇及其未来发展的基本判断。马克思认为，资本主义文明一切优秀的成果，固然是西欧资本主义在其艰难而漫长的发展过程中逐渐孕育的，但这些优秀成果，例如机器、轮船、铁路，乃至银行、信用公司等，显然可以直接转移到同资本主义同时但又落后的其他文明之中。正因为如此，如果俄国农村公社能有正常的发展条件，即农民免于封建国家以及新生的资产阶级的侵害，那么它就会成为一种优于其他还处于资本主义制度奴役下的国家的新生因素。就此而言，俄国农村公社为拯救现代资本主义制度的危机提供了某种可能。当然，马克思也一再强调，对于俄国未来的道路，不能仅仅停留在纯理论的推演上，必须要回到俄国的现实中来。

---

① 《马克思恩格斯文集》第 1 卷，北京：人民出版社 2009 年版，第 526 页。

尽管后来的历史表明，俄国在其前进道路上最终背离了社会主义的宗旨，以至于不得不以彻底崩溃而告终，但这显然丝毫也不影响马克思对早期俄国道路鞭辟入里的分析。马克思对早期俄国的分析至少透露出四点内容。其一，由于资本逻辑的内在运作，资本主义必然是充满血腥的，因而它的发展也自然有其限度，资本主义根本没有实现所谓的“历史的终结”，这是马克思对资本主义文明的一个基本判断，也是马克思之所以思考俄国问题的初衷和出发点；其二，其他文明可以直接继承资本主义文明的一切优秀成果，尽管这些文明成果是资本主义经过漫长而艰难的探索而积累起来的，这是对资本主义的一个历史性的肯定判断；其三，只要历史条件具备，人类确实可能超越资本主义，而俄国特殊的历史发展，特别是它没有经过西欧式的纯粹的私有制，为自己真正超越资本主义文明提供了某种可能；其四，俄国具体的历史道路应回归到对俄国现实的分析上来，而不能简单停留在抽象的理论演绎上。马克思从来都没有套用唯物史观的一般原理来教条地分析俄国的历史与现实。在他看来，这些一般原理固然重要，但如果脱离对俄国特定现实的深入分析，那么，它就是一些毫无实际内容的抽象公式。在《给〈祖国纪事〉杂志编辑部的信》中，马克思曾针锋相对地批判了米海洛夫斯基的教条主义：“他一定要把我关于西欧资本主义起源的历史概述彻底变成一般发展道路的历史哲学理论，一切民族，不管它们所处的历史环境如何，都注定要走这条道路，——以便最后都达到在保证社会劳动生产力极高度发展的同时又保证每个生产者个人最全面的发展的这样一种经济形态。但是我要请他原谅。他这样做，会给我过多的荣誉，同时也会给我过多的侮辱。”① 这表明，为了正确理解中国道路，我们当然需要唯物史观的一般原理，但仅仅囿于一般原理，我们极有可能把它转变为外部反思的抽象原则。

毋庸置疑，马克思的这四点分析对于我们理解中国道路具有重大的启示意义。可以说，只要我们试图对中国道路有任何真正理论上的言说，就无法绕开马克思关于早期俄国现实的精彩剖析。首先，我们之所以要对中国特色社会主义道路充满自信，不仅是因为它是中国人民的唯一现实出路，而且更重要的是因为它正在绽露出某种超越资本主义文明的潜能，或许马克思当年超越资本主义文明的构想最终能在中国的语境中落实；其次，中国的革命道路之所以最终取得成功，根本原因在于中国共产党人没有教条地套用马克思主义的一般原理，而是始终立足于中国的现实国情，

① 《马克思恩格斯选集》第3卷，北京：人民出版社1995年版，第341—342页。

坚持并实现了马克思主义的中国化和时代化，尤其是把唯物史观的基本原理创造性地转化为符合中国实际的具体化纲领和实践准则；最后，改革开放以来的中国道路之所以能够在短短40多年的时间内获得喜人的成绩，除了中国人自己的奋斗之外，还因为我们坚持深化改革开放，最大限度地借鉴和吸收了西方资本主义文明的优秀成果。这些只是我们思考中国道路的基本思想基点。要真正理解中国道路，还需要我们深入到中国社会的现实内容的本质性一度中去揭示中国道路与他国道路的内在差别，特别是要规避自觉抑或不自觉地把西方道路强加于中国。而这又要求对中国的现实有具体而深入的实证研究，研究它的特殊性与历史境遇。唯有如此，我们对中国道路的理论把握和现实筹划才有可能真正展开。

第三节 《资本论》与中国的精神建设

当代中国的精神建设是我们所面临的最为重大的理论任务之一，这不仅是因为自改革开放以来中国的历史性实践已经取得了极为辉煌的成就，特别是伴随着经济增长而来的物质财富实现了空前的积累，而且更是因为经济的快速增长导致人们的精神生活面临前所未有的挑战，人们正在被一种能够明显感受到的信仰的缺失所笼罩，虚无主义正在日趋逼近。虽然部分知识分子依然怀着一种浪漫主义的情怀在为复兴传统的精神资源而摇旗呐喊，虽然传统精神资源还并没有被现实所彻底遗忘，某些片段确实还在人们的精神生活中起着一定的作用，但它却已经并不能够构成一种完备而成熟的精神形态，特别是早已无法协调由巨大的物质利益冲突所造成的精神失落。正是这种普遍的精神困境，使得当代中国的精神建设成为一个重大的思想任务摆在了我们面前。

一、“现实历史”的澄明：精神建设的前提

精神建设是一个民族的文化建设的核心，因为精神建设在深层上规定着文化建设的广度和深度，甚至包括文化建设所应具有的基本形态。按照国内学者吴晓明的看法，任何真正的精神建设都首先要警惕“主观思想”的介入。所谓主观思想，是指那种全然不顾事情自身的实体性内容及其展开的内在必然性原则，而只凭主观断想而随意地对精神所应有的基本形态发表看法，甚至还一味鼓吹自己所谓的精神建设方案的合理性和现实性。这种过于简单化和粗浅化的思路正是主观思想的实质症结所在。可以说，主观思想从来都不会顾及“现有”，而只是停留在自己所幻想的“应有”

之中，因此，它必然导致“现有”和“应有”的抽象对立。

在西方哲学史上，黑格尔首次对主观思想进行了系统而深刻的清算。在黑格尔看来，民族精神最能体现一个民族国家的普遍原则的实体性内容，但民族精神恰恰不是被主观思想所任意建构出来的，“它的产生是自己产生（除此以外别无他道），它的含义是要深远得多”[①]。作为一个民族的本质的反映，民族精神始终是自我决定的，在此，任何的主观思想不仅无法主导它，反倒早已经先行被它所规定。这是黑格尔的一个深刻发现。与此相类似，马克斯·韦伯在谈论那种企图通过主观任意来随意构造宗教的思想倾向时同样指出，“文化人、学者或咖啡馆里的知识分子总爱将宗教情绪纳入自己印象与感觉的库存。可这种嗜好从未导致新宗教的出现。宗教复兴也不可能因作家们写书的冲动，或精明出版商的销售愿望，而突然降临人世。无论知识分子多么能从表面上激起广泛的宗教热情，他们的兴致和闲谈从未制造出任何宗教”[②]。这表明，任何国家的精神建设，包括当代中国的精神建设，首当其冲就是要批判那种还没有深入到民族精神的实体性内容中去的主观任意。

黑格尔正是看到了这一点，所以他把超越主观任意而建构客观精神看作是全部哲学所应有的理论努力。对此，伽达默尔评论道，“这是一种围绕着我们所有人，但谁对它都不具有一种反思自由的精神。这个概念的含义对黑格尔具有根本的意义。道德精神、民族精神的概念，黑格尔的整个法哲学——所有这一切都依赖存在于人类共同体秩序中的主观精神的超越性”[③]。遗憾的是，黑格尔仍然没有超越意识哲学的窠臼，依然是在精神的内部，尤其是在绝对精神的层面上来理解客观精神，这就导致他最终把客观精神的实体性内容神秘化了。

马克思对黑格尔客观唯心主义的思辨体系进行了卓有成效的批判，并吸取了其中积极的思想成分。在马克思看来，黑格尔直接把意识充当为它自身的他物，亦即现实、感性和生命，这就致使他始终在意识的窠臼内不停地自我旋转，把现实历史仅仅理解为“无人身的理性”的运动过程。黑格尔最后还是把现实的历史严严实实地包裹了起来，让历史完全屈从于自己的逻辑体系，似乎历史的发展到他那里就完全终结了一样。为了从根本上解除黑格尔对现实历史的神秘化，马克思径直提出，“意识在任何时

---

① 黑格尔：《历史哲学》，上海：上海书店出版社 2006 年版，第 47—48 页。
② 韦伯：《宗教社会学》，桂林：广西师范大学出版社 2011 年版，第 175 页。
③ 伽达默尔：《哲学解释学》，上海：上海译文出版社 1994 年版，第 71 页。

候都只能是被意识到了的存在，而人们的存在就是他们的现实生活过程”①。可以说，这一论断在根本上体现了马克思同黑格尔的理论差别，因为它意味着，精神世界本身并不具有天然的独立性，它深深地根植于现实历史之中。而包括黑格尔在内的全部哲学家恰恰没有看到这一点。换言之，宗教、哲学和道德等归属于精神领域的东西，同样需要在现实历史的平面上给予考察，否则就有可能堕入神秘主义的泥潭。马克思由此提出，任何时代的精神建设，包括我们时代的精神建设，既不能依靠那些随意性的主观任意的设计，也不能完全从精神自身入手，而首先应该深入到现时代的实体性内容中去，深入到历史的本质性一度之中。

作为马克思为之付出毕生心血的巨著，《资本论》从经济哲学这一特殊路径出发，深入到现实历史的本质性一度之中了。经济哲学的分析路径，既使得马克思真正抓住了现实历史的实质症结，又使得人们建立基于现实历史之上的精神价值秩序成为可能。在21世纪的今天，马克思对现实历史的发展依然焕发出发人深省的理论魅力。

“商品”是《资本论》诊断现实历史的出发点。《资本论》开篇就指出，“资本主义生产方式占统治地位的社会的财富，表现为‘庞大的商品堆积’，单个的商品表现为这种财富的元素形式。因此，我们的研究就从分析商品开始”②。商品作为一个靠自己的属性来满足人的需要的存在物，具有使用价值和交换价值的二重属性。如果说商品的使用价值构成商品的自然存在的话，那么，商品的交换价值则构成商品的社会存在。商品的自然存在和社会存在使得商品在表面上看是极其平凡的东西，但实质上却是可感觉而又超感觉的存在物，它充满神学的怪诞和形而上学的微妙。

其实，商品的神秘化，尤其是现代人从拜神教走向拜物教，都是源于这样的一个错觉，这就是，人们把人自身的社会性质颠倒成了商品天然的社会属性，于是，商品似乎就天然具有了一种在一切流通领域畅行无阻的魔力，而现实的人在商品的魔力面前反而显得非常无力。马克思说：“商品形式在人们面前把人们本身劳动的社会性质反映成劳动产品本身的物的性质，反映成这些物的天然的社会属性，从而把生产者同总劳动的社会关系反映成存在于生产者之外的物与物之间的社会关系。”③ 在今天，商品的魔力已经无所不在了，某种意义上讲，整个社会都被商品所充斥着；同

① 《马克思恩格斯选集》第1卷，北京：人民出版社1995年版，第72页。
② 马克思：《资本论》第1卷，北京：人民出版社1975年版，第47页。
③ 马克思：《资本论》第1卷，北京：人民出版社1975年版，第88—89页。

样，拜物教的错觉也已经成为无可动摇的社会意识形态，并深深地渗透到了人们的日常意识之中了。我们看到，现代人的拜物教风气以及由此而来的传统价值秩序的坍塌和精神的困境，都与商品的神秘化有关。

《资本论》表明，马克思的理论关注点绝不像教科书所认为的那样仅仅满足于探讨“世界统一于物质抑或意识”这样的问题，而是具体通过对物质在社会历史中的现实形态——商品——的分析，来揭露现代人真实的社会关系与精神境况。《资本论》本质上是一部关于人的存在的哲学巨著。诚如弗里斯比指出的那样，“马克思的商品分析直接影响到一种将社会现实碎片当作出发点的研究现代性的方法论取向”①。

我们知道，齐美尔在《货币哲学》中继承了马克思对商品的存在论批判，进一步揭示了现代社会的经济根源。继齐美尔之后，德波同样延续了马克思商品拜物教批判的路数。在《景观社会》中，德波说，“景观就是指商品已经占领了整个社会生活的全部”②。德波之所以要使用“景观”这一全新的概念，是因为在他看来，当代人的整个生活方式乃至心理体验和价值追求，全都被商品化了，商品化已经构成了现代社会的全幅“景观”。在德波的理论基础上，鲍德里亚指出，“今天，在我们的周围，存在着一种由不断增长的物、服务和物质财富所构成的惊人的消费和丰盛现象。它构成了人类自然环境中的一种根本变化。恰当地说，富裕的人们不再像过去那样受到人的包围，而是受到物的包围”③。后来的鲍德里亚甚至发现，这种“物”不仅仅是实体性的商品，在当代的消费社会中，它可能仅仅是商品的虚拟符号，符号交换在一定意义上代替了马克思时代的商品交换，因而商品拜物教在今天也逐渐被符号拜物教取代了。在今天，我们每个人都能深切地感受到，富人们的精神满足很大程度上取决于对奢侈品的占有，而对奢侈品的占有之所以成为衡量人的自我价值现实的唯一标准，就是因为它是一个与众不同的“符号”。其实，鲍德里亚所强调的“符号交换”，马克思早已有所洞悉。马克思说：“在货币不断转手的过程中，单有货币的象征存在就够了。”④

显然，理解了商品拜物教，就不难理解现代社会的货币拜物教和拜金主义了，因为货币拜物教或者拜金主义本质上只是商品拜物教的完成形态

① 弗里斯比：《现代性的碎片》，北京：商务印书馆 2003 年版，第 32 页。

② 转自斯蒂芬·贝斯特、道格拉斯·科尔纳：《后现代转向》，南京：南京大学出版社 2002 年版，第 107 页。

③ 鲍德里亚：《消费社会》，南京：南京大学出版社 2000 年版，第 1 页。

④ 马克思：《资本论》第 1 卷，北京：人民出版社 1975 年版，第 149 页。

而已，只不过，它比商品更深层地把私人劳动的社会属性以及私人劳动者之间的社会关系以物的形式包裹了起来。马克思说："货币拜物教的谜就是商品拜物教的谜，只不过变得明显了，耀眼了。"① 货币和金钱作为固定充当一般等价物的特殊商品，它能够把商品在流通领域中的魔力彻底发挥出来，因而它必然会受到人们的顶礼膜拜，成为取代上帝的新的万能之神。可以说，作为几千年基督教伦理的支撑的上帝，在资本主义的发展过程中确实被杀死了，而货币正是这个刽子手。我们看到，尼采的"上帝之死"及其虚无主义论断固然是极为深刻的，但它只有回置到马克思在经济哲学的语境中对从拜神教到拜物教的分析上来才能获得真实的意义。那些"解释世界"的"哲学家们"，在面对"上帝之死"后的虚无主义困境时，依然试图在形而上学和价值论的层面上来开展精神建设，这一思路由于没有触及深层的商品拜物教问题，终究会归于失败。

二、资本逻辑与资本主义精神建设的限度

在"历史进入世界历史"的时期，中国的现代化发展在某种意义上来说就是打破闭关自守而融入现代文明之中。人们一般会把现代文明理解为一个整全式的、普遍的抽象概念；但事实上恰恰相反，在历史上，现代文明首先是地方性的，它就是指发端于西欧的现代资本主义文明。詹姆逊说得好，"现代性唯一令人满意的语义学意义在于它与资本主义的联系"②。这也就是为什么不管是马克思还是海德格尔抑或尼采，甚至包括黑格尔，都把现代文明严格限定在欧洲的范围内。当然，现代文明的区域性特质并不意味着它没有普遍的世界历史意义。马克思早已经对发源于西欧的资本主义文明的世界历史意义做出了鞭辟入里的分析。

现代文明同资本主义文明的深度纠缠关系决定我们对精神建设的考量，离不开首先对资本主义及其所取得的精神建设的思考。资本主义是以"资本"为"主义"的一种文明形态。在资本主义社会中，整个社会的组织形式甚至包括精神建设都是围绕资本展开的。可以说，不理解资本的逻辑，就不可能真正理解资本主义，当然也不可能科学地评价资本所取得的一切价值精神层面的成就。

马克思深刻地认识到了这一点，所以《资本论》尽管从商品出发，但商品并不构成马克思的核心关注。马克思真正关注的是资本，这也就是

① 马克思：《资本论》第1卷，北京：人民出版社1975年版，第111页。
② 詹姆逊：《单一的现代性》，北京：中国人民大学出版社2009年版，第11页。

为什么他把自己关于“政治经济学批判”的巨著称之为“资本论”而非“商品论”的原因所在。资本并不像商品那样是现成在手的静态对象，而是一种运动，就是说，资本无限度的自我增殖运动构成了资本基本的存在形态。资本持续的增殖是通过死劳动对活劳动的吸附而实现的。马克思指出，“劳动是酵母，它被投入资本，使资本发酵”①。作为资本运动本性的忠实执行者，作为人格化的资本，资本家基于私有制的前提，不断通过延长工作日和提高生产率的方式来榨取工人身上的剩余价值，这样就塑造了资本无休止增殖的现代性景观。马克思由此感慨，“平等地剥削劳动力，是资本的首要人权”②。遗憾的是，在日常的商品交换和流通过程中，资本增殖的秘密却蔽而不彰了。实际上，现代资本主义社会完全是按照资本的逻辑组织和运作的，而资本在现代社会的主导地位也导致了诸多的不良后果，尤其是精神层面的后果。

首先，资本无休止的运动方式使得现代社会变得动荡不安，整个社会都失去了昔日田园般的安宁。对此，马克思指出，“生产的不断变革，一切社会状况不停地动荡，永远的不安定和变动，这就是资产阶级时代不同于过去一切时代的地方。一切固定的僵化的关系以及与之相适应的素被尊崇的观念和见解都被消除了，一切新形成的关系等不到固定下来就陈旧了。一切等级的和固定的东西都烟消云散了，一切神圣的东西都被亵渎了。人们终于不得不用冷静的眼光来看他们的生活地位、他们的相互关系”③。资本如果不对整个社会进行变革，那么，它就会丧失增殖的能力，从而也无法生存下去。因此，为了保证自己无休止的自我增殖，资本只会促使整个社会不断处于快速旋转之中。正是在资本的不停运动下，人们丧失了稳定的价值信念，人们的精神生活也开始游移不定、居无定所。

其次，资本无休止的运动方式瓦解了传统封建主义的宗法关系，“它使人和人之间除了赤裸裸的利害关系，除了冷酷无情的‘现金交易’，就再也没有任何别的联系了”④。资本的运作导致人际关系的冷漠化和简单化，传统社会各种复杂的社会关系完全被简单的雇佣关系所取代，人与人之间似乎除了赤裸裸的现金交易和利益关系外就没有别的联系了。就这样，传统意义上的价值秩序坍塌了，人们的价值信念崩溃了。也可以说，现代社会的一切精神困境，包括虚无主义和价值个体主义等，都是资本造

---

① 《马克思恩格斯全集》第46卷上，北京：人民出版社1979年版，第256页。
② 马克思：《资本论》第1卷，北京：人民出版社1975年版，第324页。
③ 《马克思恩格斯选集》第1卷，北京：人民出版社1995年版，第275页。
④ 《马克思恩格斯选集》第1卷，北京：人民出版社1995年版，第275页。

成的。

最后，资本无休止的运动方式导致资本主义的剥削关系超越了狭隘的民族国家，向整个世界扩张。马克思说，“不断扩大产品销路的需要，驱使资产阶级奔走于全球各地。它必须到处落户，到处开发，到处建立联系”①。资本一方面把各个国家的生产与消费连接在一起，另一方面也把自己所固有的剥削关系扩展到了全世界，促成了世界性无产阶级的形成。而无产阶级在世界历史中的形成，又使得我们看到了资本主义发展的限度。无产阶级为瓦解资本的逻辑，重建人类的价值秩序提供了可能。

马克思之后，许多现代思想家都把资本视为解读现代资本主义社会的一把钥匙。除了卢森堡的《资本积累论》和希法亭的《金融资本》延续了马克思的思考外，哈维、布尔迪厄等当代学者都明确把资本的积累和发展看作是现代资本主义批判的核心议题。哈维认为，马克思把资本的无休止增殖指证为资本主义的顽疾，并由此断言了资本主义的必然灭亡，但他忽略了资本主义自身强大的自我调节能力。换言之，当代资本主义已经通过对资本在时间和空间上的宏观调控遏制了资本盲目运动所导致的诸多负面效应。哈维说，“唯一的问题是，怎样用不威胁到资本主义社会秩序的各种方式来表现、遏制、吸收或处理过度积累的趋势”②，而现代社会做到了这一点。如果说哈维还囿于经济学的视角来理解资本，那么，布尔迪厄则赋予了资本更加丰富的理论内涵。布尔迪厄指出了资本在现代社会的三种形态：“（1）经济资本，这种资本可以立即并且直接转换成金钱，它是以财产权的形式被制度化的；（2）文化资本，这种资本在某些条件下能转换成经济资本，它是以教育资格的形式被制度化的；（3）社会资本，它是以社会义务组成的，这种资本在一定条件下也可以转换成经济资本，它是以某种高贵头衔的形式被制度化的。”③ 布尔迪厄对资本的超经济学理解，特别是他提出的“文化资本”与“社会资本”，极大地拓展了资本的原有内涵，也为当代学者的资本现代性批判提供了更加广阔的理论空间。

我们看到，与其他哲学家相比，马克思的独特之处在于，他突破了思辨哲学的话语，完全在经济学的语境中来思考现代社会的生命异化和精神异化。“异化”是马克思所使用的一个术语。这一术语来源于黑格尔和费

---

① 《马克思恩格斯选集》第1卷，北京：人民出版社1995年版，第276页。

② 戴维·哈维：《后现代的状况》，北京：商务印书馆2003年版，第228—229页。

③ 布尔迪厄：《文化资本与社会炼金术》，上海：上海人民出版社1997年版，第192页。

尔巴哈，但马克思对它做了进一步的发挥。在黑格尔和费尔巴哈那里，异化单纯指精神活动的异化，尤其是指宗教对人的异化；马克思则把这种精神层面的异化改造为感性物质活动的异化，亦即异化劳动。不过需要强调的是，马克思所谓的劳动异化同样也包括精神异化的内容，他只是认为，精神异化的根源在于劳动异化罢了。

异化劳动是现代生产劳动的基本形式，它具有如下几个方面的特点。首先，异化通过感性活动而非精神活动来实现自身，正因为这样，“通过异化劳动，人不仅生产出他同作为异己的、敌对的力量的生产对象和生产行为的关系，而且生产出其他人同他的生产和他的产品的关系，以及他同这些人的关系”①。与黑格尔和费尔巴哈相比，马克思确实突出强调了异化的实践特征，这意在表明，异化并不是指人们平日生活中精神的空乏，而是指完全宰制人们日常生活的现实力量。马克思还具体分析了异化在现代社会存在的四种基本形式，即劳动产品的异化、劳动过程的异化、人的本质的异化和人际关系的异化。其次，异化对于现代社会全体成员具有普遍性，不仅无产阶级处于异化之中，而且资产阶级也处于异化之中。马克思说：“异化既表现为我的生活资料属于别人，我所希望的东西是我不能得到的、别人的所有物；也表现为每个事物本身都是不同于它本身的另一个东西，我的活动是另一个东西，而最后，——这也适用于资本家，——则表现为一种非人的力量统治一切。”② 此后，马克思进一步明确说：“有产阶级和无产阶级同是人的自我异化。”③ 不同仅在于，资产阶级在异化中能感受到自己的满足和强大，而无产阶级则只能感受到压抑和无力。资产阶级的满足之所以是异化的，是因为这种满足是虚幻和不真的，资本作为一种神奇的超人力量，同样在主宰着资产阶级。最后，在现代社会中，异化和物化往往内在地连接在一起。物化原本是指生产劳动在产品或对象中的凝结，马克思并没有在如此这般的自然意义上来反对物化，他所反对的只是以异化的形式所展现出来的物化。在此情形下，“巨大的物的权力不归工人所有，而归人格化的生产条件即资本所有，这种物的权力把社会劳动本身当作自身的一个要素而置于同自己相对立的地位”④。显然，资本主义以异化为前提，这就导致它的一切形式的精神建设，它所承诺的自由、理性和平等等都带有虚幻的性质。就此而言，资本主义不可能开展真

① 《马克思恩格斯全集》第 42 卷，北京：人民出版社 1979 年版，第 99—100 页。
② 《马克思恩格斯全集》第 42 卷，北京：人民出版社 1979 年版，第 141 页。
③ 《马克思恩格斯全集》第 2 卷，北京：人民出版社 1957 年版，第 44 页。
④ 《马克思恩格斯全集》第 46 卷下，北京：人民出版社 1980 年版，第 360 页。

正符合人性的精神建设，它所有的精神建设归根到底都是维护资产阶级利益的意识形态而已。我们由此也能看到资本主义精神建设的限度。

尽管异化在现代资本主义社会中具有普遍性，它甚至构成现代性的核心症结，但随着历史的发展，它必然会被逐渐扬弃。马克思始终坚信这一点。在他看来，异化劳动和私有财产是一枚硬币的两面，就是说，异化劳动直接促生了私有财产，而私有财产的形成则又使得异化劳动得以延续。马克思由此指出，“私有财产的积极的扬弃，作为对人的生命的占有，是一切异化的积极的扬弃，从而是人从宗教、家庭、国家等等向自己的人的即社会的存在的复归”①。马克思的异化理论潜藏着现代性批判的丰厚理论资源，这一点被后起的思想家做了进一步的诠释。例如，贝斯特和科尔纳把马克思的异化理论看作是现代性批判的一把钥匙。贝斯特和科尔纳明确说：“马克思关于主客体颠倒以及客体借以支配主体及主体性和个性衰微的论述被鲍德里亚和后现代理论利用了。”②

总之，如果说黑格尔等哲学家们只是感受到了资本主义所导致的精神异化，并竭力去扬弃这种精神异化，那么，马克思则径直为扬弃包括精神层面在内的一切异化形态开出了药方。在马克思看来，由于资本的运作机制，资本主义不可能解除生命的异化，也不可能给予人们真正有意义的精神生活。人们所有的精神生活都不再纯粹和高贵，都被金钱所染指。不过，随着无产阶级的不断壮大，人类必将扬弃资本主义文明而开启一种文明的新形态，到那时，人类的价值秩序和精神建设将日臻完善。

三、资本主义批判与中国的精神建设

如果任何一种文明的普遍性仅仅在于它自身所具有的世界历史意义和影响，那么，这就意味着，它的普遍性必然是历史性的，而不可能是永恒的。毋庸置疑，所有的文明形态只有在其全盛期才会具有辉煌的世界历史意义，一旦进入衰退期，它的世界历史意义必然会大大削弱直至衰亡。黑格尔在《历史哲学》中已经对世界各大文明所具有的历史性的普遍意义进行了深刻的阐发。在黑格尔看来，世界上全部的文明形态都是作为世界精神自我运行的具体环节而存在的，“精神过渡到了那个更高原则，而另一个民族获得了世界历史的意义”③。就此而言，以西方资本主义文明为

---

① 《马克思恩格斯全集》第42卷，北京：人民出版社1979年版，第121页。
② 贝斯特、科尔纳：《后现代转向》，南京：南京大学出版社2002年版，第71页。
③ 黑格尔：《法哲学原理》，北京：商务印书馆1961年版，第354页。

内核的现代文明同样具有自己的发展限度，它终究将被未来人类文明的新形态所取代。在哲学史上，对于西方资本主义文明的发展限度，马克思和海德格尔等都有着十分深刻的洞见。海德格尔通过对西方形而上学历史的深入追究而断言了它在现时代已经进入“终结”阶段；马克思通过对现代资本主义的政治经济学批判同样指证了它终究会被未来的共产主义所取代。当然，两位大哲对西方文明发展限度的指证，并不是以全盘否定西方文明的历史性成就为出发点，恰恰给予了它极大的褒扬。

不可否认，近代以来，中国的国门是在列强的炮火声中被迫打开的，中国的现代化历程也是被迫开启的，这就导致中国的发展部分地从属于现代资本主义文明。马克思指出，现代资本主义“使未开化和半开化的国家从属于文明的国家，使农民的民族从属于资产阶级的民族，使东方从属于西方”[①]。中国的发展对西方资本主义文明的从属关系，使得中国充分占有了西方资本主义文明的一切积极的成果，并迅速把它转化为自己机体的东西。很显然，如果没有对资本主义文明的汲取和学习，中国很难在较短时间里摆脱狭隘的封建主义生活方式而分享现代文明所具有的世界历史意义。然而，在汲取了西方资本主义文明的优秀成果的同时，中国正在快速的发展中不断反作用于现代资本主义文明，促使资本主义文明不断达及自己的发展极限。如果说20世纪的尼采和海德格尔等哲学家们仅仅从形而上学的角度论证了资本主义文明的发展极限，那么，21世纪以来中国的飞速发展则直接在社会现实的层面上让资本主义文明的界限清晰可见。马克思的预言正在被中国的伟大实践所证实。

首先，中国已经日益清晰地看到了现代资本主义文明所造成的人与世界之间的深刻矛盾，以及由此而来的资本主义发展的自然界限问题。为了满足资本原则的无限扩张欲望，资本主义文明高扬所谓的主体性哲学，完全不顾地球及其资源的有限性，对世界进行了无限度的挥霍。这不仅造成了人与世界之间不断的冲突和紧张，而且使得资本主义已经走到了自然资源界限的临界点。人的无限欲望同自然资源有限性之间的矛盾，使得资本主义不可能持续发展下去，而只会不断陷入无法自拔的矛盾之中。其次，中国同时也认识到，长期以来，西方资本主义文明之所以能够在无限度欲望的趋势下而没有走向混乱和崩溃，是因为它有救赎宗教的文化传统和文化条件。我们知道，马克斯·韦伯在讨论新教伦理和资本主义的关联时已经指出了这一点。同样，托克维尔在评论美国时也认为，“法律虽然允许

① 《马克思恩格斯选集》第1卷，北京：人民出版社1995年版，第277页。

美国人自行决定一切，但宗教却阻止他们想入非非，并禁止他们恣意妄为”①。然而，中国由于缺乏一种能够消解资本原则的文化条件，因而它一开始就不可能完全照搬西方资本主义的发展道路，而只能不断在实践中探索符合自己的历史与现实的发展道路。

如果中国的发展道路是独特的，那么，中国的精神建设就同样不可能照搬西方资本主义的意识形态，而应该立足于中国经验和中国问题，当然这里也并不排除中国在精神建设方面借鉴西方精神文明的一切积极成果。西方资本主义文明的精神原则和精神表现，用黑格尔的话来说，就是基督教的世俗化。而基督教世俗化的实质内涵无非是价值个体的生成，亦即人们对个人价值的盲目崇拜。作为基督教世俗化的产物，这种价值个体在根本上规定了西方资本主义的方方面面，包括政治、经济和社会等。中国的现代化发展不是以基督教为前提的，因而它在一开始就同资本主义有着根本的区别，它只是在其发展的初期由于对西方资本主义文明的从属关系，使人们往往忽视了这一点。

既然中国的精神建设只能以中国的历史性实践为基本定向，那么，从哲学的高度来重新理解当代中国的伟大实践进而在此基础上提炼出它的基本精神原则就变得举足轻重了。首先，同资本主义文明不同，中国的伟大实践不是以资本逻辑为指引和原则的，恰恰相反，它一开始就把自己的现代化方向确立为走社会主义道路。可以说，中国的发展道路表明，它是与资本主义的实质内容完全不同的社会主义文明。其次，由于历史文化背景不同，中国的发展从来都不是奠基于原子式的个人，而恰恰是社会性的原则，进一步说，社会的原则而非个人的原则才是当代中国政治、经济和文化等建构的立足点和出发点。最后，虽然中国文明一度从属于资本主义文明，并且占有了资本主义文明的一切积极成果，但它在根本上并没有受制于资本的逻辑，恰恰相反，它在自己的发展过程中不断绽露出要超越资本逻辑并进而建构人类文明新形态的趋向和诉求。这三点应当说基本符合对中国的社会主义实践的理解。

虽然目前我们还不能够立刻对基于中国正在创建的人类文明新形态之上的精神建设做出明确的判断，但却可以根据中国既有的思想资源来展望其未来的价值和精神追求。大体来说，在当代中国的思想语境中，我们可资利用的有中国传统的、西方的和马克思主义的三种不同思想资源，一直以来，这三种思想资源不断互相碰撞、相互融合和此消彼长。社会存在决

① 托克维尔：《论美国的民主》，北京：商务印书馆1988年版，第339页。

定社会意识。当代的中国之所以会形成三种思想资源并存的局面，显然是有着深刻的现实根源的。首先，中国近代以来对资本主义的从属关系决定中国必须要向西方学习，学习西方资本主义文明的一切优秀成果，包括思想资源。一些文化保守主义者总是试图抵制西方文明的介入，但我们看到，这不仅是不切实际的，而且是对中国的发展有害的。其次，中国现代化的起点和基础不是欧洲的基督教文明，而是中国既有的历史文化传统，这就导致中国特有的文化传统始终会在中国的现代化过程中发挥作用。就此而言，问题不在于如何去除传统文化对现代中国的影响，而在于如何从传统文化中开采出积极有效的思想资源，让它成为当代中国发展的“加速器”。我们看到，当代中国的理论界和思想界在对待中国传统文化上存在着两种截然不同的态度。一种是站在西方资本主义文明的立场上对中国传统文化采取了全盘否定的姿态，而另一种则是非批判地把传统文化看作是解决当代中国诸多问题的灵丹妙药。这两种看似相反的姿态其实有着深层的一致性，那就是，它们都不是基于当代中国的历史性实践来看待传统文化的。最后，由于历史的选择，中国最终走向了具有自身特色的社会主义道路，而这一道路的基本取向决定了马克思主义在当代中国思想语境中的重要位置。在现代化的发展过程中，中国首先面临的一个基本任务就是在资本主义和社会主义之间做出选择，而中国的社会主义抉择不仅意味着中国照搬西方道路的不可能性，而且意味着中国超越资本主义文明从而建构人类文明新形态的潜在可能性。不难发现，马克思主义正在原则高度上把握着中国道路的伟大实践，并在不断指引着中国去开启人类文明的新形态。

毋庸置疑，当代中国的精神建设离不开这三种思想资源，尤其是离不开对这三种思想资源的辩证融合。中国正在开展的伟大实践催逼着思想界不断去融合这三种重要的思想资源。当下思想界所呼吁的“中国体验”就集中表达了这种诉求。可以设想，对于物质文明建设已经取得极为辉煌成就的当代中国来说，人们更加期盼中国能够基于自身独特的经验在精神层面提炼出有意义的东西来，因为只有开展富有成效的精神建设，民族复兴才有可能。

参考文献

一、普通图书

［1］马克思恩格斯文集（1—9卷）［M］. 北京：人民出版社，2009.
［2］黑格尔. 法哲学原理［M］. 北京：商务印书馆，1961.
［3］弗雷德里克·詹姆逊. 重读资本论［M］. 北京：中国人民大学出版社，2013.
［4］西斯蒙第. 政治经济学新原理［M］. 北京：商务印书馆，1964.
［5］西尼尔. 政治经济学批判大纲［M］. 北京：商务印书馆，1977.
［6］蒲鲁东. 什么是所有权［M］. 北京：商务印书馆，1963.
［7］约瑟夫·熊彼特. 资本主义、社会主义与民主［M］. 北京：商务印书馆，1999.
［8］卢卡奇. 历史与阶级意识［M］. 北京：商务印书馆，1999.
［9］路易·阿尔都塞. 保卫马克思［M］. 北京：商务印书馆，2006.
［10］路易·阿尔都塞、艾蒂安·巴里巴尔. 读《资本论》［M］. 北京：中央编译出版社，2008.
［11］哈贝马斯：后形而上学思想［M］. 南京：译林出版社，2001.
［12］汉娜·阿伦特. 马克思与西方政治思想传统［M］. 南京：江苏人民出版社，2012.
［13］广松涉. 资本论的哲学［M］. 南京：南京大学出版社，2013.
［14］柄谷行人. 跨越性批判——康德与马克思［M］. 北京：中央编译出版社，2011.
［15］奈格里.《大纲》：超越马克思的马克思［M］. 北京：北京师范大学出版社，2011.
［16］安东尼·吉登斯. 资本主义与现代社会理论：对马克思、涂尔干和韦伯著作的分析［M］. 上海：上海译文出版社，2013.
［17］约翰·罗尔斯. 政治哲学史讲义［M］. 北京：中国社会科学出版社，2011.
［18］伊格尔顿. 马克思为什么是对的［M］. 北京：新星出版社，2011.
［19］乔纳森·沃尔夫. 当今为什么还要研读马克思［M］. 北京：高等教育出版社，2006.

［20］亚当·斯密．国民财富的性质和原因的研究［M］．北京：商务印书馆，1972.
［21］亚当·斯密．国富论［M］．北京：中央编译出版社，2011.
［22］大卫·李嘉图．政治经济学及赋税原理［M］．北京：华夏出版社，2005.
［23］萨伊．政治经济学概论［M］．北京：商务印书馆，1963.
［24］威廉·配第．赋税论［M］．北京：华夏出版社，2006.
［25］弗朗斯瓦·魁奈．魁奈经济著作选［M］．北京：商务印书馆，1979.
［26］托马斯·罗伯特·马尔萨斯．人口论［M］．北京：商务印书馆，1959.
［27］詹姆斯·穆勒．政治经济学要义［M］．北京：商务印书馆，1993.
［28］弗朗西斯·惠恩．马克思《资本论》传［M］．北京：中央编译出版社，2009.
［29］大卫·哈维．跟大卫·哈维读《资本论》［M］．上海：上海译文出版社，2014.
［30］费彻尔．马克思与马克思主义：从经济学批判到世界观［M］．北京：北京师范大学出版社，2009.
［31］吴晓明主编．当代西方学者视野中的马克思主义哲学：西方学者卷（上下卷）［M］．北京：北京师范大学出版社，2008.
［32］吴晓明、张亮主编．当代西方学者视野中的马克思主义哲学：西方学者卷（补卷）［M］．北京：北京师范大学出版社，2011.
［33］孙正聿．孙正聿哲学文集：第1—9卷［M］．长春：吉林人民出版社，2007.
［34］唐正东．从斯密到马克思——经济哲学方法的历史性诠释［M］．南京：江苏人民出版社，2009.
［35］张一兵．回到马克思——经济学语境中的哲学话语［M］．南京：江苏人民出版社，2009.
［36］孙利天．让马克思主义哲学说中国话［M］．武汉：武汉大学出版社，2010.
［37］张盾．马克思的六个经典问题［M］．北京：中国社会科学出版社，2009.

二、期刊中析出的文献

［1］孙正聿．“现实的历史”：《资本论》的存在论［J］．中国社会科学，2010（2）：4－14.
［2］孙正聿．《资本论》与马克思主义哲学［J］．学习与探索，2014（1）：1

-14.
[3] 孙正聿. 列宁的“三者一致”的辩证法——《逻辑学》与《资本论》双重语境中的《哲学笔记》[J]. 中国社会科学, 2012 (9): 4-27.
[4] 张盾. 财产权批判的政治观念与历史方法 [J]. 哲学研究, 2011 (8): 3-11.
[5] 唐正东. 对蒲鲁东的批判给马克思带来了什么? ——《哲学的贫困》的思想史地位辨析 [J]. 江苏社会科学, 2010 (2): 1-6.
[6] 仰海峰. 政治经济学批判中的历史唯物主义 [J]. 中国社会科学, 2010 (1): 4-16.
[7] 卜祥记.《资本论》的理论空间与哲学性质 [J]. 中国社会科学, 2013 (10): 4-28.

三、外文文献

[1] Lukács Georg. The Young Hegel[M]. London: The Merlin Press, 1975.
[2] Shlomo Avineri. The Social and Political Thought of Karl Marx[M]. London: Cambridge University Press, 1970.
[3] John R. Logan, Harvey L. Molotch. Urban Fortunes: The Political Economy of Place[M]. Berkeley: UniversityofCaliforniaPress, 2007.
[4] Bertell Ollman, Tony Smith. Dialectics for the New Century. New York: PalgraveMacmillan, 2008.
[5] Richard Noeman, Sean Sayers. Hegel, Marx and Dialectic: aDebate. Gregg Revivals, DistributedintheU. SbyAsh, 1980.
[6] ChristArthur. The New Dialectic and Marxs Capital Brill Nv, Leinden, TheNetherlands, 2004.